Katharina Oguntoye

Schwarze Wurzeln

Afro-deutsche Familiengeschichten von 1884 bis 1950

Katharina Oguntoye

Schwarze Wurzeln

Afro-deutsche Familiengeschichten von 1884 bis 1950

orlanda

Die vorliegende Arbeit wurde als Magisterarbeit im WS 1995/96 an der Technischen Universität Berlin im Fachbereich Geschichte eingereicht. Der Titel lautete »Zur Lebenssituation von AfrikanerInnen und Afro-Deutschen in Deutschland von 1884 bis 1950. Unter besonderer Betrachtung der Familie Diek.«

Ich widme dieses Buch meiner wundervollen Mutter Edith Oguntoye – ohne sie wäre ich nicht die, die ich heute bin – und allen Schwarzen und ihren Familien in Deutschland in der Vergangenheit, der Gegenwart und in der Zukunft.

Katharina Oguntoye

Inhalt

Danksagung 9

Vorwort 2020 11

Vorwort zur Veröffentlichung im Februar 1997 13

1. Einleitung 17
1.1 Vorwort 17
1.2 Quellen 21

2. Situation im Kaiserreich und in der Weimarer Republik 27
2.1 Der rechtliche Status der AfrikanerInnen und Afro-Deutschen in Deutschland 33
2.1.1 Naturalisation und Schutzgebietsangehörigkeit 33
2.1.2 Schutzgebietsangehörigkeit nach 1918 39
2.2 Gründe und Umstände der Einreise und Ausreise von AfrikanerInnen nach und von Deutschland 47
2.2.1 Die Einreise 48
2.2.2 Die Ausreise 56
2.3 Leben in Deutschland 65
2.3.1 Ausbildung und Erwerbstätigkeit 65
2.3.2 Familiengründung 82
2.3.3 Politische Aktivitäten der Afrikaner in Deutschland und ihre Beziehung zum Afrikanischen Heimatland 90

3. Die Situation während des Nationalsozialismus und in der Nachkriegszeit 121
3.1. Die Behandlung der Afrikaner in Deutschland durch die nationalsozialistischen Behörden 121
3.1.1 Rechtssituation 121
3.1.2 Erwerbssituation 124

3.1.3 Nationalsozialistische Kolonialpolitik 137
3.1.4 Verfolgung durch den NS-Staat 145
3.2 Afrikaner und Afro-Deutsche in deutschen Spielfilmen 153

4. Die Familie Diek 159
4.1 Ankunft des Mandenga Diek in Deutschland 161
4.2 Familiengründung in Danzig 167
4.3 »Das war die schlimmste Zeit, danach ging es uns besser« – die NS-Zeit 171
4.4 Nach dem Krieg 177

5. Schlußbemerkung 179

6. Anhang 181
6.1 Dokumente 181
6.2 Personenlisten 195
Personenliste mit Aktenquellenverzeichnis 199
6.3 Fotodokumentation (Auswahl) 207
6.4 Literaturliste 225

Danksagung

Ich möchte die Gelegenheit nutzen, mich bei den Menschen zu bedanken, die mich in der langen Zeit der Arbeit begleitet haben. Bei Edith Oguntoye für die Hilfe bei der Transkription und stetige Ermutigung. Bei Ilona Pache für ihre Unterstützung im praktischen und emotionellen Bereich. Dank auch an Maria Schmidt und Dorothea Köhler für das Korrekturlesen. Herzlichen Dank an Doris Reiprich, die ich sehr vermisse, an Herbert Reiprich und Erika Ngambi für ihre Offenheit und Großzügigkeit, mit der sie ihr Wissen und Erinnerungen mit uns teilten. Ohne sie hätte ich meine Arbeit so nicht tun können. Danke auch an Theodor Michael für seine Hinweise und an Beryl Adomako, Abenaa Adomako und Paulette Reed-Anderson. Dank schulde ich auch der Arbeit von May Ayim und den Freunden und Freundinnen von der Initiative Schwarze Deutsche und Schwarze Menschen in Deutschland (ISD) und der Afrodeutschen Frauengruppe (ADEFRA). Wir sind in den letzten zehn Jahren einen weiten Weg gegangen und konnten vieles verändern, obwohl es uns als Bewegung erst seit kurzer Zeit gibt. Nicht vergessen möchte ich, meiner Familie in Heidelberg, den Freibergers, zu danken, für ihre Sympathie und ihr Vertrauen in mich. Meiner Lebenspartnerin Carolyn Gammon danke ich für ihre Liebe und ihren Ansporn, wenn ich nachlassen wollte. Es ist mir auch wichtig, den Frauen vom Hoho Verlag Christine Hoffmann zu danken, dass sie dieses Buch so kurzfristig angenommen haben und für die reibungslose und freundliche Zusammenarbeit.

Vorwort 2020

Als ich Ende der Neunzehnneunziger meine Forschungsarbeit zur Lebenssituation von schwarzen Menschen in Deutschland begann, war es mein Wunsch herauszufinden, wie Afrikanerinnen und Afrikaner und ihre Familien in Deutschland in der Zeit des deutschen Kaiserreichs, der Weimarer Republik und unter der Nazi-Herrschaft gelebt haben. Ich sagte mir, ich lebe heute und ich weiß, welche Möglichkeiten und welche Hürden im Leben eines Schwarzen Menschen in Deutschland auftauchen. Daraus schloss ich, dass auch unsere Vorgänger ihren Weg gefunden haben.

Seitens der Mainstream-Geschichtswissenschaft wurde ich eher entmutigt: »...Da werden Sie wohl nichts finden....«, denn zumeist findet sich in den Archiven, Bibliotheken und Dokumenten die Sicht der »Sieger«, der »Dominanten« Gesellschaftsgruppen und die staatsrechtlichen Vorgänge.

Während meines Studiums und im Zuge dieser Forschung erkannte ich die Bedeutung der Fragestellung. Es zeigte sich, dass in Akten, Papieren und Dokumenten sehr wohl die Spuren der einfachen Menschen verborgen waren. Zu meiner Überraschung konnte ich eine Fülle erster originaler Dokumentenbestände erschließen und auswerten. Ich war der Familie Diek, das sind Mandenga und Emily Diek und ihre Töchter Erika und Doris, gefolgt, die mit ihrer Erzählung in dem Buch »Farbe bekennen« uns Afro-deutschen erstmals einen Einblick auf das Leben Schwarzer Menschen in Deutschland seit dem Kaiserreich gegeben haben. Die Hinweise aus ihrer mündlichen Erzählung gaben zahlreiche Anhaltspunkte für weitere Recherchen. So war es mir möglich, in meiner Forschungsarbeit zahlreiche andere Protagonisten und Schwarze Familien zu finden.

Es hat mich sehr gefreut, dass meine Entscheidung, im Sprachstil zugänglich und nachvollziehbar zu bleiben, dieses Buch nicht nur für Fachleute interessant machte, sondern auch für viele Menschen aus der afro-deutschen Community und alle Anderen, die sich dafür interessierten. Die vorliegende Arbeit enthält ausführliche

Quellenangaben. Wusste ich nur allzu gut, dass alle meine Aussagen kritisch hinterfragt würden. Der positive Aspekt der zahlreichen Zitate war, dass andere Forscher*innen sich so die von mir genannten Quellen auch erschließen konnten. So kam der Stein ins Rollen.

Leider ist die Originalausgabe, erschienen unter dem Titel »Eine afro-deutsche Geschichte« bereits seit mehreren Jahren vergriffen. Der ursprüngliche Verlag Hoho-Hoffmann hatte seine verlegerische Tätigkeit eingestellt. Trotzdem war die Nachfrage kontinuierlich und Studierende und Forschende, baten mich um Leihkopien. Der Orlanda Verlag und die Autorin hoffen, viele dieser Lesewünsche nun mit der Neuausgabe (neuer Satz) unter dem Titel »Schwarze Wurzeln. Afro-Deutsche Familiengeschichten von 1884–1950« erfüllen zu können und die Informationen über die Lebenssituation und -umstände von Schwarzen Menschen und ihren Familien in Deutschland verbreiten zu können.

Katharina Oguntoye, Berlin Mai 2020

Vorwort zur Veröffentlichung im Februar 1997

Schwarze Menschen in Deutschland, gibt es das denn? In dem Buch »Farbe bekennen. Afro-Deutsche Frauen auf den Spuren ihrer Geschichte.« (Berlin 1986) konnten wir diese Frage mit ja beantworten, sind aus der Vereinzelung, in der wir lebten, herausgetreten und haben uns als Afro-Deutsche und Schwarze Deutsche selbst benannt. In den Jahren 1986/87 fand sich nach und nach die Schwarze Bewegung zusammen und wir Schwarze Deutsche begaben uns auf die Suche nach unserer Identität. Das war aufregend und schwierig zugleich. Aufregend, weil wir uns endlich begegneten und einander kennenlernen konnten, und auch weil wir die einmalige Chance bekamen, direkten Einfluss darauf zu nehmen, wie sich das Leben von Schwarzen Menschen in Deutschland entwickeln würde. Schwierig war es aber auch wegen der gravierenden Auswirkungen, die Rassismus für uns hat. Bei dem, was wir zu tun hatten, konnten wir nicht auf Vorbilder zurückgreifen, welche uns Anregung und Richtung hätten geben können. (Unsere Vorbilder kamen aus anderen Ländern und kulturellen Zusammenhängen.) Und in der Geschichte Deutschlands schienen wir nicht vorzukommen. Afrikaner in Deutschland um die Jahrhundertwende, gab es das? Diese Frage hatte keine direkte Antwort, vielmehr zog sie weitere Fragen nach sich. Im Gespräch bekam ich oft zu hören, das gab es bestimmt nicht und wenn doch Afrikaner hier lebten, hätten sie in der »feindlichen« deutschen Umwelt nicht überleben oder sich gar in die Gesellschaft einfügen können.

Ich dagegen war überzeugt, dass Afrikaner und ihre Nachkommen in Deutschland gelebt haben, doch außer dem Interview mit Doris Reiprich und Erika Ngambi in »Farbe bekennen« gab es keine Literatur und Erkenntnisse zu diesem Themenkomplex. Dies war mein Ausgangspunkt, als ich die Recherche für meine Magisterarbeit 1990 begann. Ich nahm die Herausforderung an, Quellen für die Erforschung der Geschichte der AfrikanerInnen und Afro-Deutschen in Deutschland zu entdecken und zu erschließen. Ich ging ins Staatsarchiv und in Stadtarchive, um Orginaldokumente zu finden. Ich befragte die reichhaltige Literatur zur Kolonialzeit auf Querverweise zu afrikanischstämmigen Menschen in Deutschland. Das wichtigste Hilfsmittel hierbei war, die richtigen Fragen an das vorhandene Material zu stellen. Um die effektivste Fragestellung zu entwickeln, half mir das Wissen über die Lebensumstände von AfrikanerInnen in Deutschland heute und über mein eigenes Leben.

Wer waren die afrikanischen Menschen, die Ende des 19. Jahrhunderts nach Deutschland kamen? Welches waren ihre Motive und wie lebten sie hier? Haben sie sich politisch und kulturell in der deutschen Gesellschaft engagiert, und mit welchen Problemen mussten sie sich auseinandersetzen? Wie erging es ihnen in der Zeit der NS-Herrschaft? Wie gestaltete sich ihr Familien- und Berufsleben?

Ich fand überraschenderweise vielfältige Informationen in unterschiedlichen Akten und in der Sekundärliteratur verstreut. Um sie vergleichen und auswerten zu können, fertigte ich ein Verzeichnis der Personen und des Inhalts der Akten an, sowie eine Personenliste mit inhaltlichen Stichworten. Die Personenliste und ein Teil der Fotodokumentation ist dem Buch im Anhang beigefügt. Die Fotografien werden mit der freundlichen Genehmigung von Herrn Herbert Reiprich abgebildet.

Die Forschung zum Themenfeld »Afrikaner in Deutschland« geht nun rasch voran, mehrere WissenschaftlerInnen haben sich dem Gebiet zugewandt und das allgemeine Interesse daran ist gestiegen. Um die Ergebnisse meiner Forschung möglichst schnell zugänglich zu machen, entschied ich mich für den Abdruck der Magisterarbeit in der ursprünglichen Form. Es steht zu erwarten, dass in diesem und in den nächsten Jahren die Forschungsarbeiten verschiedener WissenschaftlerInnen zum Leben der Menschen afrikanischer Herkunft in Deutschland veröffentlicht werden und zwar zu unterschiedlichen Einzelgebieten, u.a. zur Staatsangehörigkeit, zu verschiedenen Zeitabschnitten, wie z.B. zur Zeit des NS-Regimes oder der Nachkriegszeit.

Seit ich dieses Manuskript vor anderthalb Jahren abgeschlossen habe, sind weitere Fakten bekannt geworden. Vor allem zur Situation in der NS-Zeit sind nun mehr Informationen über die Verfolgung der Menschen afrikanischer Herkunft in Deutschland und Europa, und über ihre Lebensbedingungen, vorhanden.

Die vorliegende Arbeit bietet einen Überblick der Geschichte der Schwarzen Menschen in Deutschland für den gewählten Zeitraum an. Dieser soll einer eklektischen Betrachtungsweise entgegengesetzt werden, mit der diese Geschichte bisher gesehen wurde, nämlich als die Aneinanderreihung von Einzelfällen und »exotischen« Anekdoten.

Ein wichtiges Element im Lernen und Verstehen der Geschichte Schwarzer Menschen ist die Wahrnehmung. Das hervorstechendste Merkmal der Geschichte Schwarzer Menschen in den letzten Jahrhunderten ist der Widerspruch zwischen extremer Sichtbarkeit bei gleichzeitiger extremer Unsichtbarkeit. Die Sichtbarkeit ist bedingt durch Rassismus. Die von Rassismus geprägte Gesellschaft geht von der Prämisse aus, dass die verschiedene Hautfarbe (hier »schwarze« Hautfarbe) zu einer »natürlichen« Reaktion derjenigen mit anderer Hautfarbe (sprich: »weißer« Hautfarbe) führt. Doch persönliche als auch historisch-kulturelle und soziale Erfahrungen zeigen die Unrichtigkeit dieser Annahme. Die Wahrnehmung und Beurteilung eines Gegenübers oder seiner Hautfarbe sind politisch und sozio-kulturell determinierte Übereinkünfte/Mechanismen wie die von Geschlecht, Kleidung, Sprache u. a.

Die unausweichliche Unsichtbarkeit wird bestimmt von der Wertungshierarchie, auf der die Ideologie des Rassismus beruht und bestimmt, dass die unterdrückte Gruppe nicht in ihrer Eigenständigkeit und individuellen Ausprägung sichtbar werden darf, da ansonsten die Erfindung des »Anderen«, z.B. dessen angebliche Minderwertigkeit, Kindlichkeit, Abhängigkeit u.v.a.m., nicht aufrechterhalten werden kann. Die Message heißt also: »du bist immer erkennbar, wir können dich immer herausgreifen.« Und gleichzeitig: »du bist nichts, deine Sicht, deine Perspektive zählt nicht.«

Es ist aber selbstverständlich, dass es vielerlei Situationen gibt, in denen sich diese Prämisse auflöst, in denen die Hautfarbe gar keine Rolle spielt, ganz als hätte es nie rassistische Vorgaben gegeben. Und genau diese Erfahrung lehrt uns, dass Rasse lediglich ein Konstrukt ist und Rassismus, sich auf diese konstruierte Vorstellung berufend, lediglich die Unterdrückung und Ausbeutung von Menschen rechtfertigen soll.

Die Übersicht und Struktur dieser Arbeit möchten als Handwerkzeug dienen, um diesen Kreislauf zu durchbrechen und einen Weg zu ermöglichen, wie das Leben von Menschen afrikanischer Herkunft in Deutschland in seiner Vielfältigkeit gesehen werden kann.

Geschichte wird immer da spannend, wo wir Menschen begegnen. Personen und Persönlichkeiten, die als handelnde Subjekte die Geschichte, also unsere Vergangenheit, mitgestalteten und damit auch unsere Gegenwart beeinflussten.

Es ist einfach schade, wenn wir von den Begebenheiten und Ereignissen in unserer Vergangenheit nicht wissen, denn dann bleibt uns ein Teil des Fundamentes verborgen, auf dem wir unsere Zukunft bauen wollen.

Katharina Oguntoye, Berlin Januar 1997

1. Einleitung

1.1 Vorwort

In dieser Arbeit wird die Lebenssituation von AfrikanerInnen und Afro-Deutschen[1] in Deutschland seit der Errichtung deutscher Kolonien 1884 bis zum Ende des Zweiten Weltkrieg umrissen werden. Der gewählte Zeitraum umfasst drei Perioden der deutschen Geschichte, nämlich das Kaiserreich, die Weimarer Republik und die Zeit des Nationalsozialismus. Dies ist auch die zeitliche Gliederung der vorliegenden Arbeit.

Der Ausgangspunkt für meine Recherche zum Themas war die Betrachtung der afrikanisch-deutschen Familie Diek, deren Familienbiographie seit der Ankunft des Kameruners Mandenga Diek 1891 in Hamburg fünf Generationen in Deutschland umschließt. Die Bereitschaft der Familie, in Interviews und Gesprächen offen über ihre Erlebnisse zu berichten und ihre privaten Dokumente zur Verfügung zu stellen, gab vielfältige Hinweise auf themenspezifische Fragestellungen und Quellen.

Im Verlauf der Arbeit wird unregelmäßig auf Einzelheiten aus der Familiengeschichte eingegangen, soweit sie als typische Beispiele für die Untersuchungsgruppe gewertet werden können. Am Ende der Arbeit wird die Geschichte der Dieks im Zusammenhang nach-

1 Die Bezeichnung afro-deutsch ist relativ neu, deshalb soll sie an dieser Stelle kurz definiert werden. Der Begriff »afro-deutsch« ist 1986 entstanden und bezeichnet Schwarze Deutsche afrikanischer Herkunft. Der Begriff bezieht sich auf Personen mit bikultureller Herkunft und mit deutscher Sozialisation. Gemeinsamer Nenner für diese durchaus heterogene Personengruppe sind: die deutsche Staatsangehörigkeit, überwiegend deutsche Sozialisation, Bezug zu einer afrikanischen oder afrikanischstämmigen Kultur. Es müssen keinesfalls alle drei Kriterien zutreffen. Zum Beispiel hat zwar heute die Mehrzahl der Afro-Deutschen die deutsche Staatsbürgerschaft, doch noch vor zwanzig Jahren war dies keineswegs die Regel. Wie gerade die Staatsangehörigkeit für die zu betrachtende Personengruppe von den jeweiligen gesetzlichen Bestimmungen und Gesetzesauslegungen abhängig ist, wird ein Thema dieser Darstellung sein.

gezeichnet. Dabei werden auch die Untersuchungsergebnisse zusammenfassend betrachtet.

Im Anhang befindet sich ein Personenprotokoll (siehe Anhang 6.3) zu dieser Arbeit, darin werden die Afrikaner namentlich und mit einem inhaltlichen Stichwort aufgeführt, so wie sie in den Kapiteln auftauchen. Das Personenprotokoll soll das Lesen als auch das Wiederfinden der zahlreichen Beispielfälle aus den Akten erleichtern.

Bisher liegen, soweit mir bekannt, keine historischen Untersuchungen zur Lebenssituation von AfrikanerInnen und Afro-Deutschen in Deutschland für den gewählten Zeitraum vor.[2] Zur Erforschung des Themas werden auf Grund der Quellenlage zwei historische Methoden zur Anwendung kommen: die herkömmliche der Auswertung von Archivmaterialien und die neuere der Oral Historie. Mündliche Überlieferung ist für das Thema von großer Bedeutung, weil die schriftlichen Quellen, die größtenteils erst noch erschlossen werden müssen, nur im geringen Maße vorhanden sind. Auch geben die Auskünfte der Zeitzeugen Einblicke in die Befindlichkeit der Untersuchungsgruppe, die durch die in der Regel amtlichen Dokumente

2 Arbeiten, die sich mit Aspekten des Themas befassen sind; Opitz, May, Afro-Deutsche. Ihre Kultur- und Sozialgeschichte auf dem Hintergrund gesellschaftlicher Veränderungen, Regensburg 1986. Die Diplomarbeit in Pädagogik enthält einige wenige Angaben zu den ersten Afrikanerinnen in Deutschland vom Mittelalter bis ins 18. Jahrhundert. Für das Thema der vorliegenden Arbeit verwertbare Ausführungen zur Lebenssituation der Untersuchungsgruppe sind in dieser umfangreichen Arbeit zur Kulturgeschichte nicht enthalten; Amoateng, John, Schwarze Deutsche. Eine ethnische Minderheit in der Bundesrepublik Deutschland – ihre Geschichte sowie die Entwicklung und Bedeutung ihrer Eigenorganisation, Berlin 1991. Diese Diplomarbeit wurde im Fachbereich Politische Wissenschaften eingereicht und befasst sich vor allem mit der Entstehung und Entwicklung der Initiative Schwarze Deutsche (ISD), die 1986 gegründet wurde. Zur Lebenssituation der Untersuchungsgruppe für unseren Zeitraum standen auch dieser Arbeit kaum Informationen zur Verfügung. Lediglich für ein Einzelbeispiel um 1900, nämlich das von Martin Dibobe, konnte der Autor einige Fakten ermitteln, die auch in meiner Untersuchung aufgenommen wurden; Pommerin, Reiner, »Sterilisierung der Rheinlandbastarde». Das Schicksal einer farbigen deutschen Minderheit 1918-1937, Düsseldorf 1979. Die Untersuchung folgt dem Lebensweg der Kinder mit bi-ethnischer Herkunft, die nach dem Ersten Weltkrieg im Rheinland geboren wurden. Obwohl die Untersuchungsgruppe nur teilweise mit der für die vorliegende Arbeit übereinstimmt, konnten ihre Forschungsergebnisse als Quelle für das Kapitel zur NS-Zeit verwendet werden; Rüger, Adolf, Imperialismus, Sozialreformismus und antikoloniale demokratische Alternative. Zielvorstellungen von AfrikanerInnen in Deutschland im Jahre 1919, ins Zeitschrift für Geschichtswissenschaft, S. 1293-1308, Jg. 23, Berlin (Ost) 1975. Dem Aufsatz konnten wichtige Hinweise für das Kapitel über die Aktivitäten von AfrikanerInnen in Deutschland entnommen werden.

nicht möglich wären. Die Quellen werden weiter unten genauer vorgestellt. Zuvor noch einige allgemeine Überlegungen zum Thema.

Dass historische Untersuchungen zu AfrikanerInnen und Afro-Deutschen in Deutschland bisher nur in verschwindend geringer Zahl entstanden sind[3], kann nicht allein mit der kleinen Zahl der betroffenen Personen begründet oder mit dem Argument erklärt werden, Deutschland sei nur für eine kurze Zeitspanne Kolonialmacht gewesen. Immerhin beträgt diese »kurze« Zeitspanne 34 Jahre, und der Verweis auf die geringe Zahl einer Minderheit gibt noch keine befriedigende Auskunft über ihre gesellschaftliche Relevanz und ihre soziale Situation.

Ein möglicher Grund dafür, warum Afrikaner und Afro- Deutsche bisher nicht in das Blickfeld wissenschaftlicher Forschung gerieten, ist die Bewertung, die der Begriff »deutsch« erfährt. Die Konnotation des Begriffs »deutsch« beinhaltete mehr als die Bezeichnung einer Nationalität oder Staatzugehörigkeit. Vor allem nach dem Entstehen des Nationalismus Ende des 18. Jahrhunderts wird häufig auch das Konzept der Überlegenheit aufgrund der germanischen Abstammung mitgedacht. Dieses Konzept von »deutsch« als »rein weiß« hat alle in Deutschland lebenden Personen nicht europäischer ethnischer und kultureller Herkunft zur Unsichtbarkeit verurteilt. Sofern sie überhaupt wahrgenommen werden, werden sie als das Fremde, das Andere ausgegrenzt. Unter diesen Umständen ist es nicht verwunderlich, dass die Existenz von Schwarzen Deutschen außerhalb des Bewusstseins und der Wahrnehmung des allgemeinen Bewusstseins und auch des Fachinteresses lag. Die vorliegende Arbeit will Materialien für die

3 Historische Arbeiten zum Themenbereich sind: Debrunner, Hans Werner, Presence and Prestige: Africans in Europe. A History of Africans in Europe before 1918, Basel 1979, Chapter 10.3, Africans in Germany and Switzerland 1890-1918, page 351-367. Debrunner hat mit seinem breit angelegten Werk das Thema der Afrikaner in Europa sehr umfassend bearbeitet. Der Autor hat eine Vielzahl von Einzelbeispielen seit dem frühen Mittelalter zusammengetragen. Um die Detailfülle zu ordnen, führt er zu jeder afrikanischen Person, die sich in Europa aufhielt, stichwortartige Bio-Bibliographien auf. Die Untersuchungsergebnisse für Deutschland zwischen 1884 und 1918 haben viele Übereinstimmungen mit denen der vorliegenden Untersuchung. Jedoch beschäftigt sich das kurze Kapitel bei Debrunner fast ausschließlich mit Personen, die sich nur kurze Zeit in Deutschland aufhielten. Am wichtigsten für meine Untersuchung waren Debrunners Erkenntnisse zur Ausbildung von AfrikanerInnen in Deutschland durch Missionsgesellschaften; Martin, Peter, Schwarze Teufel, edle Mohren. Afrikaner im Bewusstsein und Geschichte der Deutschen, Hamburg 1993. Schwerpunkt des Buches ist das Bild der Afrikaner im Mittelalter und die frühe Neuzeit in Deutschland. Einzelbeispiele, unseren Untersuchungszeitraum betreffend, sind lediglich die der Afrikaner in den Militärmusikkorps der Kaiserzeit.

objektive Beurteilung der Personengruppe und ihrer Geschichte in Deutschland bereitstellen. Bisher wurde das Leben von Afrikanern in Deutschland und in Europa nur in Einzelbeispielen beschrieben und diese dann als »exotische« Randerscheinungen eingeordnet. Deshalb werden hier die Grundzüge aufgezeigt und in den Zusammenhang gestellt.

1.2 Quellen

Die Hauptquelle für die vorliegende Arbeit bildet eine ausgewählte Gruppe von Akten des Reichskolonialamtes.[4] Für diese Untersuchung wurden die Akten auf Hinweise zur Untersuchungsgruppe durchgesehen und für die Auswertung ein Inhaltsverzeichnis über die jeweils enthaltenen Daten angefertigt.[5] In den vierzehn Akten befinden sich spezifische Aussagen zu den Verhältnissen der Afrikaner und Afro-Deutschen in Deutschland, sofern diese in die Zuständigkeit des Auswärtigen Amtes und später des Reichskolonialamtes (RKA) fielen oder mit den Interessen Deutschlands in überseeischen Besitzungen verbunden waren. Dazu gehörten Beschwerden der Afrikaner über die deutsche Kolonialverwaltung ebenso wie der »Zuzug und die Heimschaffung von Afrikanern aus den deutschen Kolonien«, wie es in einem Aktentitel heißt, oder die Reichsangehörigkeitsverhältnisse der AfrikanerInnen wie auch die Frage der schwarz-weißen Ehen und der daraus entstammenden Kinder.

Im Wesentlichen sind es die politischen Hintergründe, die die Entscheidungen und Maßnahmen des Reichskolonialamtes bestimmten. So enthalten die Akten in der Regel Vorgänge, in denen die Haltung der deutschen Regierung zu bestimmten aktuellen Fragen festgestellt werden soll und in denen AfrikanerInnen in strittige Fälle verwickelt sind. Das heißt, die Personengruppe, die im Mittelpunkt des Interesses dieser Untersuchung steht, erscheint in dieser Quelle vor allem unter rechtlichen Gesichtspunkten. So gibt diese Quelle direkte Hinweise auf den rechtlichen Status der Untersuchungsgruppe im deutschen Recht. In der Untersuchung wird auf die Staatsangehörigkeit bzw. Naturalisation von AfrikanerInnen in Deutschland und in den deutschen Kolonien eingegangen. Dabei wird der in der Quelle immer wieder auftauchende Vergleich zur rechtlichen Lage der Afrikaner in anderen Staaten mit Kolonien wie Großbritannien,

4 Liste der Aktenbezeichnungen siehe Anhang 6.2.

5 Das Personenverzeichnis und eine Auswahl der Familienfotos befinden sich im Anhang 6.4 und 6.5.

Frankreich und anderen hier nur insofern behandelt werden, als dies zur Darstellung der Situation in Deutschland nötig ist.

Für die Behandlung der Afrikaner durch den nationalsozialistischen Staat gaben die Akten von 1933 bis 1945 ganz konkrete Hinweise. So enthalten sie z.B. Aussagen zur rechtlichen Situation nach 1933 wie auch zu den akuten Auswirkungen der Rassenpolitik des NS-Staates auf die zum Teil schon lange vor dem ersten Weltkrieg nach Deutschland gekommenen und seither in Deutschland lebenden Afrikaner. Die Kolonialabteilung des Auswärtigen Amtes, die zum damaligen Zeitpunkt für diese Personen zuständig war, ist sowohl in Kontinuität zu den vorhergegangenen Perioden als auch in Übereinstimmung mit der neuen Regierung um die Verbesserung der Lage der Afrikaner bemüht gewesen. Das hatte vor allem außenpolitische Gründe, wie zu zeigen sein wird.

Die zweite Quelle sind zwei Interviews, die die Autorin der vorliegenden Arbeit und May Ayim (vormals Opitz) mit den Töchtern des Mandenga Diek, Frau Doris Reiprich und Frau Erika Ngambi am 20.4.1985 und am 24.10.1985 gemacht haben.[6]

In seinem Aufsatz »Oral Historie als Erfahrungswissenschaft« benennt Alexander von Plato[7] einige Bereiche, in denen er die Anwendung der Oral Historie als besonders nützlich einschätzt. Dieses ist dort der Fall, wo es

1) um die Rekonstruktion von Ereignissen und Abläufen geht und für die keine oder nur mangelhafte andere Quellen vorliegen; oder es
2) um die Bedeutung von Vorerfahrung für weitere historische Abschnitte geht; oder wenn
3) die »Innenansichten« bestimmter sozialer Gruppen bearbeitet werden; und wenn
4) die Dynamik zwischen Generationen; oder auch
5) die Dynamik innerhalb von Biografien oder deren Selbstkonstruktionen untersucht werden sollen.[8]

6 Auszüge aus den Interviews wurden veröffentlicht in Farbe bekennen. Afro-Deutsche Frauen auf den Spuren ihrer Geschichte, Oguntoye/Opitz/Schultz (Hg.), Berlin 1986.

7 Plato, Alexander von, Oral Historie als Erfahrungswissenschaft. Zum Stand der »mündlichen Geschichte« in Deutschland, ins Bios – Zeitschrift f. Biographieforschung und Oral Historie, Heft 1/199, S. 97-119.

8 ebenda S. 104.

Diese Ansätze zur Interpretation von mündlicher Überlieferung geben ausgezeichnete Anregungen für die Auswertung von Interviews mit Zeitzeugen zum vorliegenden Thema, da hier alle von Plato genannten Punkte zutreffen. Allerdings ist die vorliegende Arbeit keine Oral Historie-Arbeit, vielmehr stützt sich die Untersuchung überwiegend auf das Aktenmaterial des RKA und des Auswärtigen Amtes. Das Interview stellt jedoch eine wichtige Ergänzung für den Bereich der Erfahrungsgeschichte dar und erhält daher entsprechenden Raum in der Arbeit. Wann immer möglich, wird das Interview als Belegquelle für einzelne Bereiche mit herangezogen, unter anderem auch, weil darin Zeitzeugen aus der Untersuchungsgruppe zu Wort kommen und die Ereignisse dadurch anschaulicher werden.

1) Rekonstruktion von Ereignissen und Abläufen

Es wird deutlich, dass es gilt, afrodeutsche Geschichte zunächst einmal zu rekonstruieren, trotz schlechter Quellenlage bzw. obwohl die Quellen zumeist noch zu erschließen sind. Vielfältige Fragen sind zum Thema offen, so zum Beispiel die nach der sozialen und ökonomischen Lebensgrundlage und den Lebensumständen der zu untersuchenden Gruppe in Deutschland und nach ihrer politischen Rolle und Betätigung. Wie sah diese Personengruppe sich selbst, wie wurde sie von ihrer Umwelt wahrgenommen bzw. eingeordnet? Im Einzelnen interessieren auch die Umstände der Einreise bzw. Einwanderung nach Deutschland, der personenrechtliche Status, die Lebens- und Arbeitsbedingungen, die Behandlung durch die staatlichen Stellen, die Situation bei der Familiengründung, die politischen und sozialen Aktivitäten der Personengruppe und ihr Verhältnis zu ihren afrikanischen Heimatländern.

2) Bedeutung von Vorerfahrung für weitere historische Abschnitte

Die Erfahrung der Afrikaner und Afro-Deutschen in Deutschland ist von Beginn an von Brüchen gekennzeichnet. Die erste Generation musste den Wechsel von einem Kontinent zum anderen und den Übertritt von einer Kultur in eine grundsätzlich unterschiedliche verarbeiten. Später erlebten sie nicht nur das Ende des Kaiserreichs und das Ende des deutschen Kolonialreiches, sondern auch die Verfolgung und Bedrohung während des Nationalsozialismus und die anschließende Befreiung.

Wie diese Veränderung individuell als auch kollektiv erlebt und verarbeitet wurde, ist ein wichtiger Aspekt, um die Lage der Untersuchungsgruppe beurteilen zu können.

3) »Innenansichten« bestimmter sozialer Gruppen

Dieser Aspekt würde eine größere Anzahl von Interviews und die Befragung einer größeren Anzahl von Zeitzeugen erfordern, um dadurch genügend Material für eine vergleichende Auswertung zu erhalten. Das konnte für diese Untersuchung nicht geleistet werden, sodass die Aussagen zu diesem Bereich beschränkt sind.

Trotzdem konnten aus dem zur Verfügung stehenden Interview vielfältige Informationen zum Innenverhältnis der Gruppe der Afrikaner und Afro-Deutschen gewonnen werden, weil die Familie Diek eine sozial sehr aufgeschlossene und aktive Familie war. So berichten sie zum Beispiel von Treffen in privaten Zusammenhängen als auch von solchen aus beruflichen Gründen. Wie diese Zusammenkünfte im Bereich der Schauspielerei und der Artistik zustande kamen und welche Gefühle sie begleiteten, erfahren wir aus keiner anderen Quelle als dem Interview.

4) Die Dynamik zwischen Generationen

Die Betrachtung der Dynamik zwischen den Generationen der Untersuchungsgruppe ist deshalb von Interesse, weil es sich bei der Geschichte von AfrikanerInnen und Afro-Deutschen in Deutschland um eine Immigrationsproblematik handelt – mit all ihren unterschiedlichen Situationen für die verschiedenen Generationen. Auch die Tatsache, dass die Mehrzahl der afrikanisch-deutschen Familien ethnisch gemischt ist, führt zu spezifischen Dynamiken zwischen den Generationen.

Auch dieser Aspekt wird sich hauptsächlich durch die Auswertung von Interviews mit den Betroffenen erschließen. In dieser Arbeit jedoch wird die Generationsproblematik nur tangential behandelt.

5) Die Dynamik innerhalb von Biografien oder deren Selbstkonstruktionen

Die schon in den vorhergehenden Punkten genannten Umstände für die Situation der Afrikaner und Afro-Deutschen in Deutschland bedingen spezifische Konfliktfelder und Spannungsverhältnisse sowohl für das einzelne Individuum als auch für die gesamte Gruppe. Dazu ist neben der Immigrationsthematik und der Erfahrung der Verfolgung während der NS-Zeit auch die Erfahrung von rassistisch motivierter Diskriminierung zu zählen.

Ausgelöst durch diese emotionsgeladenen Erfahrungen ergeben sich bei der Interpretation der Aussagen der Zeitzeugen Probleme, die auf ungenauer Erinnerung und Problemen bei der Selbstkonstruktion von Biografien beruhen. Mit der kritischen Auswertung der Quellen wird diesem Problem begegnet werden können. In der vorliegenden Arbeit wird auch durch den Vergleich mit den Informationen aus den schriftlichen Quellen größere Genauigkeit erzielt.

2. Situation im Kaiserreich und in der Weimarer Republik

Im Folgenden wird der Kontext für die Situation der Afrikaner im Kaiserreich und in der darauffolgenden Periode der Weimarer Republik dargestellt, dabei erschließt sich die deutsche Situation im Vergleich zu anderen Kolonialstaaten, und die Motivationen für die Behandlung der Afrikaner in Deutschland wird besser verständlich. Einleitend wird die Haltung Englands, Frankreichs und Deutschlands verglichen.

Koloniales Selbstverständnis der Kolonialmächte

Als 1884/85 im Anschluss an die Absprachen der Berliner Westafrikakonferenz die deutsche Regierung unter Bismarck offizielle Kolonien in Afrika errichtete[9], war dem eine mehr als hundertjährige Präsenz deutscher Forschungsreisender, Unternehmer und Missionare auf dem afrikanischen Kontinent vorausgegangen. Somit gehörte Deutschland zu den Ländern, die zuerst »nur« mittelbar an der kolonialen Expansion Europas teilgenommen hatten. Deutschland hatte nicht zu den frühen Kolonialmächten gehört, da der Nationalstaat sich erst spät gebildet hatte und damit eine ökonomische Zersplitterung verbunden war. Deutschland war keine Seemacht, weil der Staat nicht über die finanziellen und strukturellen Mittel verfügte, um eine Handels- und Kriegsflotte aufzubauen.

Dies unterschied Deutschland von den frühen Kolonialmächten England, Frankreich und Spanien, Portugal und den Niederlanden, die jeweils über eine oder beide Voraussetzungen verfügten, den Zentralstaat und/oder eine Seeflotte.

9 Harding, Leonhard, Die Berliner Westafrikakonferenz von 1884/85 und der Hamburger Schnapshandel, in: Nestvogel, R./Tetzlaff, R. (Hg.), Afrika und der deutsche Kolonialismus, Zivilisierung zwischen Schnapshandel und Bibelstunde, Hamburg 1987, S. 19-41. Auf der Konferenz sollten Freihandelsvereinbarungen getroffen werden. Grenzabsprachen waren nicht das Ziel des Treffens gewesen, jedoch wurden diese später de facto von den Teilnehmern der Konferenz eingehalten. Harding hebt hervor, dass die Annektierung jedoch auch ohne die Westafrikakonferenz stattgefunden hätten und sie auf den jeweiligen Kräfteverhältnissen beruhten.

Ein Hauptargument gegen die Errichtung formeller Kolonien waren die enorm hohen Kosten einer Kolonialverwaltung. Die Pro-Argumente betonten den hohen Prestigewert von Kolonien für eine Großmacht und gingen davon aus, dass eine industrielle Volkswirtschaft auf die Rohstoffzufuhr aus Kolonialgebieten angewiesen sein würde.

Welchen ökonomischen Nutzen Kolonien für die Mutterländer hatten, wird auch heute noch kontrovers diskutiert. Für diese Arbeit ist der ökonomische Aspekt jedoch nicht weiter von Bedeutung, vielmehr interessiert hier die ideologische Begründung, die bei der Errichtung von Kolonien angeführt wurden.

Die ideologischen Begründungen der jeweiligen Kolonialmächte unterschieden sich nur graduell und hatten auf die tatsächliche Kolonisation keinen großen Einfluss; für die historische Beurteilung des Kolonialismus und seiner Folgen für die kolonialisierten Völker ist die unterschiedliche Behandlung der Kolonien durch die Kolonialmächte jedoch von Interesse. Für unser Thema betrifft dies vor allem den Rechtsstatus, den eine Kolonie hatte, da von diesem der Rechtsstatus der Afrikaner abhängig war. Der Rechtsstatus wurde für die Afrikaner in der Regel erst dann relevant, wenn sie sich in Europa selbst befanden. Für die Lage in den Kolonien waren die jeweilige Verwaltungsstruktur und die »Eingeborenenpolitik« der Kolonialmacht entscheidend.

Das britische Kolonialreich, »the Empire«, verfügte über eine lange Erfahrung in der Ausübung von kolonialer Herrschaft, wobei sich das traditionell liberal eingestellte Britannien verschiedenster Rechtsformen bediente, die den örtlichen Gegebenheiten angepasst werden konnten. Es gab mindestens sieben verschiedene Möglichkeiten der Bindung an Großbritannien, davon sind hier nur zwei von Belang, auf die sich letztendlich die direkte Herrschaftsausübung beschränkte. Dies waren zum einen der rechtliche Status einer Kronkolonie und zum anderen der des Protektorats. Eine Kronkolonie hat in verschiedenster Abstufung eine parlamentarische Beteiligung der Bevölkerung, manchmal einschließlich kleiner Teile der schwarzen Bevölkerung der Kolonie, an der Innenpolitik. Bei einem Protektorat blieb die althergebrachte Regierung erhalten, wurde aber von den Briten kontrolliert. Der grundlegende Unterschied zwischen beiden Rechtsformen war, dass die Bewohner einer Kronkolonie britische Untertanen waren und diejenigen der Protektorate nicht.

Frankreichs Selbstverständnis ist auf dem von Paris aus regierten Zentralstaat begründet, und die Kolonien wurden als ein Bestandteil der »unteilbaren« Republik betrachtet, der »Grande Nation«. Die eigene Kultur, einschließlich der egalitären Menschenrechte als eine der Errungenschaften der Französischen Revolution, wurde als einzigartig und überragend angesehen und die Kolonialbestrebungen damit gerechtfertigt, diese Kulturwerte anderen (wilden) Völkern bringen zu wollen. Zu Beginn der Kolonisierung wurden afrikanische Gebiete durch Protektoratsverträge unter französische Hoheit gebracht. 1904 wurden die Kolonien dann der Zentralregierung in Paris unterstellt, indem ihre Souveränitätsrechte durch Parlamentsbeschluss aufgehoben wurden.

Die französische Auffassung führte dazu, dass die Afrikaner als »schwarze Franzosen« betrachtet wurden. Die Auffassung war die, dass alle Menschen gleich seien, wenn sie die gleichen Möglichkeiten hätten. Also wurde den AfrikanerInnen Bildung zugestanden. Eine strikte Rassentrennung in den Kolonien war aufgrund der Gleichheitsvorstellung kein Schwerpunkt der französischen Kolonialpolitik.

An dieser Stelle muss klar betont werden, um möglichen Missverständnissen vorzubeugen, dass vorauszusetzen ist, dass alle Kolonialmächte von der Überlegenheit der weißen Menschen überzeugt waren und schwarzen Menschen gegenüber rassistische Vorurteile vertreten wurden. Was hier betrachtet werden soll, sind ideelle Werte, die zu unterschiedlichen Ausprägungen bei den rechtlichen Formen des Status und der Behandlung von AfrikanerInnen führten.

Die Haltung des Deutschen Reiches zeichnete sich gegenüber dem Sinn und Nutzen von Kolonien für Deutschland durch Zögern aus.[10] Die Ambivalenz der deutschen Regierung gegenüber den Kolonien wird z.B. in der dürftigen Ausstattung der Kolonialabteilung deutlich, die im Auswärtigen Amt eingerichtet wurde.[11] Und auch dadurch, dass die Kolonien als Schutzgebiete bezeichnet wurden und die Staatsgewalt im deutschen Kolonialrecht als Schutzgewalt bezeichnet wurde.[12] Da es sich nun de facto um Kolonien handelte, stellt sich die Frage nach dem Entstehen dieser Benennung. Von Hoffmann

10 Gründer, Horst, Geschichte der deutschen Kolonien, München/Wien/Zürich 1991, S. 68ff. Gründer schreibt, dass die letztendlichen Ursachen für die Entscheidung der deutschen Regierung nicht bekannt sind.

11 Sebald, Peter, Togo 1884 – 1914. Eine Geschichte der deutschen »Musterkolonie« auf der Grundlage amtlicher Quellen, Berlin (Ost) 1988, S. 232.

12 Hoffmann, H. Edler v., Deutsches Kolonialrecht, Leipzig 1907, S. 18ff.

führt in seinem Buch zum deutschen Kolonialrecht an, für die Entstehung des Begriffes Schutzgewalt seien folgende Punkte von Bedeutung:

> *»... die Oberhoheit des Reiches über die Kolonialgesellschaften, der Schutz der neuerworbenen Gebiete, der Schutz der Europäer und die in den Schutzverträgen gegenüber den Häuptlingen eingegangenen sogenannten ursprünglichen Schutzverpflichtungen.«*[13]

Der Schutzgewaltsbegriff ist also sehr unbestimmt und hatte nur solange eine gewisse Bedeutung, bis sich die Regierung zur formellen Herrschaftsausübung entschlossen hatte.

Für die deutschen Kolonien galt eine einheitliche rechtliche Struktur, welche durch das Schutzgebietsgesetz gebildet wurde. Danach waren die Kolonien völkerrechtlich und staatsrechtlich Inland, allerdings mit der Einschränkung, dass die Reichsverfassung hier nicht galt und das Reichsrecht nur für deutsche Staatsangehörige anzuwenden war. Afrikaner waren keine deutschen Staatsangehörigen, sie konnten dies aber durch Einbürgerung werden.

Zusammenfassend zeigt der Vergleich der drei Kolonialmächte folgenden grundsätzlichen Unterschied: die Haltung Großbritanniens und Frankreichs bedeutete, dass die Bewohner einer britischen Kronkolonie oder einer französischen Kolonie, ob schwarz oder weiß, rechtlich als Angehörige des jeweiligen »Mutterlandes« galten, während die Bewohner einer deutschen Kolonie in schwarze und weiße Bevölkerung unterteilt wurden. Alle »Nichtweißen«, die der deutschen Hoheit unterstanden, konnten nur durch Einbürgerung deutsche Staatsangehörige werden.

Demokratie in Deutschland – Gerechtigkeit für Afrika

Nach dem Friedensvertrag von Versailles besaß Deutschland keine Kolonien mehr, sie wurden anderen Kolonialmächten unterstellt. Das Auswärtige Amt wurde mit der Abwicklung der Abtretung der Kolonien beauftragt. Der Wunsch von Teilen der Regierung und der deutschen Gesellschaft nach Wiedererlangung der Kolonien blieb jedoch bestehen. Der richtige Augenblick für einen Vorstoß in diese Richtung sollte abgewartet werden. Auch wenn dieser Zeitpunkt bis zum Ende des Zweiten Weltkrieges nicht mehr kommen sollte, bestimmte die

13 ebenda

Idee doch die Politik gegenüber den AfrikanerInnen in Deutschland von 1918 bis 1945.

In der Weimarer Republik und in der folgenden Periode des Nationalsozialismus war die einschneidenste Veränderung zu der des Kaiserreichs die, dass AfrikanerInnen und Afro-Deutsche ihre Schutzgebietsangehörigkeit verloren, sofern sie sie besaßen. Damit verloren sie auch die staatsrechtliche Zugehörigkeit zu Deutschland, dem Land, in dem sie ihren Lebensschwerpunkt hatten. Die neue Staatsform in der Weimarer Republik gab einigen AfrikanerInnen in Deutschland die Hoffnung, die deutsche Regierung würde sich im Fall der Rückgewinnung der Kolonien für Deutschland positiv für die Verhältnisse in Afrika einsetzten. Diese trügerischen Hoffnungen veranlassten einige sozialistisch orientierte Afrikaner in Deutschland dazu, sich mit Eingaben direkt an den deutschen Reichstag zu wenden. Auf diese und andere politische Aktivitäten der Afrikaner wird in einem eigenen Kapitel eingegangen werden. (siehe Kap. 2.3.3)

2.1 Der rechtliche Status der AfrikanerInnen und Afro-Deutschen in Deutschland

2.1.1 Naturalisation und Schutzgebietsangehörigkeit

Zwischen 1884 und 1918 war für den rechtlichen Status der AfrikanerInnen aus den deutschen Kolonien und ihre Familien das deutsche Kolonialrecht die Grundlage. Es wurde im Schutzgebietsgesetz (SchGG) vom 10. September 1900 geregelt und durch die Kaiserliche Verordnung vom 9. November 1900 ergänzt.[14] Im SchGG wurde die in den Kolonien lebende Bevölkerung in Deutsche, »Eingeborene« und Ausländer unterschieden. Die Afrikaner in den deutschen Kolonien waren nicht zwangsläufig deutsche Staatsangehörige. Allerdings konnten Afrikaner und Angehörige anderer Staaten, die im Schutzgebiet ansässig waren, einen Antrag auf Naturalisation stellen, und der Reichskanzler konnte die unmittelbare Reichsangehörigkeit nach § 9 des SchGG verleihen.[15]

Deutsche unterstanden auch in den Kolonien dem Bürgerlichen Recht. Für die »Farbige« Bevölkerung galt im zivilen Bereich das Stammesrecht mit der Einschränkung, dass verschiedene Bereiche durch den deutschen Gesetzgeber geregelt wurden, wie z.B. der Bereich Arbeitsverträge.[16]

Auch galt für »Farbige« eine gesonderte Gerichtsbarkeit, die zum Teil von den Angehörigen der jeweiligen Gruppe ausgeübt wurde, in

14 Hoffmann, H. Edler v., Deutsches Kolonialrecht, Leipzig 1907, S. IIff. Der Endfassung des SchGG war das Reichsgesetz, betreffend die Rechtsverhältnisse der deutschen Schutzgebiete vom 17. April 1886 und mehrfache Änderungen desselben bis 1900, vorangegangen; Schleser, W. Die deutsche Staatsangehörigkeit, Bonn 1975, S. 19.

15 siehe Anhang 6.1., Dokument Nr. 2.

16 Die »Farbige« Bevölkerung wurde unterschiedlich eingeschätzt. So galten die Rechtssysteme der Mohammedaner, Inder und Chinesen als hochentwickelt, die Rechtsordnungen der anderen afrikanischen Völker wurden als »Stammesrecht« bezeichnet. Zwar galten sie als Teil des Kolonialrechtes, aber sie waren weder erforscht noch aufgezeichnet.

der letzten Entscheidung unterstanden sie aber doch den kolonialen Verwaltungen. Letztendlich war der Gouverneur als höchste Instanz für die Afrikaner zuständig. Dies traf in der Regel auch dann zu, wenn die Afrikaner sich in Deutschland aufhielten.[17] Afrikaner in Deutschland hatten, sofern sie nicht naturalisiert waren, die deutsche Schutzgebietsangehörigkeit und wurden als »deutsche Schutzbefohlene« bezeichnet. Die Schutzgebietsangehörigkeit beinhaltete nicht die Reichsstaatsangehörigkeit, bezeichnete aber die Zugehörigkeit zu einer deutschen Kolonie und wurde in den Pässen der Afrikaner vermerkt.[18]

Für eine eventuelle Ausreise aus der Kolonie sowie für die Einreise brauchten Afrikaner die Genehmigung des Gouverneurs. Diese gesetzliche Regelung, die der Kontrolle der AfrikanerInnen dienen sollte, wurde jedoch, wie wir noch sehen werden, oft umgangen.

Die Zeit nach dem Ersten Weltkrieg

Durch den im Versailler Vertrag von Deutschland erklärten Verzicht auf die Kolonien änderte sich die Schutzangehörigkeit der Afrikaner. Sofern sie nicht eingebürgert waren, wurden sie Schutzangehörige bzw. Bürger der jeweiligen Mandatsmacht. Dies traf auch dann zu, wenn die Person zum Zeitpunkt des Vertragsschlusses ihren Wohnsitz in Deutschland hatte.[19]

Interpretation:

Nach den Angaben der Töchter des Mandenga Diek war ihr Vater 1896 eingebürgert worden. Dokumente über diesen Vorgang waren bei der Familie allerdings nicht mehr vorhanden. Der Hinweis auf die Einbürgerung war nur als Teil der mündlichen Tradierung der Familiengeschichte überliefert. Hier ist es dann ein Satz mit einer Konstruktion aus Zahlenangaben und Ereignissen, der als Erinnerung an den Vater über die Jahrzehnte immer wieder erzählt wird.

Wenn auch die Erzählung variiert, so bleiben doch die zentralen Daten und Fakten immer dieselben, die in der genau gleichen Formulierung wiedergegeben werden. Das zeigte sich bei der erneuten Befragung der Interviewpartnerinnen ein Jahr später.

Für die vorliegende Untersuchung waren folgende Fragen relevant:

17 Hoffmann, ebenda, S. 102ff. u. lllff.

18 RKA, Akte Nr. 7562, S. 92.

19 Schleser, ebenda, S. 25; Reichsgesetzblatt v. Juli 1919, S. 678.

a) Kann die Einbürgerung M. Dieks oder parallele Fälle anderer AfrikanerInnen mit Hilfe von Dokumenten nachgewiesen werden?
b) Wenn die Frage a) positiv beantwortet werden kann, wie häufig war der Fall der Naturalisation von AfrikanerInnen und welches waren die Voraussetzungen?

Durch die Nachforschungen für diese Arbeit konnte die Einbürgerung des M. Diek nachgewiesen werden.[20] Im Oktober 1896 stellte Mandenga Diek das Gesuch, Hamburgischer Staatsangehöriger zu werden, und am 23.11.1896 wird die Naturalisationsurkunde ausgestellt und ihm am 04.12.1896 ausgehändigt.[21] Der Fall M. Diek ist der einzige, der für diese Arbeit in einem Staatsarchiv recherchiert werden konnte. Aus den bisher gesichteten Akten des RKA sind über hundert Namen von AfrikanerInnen, die sich längere Zeit oder dauerhaft in Deutschland aufhielten, bekannt.[22] Der definitiv positive Fall des Erwerbs der deutschen Staatsangehörigkeit ist nur in fünf Fällen aus den Akten erkennbar: nämlich bei Kwasse Bruce[23], Wilhelm Munume[24], Mukuri Makembe[25], Joseph Boholle[26] und Peter P. Sowieja.[27] Aus anderen Quellen sind die Einbürgerung von Theophil Michael und Peter Olympio bekannt. Im Fall des Thomas Atoy wurde ein deutscher Pass ausgestellt, der später wieder eingezogen wurde.[28] Auch wenn noch mehr AfrikanerInnen eingebürgert wurden, war dies ein kleiner Teil der zu untersuchenden Gruppe. Die Mehrheit der Afrikaner in Deutschland hatte Pässe, die sie als deutsche Schutzgebietsangehörige auswiesen.

War die Einbürgerung erfolgt, bestand rechtlich kein Unterschied zu anderen Deutschen. Auch waren die Kinder von eingebürgerten AfrikanerInnen Deutsche. In der Regel scheint die Einbürgerung der Afrikaner von behördlicher Seite unerwünscht gewesen zu sein. Das spiegelt sich in zahlreichen abgelehnten Anträgen wider. Allerdings war dies nicht in Verordnungen festgehalten worden. Und es gab auch keine genaueren Kriterien für eine positive oder negative Beschei-

20 Staatsarchiv Hamburg, Bestand der Staatsangehörigkeitsaufsicht B III 51606.
21 Staatsarchiv Hamburg, Senatskommission für die Reichs- und auswärtigen Angelegenheiten I, Akten-Zeichen D I i 7, Bl. 1-16.
22 siehe Personenliste, Anhang 6.4.
23 RKA, Akte Nr. 7540, Bl. 23-25.
24 RKA, Akte Nr. 4457/7, Bl. 136f, 250 u. 254.
25 RKA, Akte Nr. 4457/7, Bl. 43-48.
26 RKA, Akte Nr. 7540, Bl. 23-25.
27 RKA, Akte Nr. 5424, Bl. 79-82.
28 RKA, Akte Nr. 4457, Bl. 169-184.

dung eines Antrags auf Naturalisation und damit keine Rechtsgrundlage, auf die sich die Antragsteller hätten beziehen können. Vielmehr handelte es sich um eine Kann-Bestimmung, d.h. der Reichskanzler konnte nach seinem Ermessen einer Naturalisation zustimmen oder sie ablehnen. Davor wurde der Vorgang von einer eher ablehnenden Verwaltung bearbeitet, die ihn dem Reichskanzler möglicherweise erst gar nicht vorlegte.[29] Welche Unterlagen für eine Naturalisation bearbeitet wurden, kann am Beispiel von M. Diek gezeigt werden. So enthielt seine Naturalisationsakte außer den Angaben zur Person noch vier verschiedene Zeugnisse.[30] Einen Taufschein vom 01.12.1895, ausgestellt vom Pastor zu St. Petri, Stage. Die Taufpaten waren sein Arbeitgeber, der Schuhmachermeister Christoph Fischer, und Ludwig Kurz, ein Königlicher Ober-Grenz-Controlleur sowie ein Premier-Leutnant der Reserve aus Altona. Letzterer stellte ihm eine Bescheinigung über seine Identität und seinen Leumund aus.

> *»Auf Wunsch bescheinige ich dem mir schon von meiner Anwesenheit in Kamerun her bekannten Dualaneger Mandenga Diek aus Kamerun, daß derselbe ein sehr fleißiger und nüchterner Mensch ist und sich sowohl in Kamerun wie jetzt in Deutschland stets ordentlich und gut geführt hat.«*

Eine weitere Bescheinigung des deutschen Gouvernements in Kamerun bestätigt Dieks Identität und seine legale Ausreise aus Kamerun. In der Urkunde vom 17.12.1891 heißt es:

> *»Auf Grund der angestellten Ermittlungen bescheinigt das kaiserliche Gouvernement hierdurch, daß der am 8. April d. Js. von der Kriegsschiff-Bucht im Kamerungebiet nach Hamburg mit Dampfer Maria Woermann abgefahrene Neger Madinqa Dieck[31] aus hiesigem Schutzgebiet gebürtig ist.«*[32]

Die Stellungnahme des Polizeichefs beinhaltet eine positive Beurteilung der Unbescholtenheit und der Erwerbsfähigkeit M. Dieks:

29 siehe Fall Boholle, wie Anm. 26.
30 Staatsarchiv Hamburg, Bestand der Staatsangehörigkeitsaufsicht B III 51606 v. 21.05.1896.
31 Dieck: Originalschreibweise im Dokument. Im Interview sagte die Familie, der ursprünglichen afrikanische Name sei für deutsche Hörgewohnheiten verändert worden, aus dem Mandinga Dika wurde Mandenga Diek.
32 ebenda, v. 17.12.1891.

»... Der Naturalisation des unbescholtenen Antragstellers, welcher im deutschen Schutzgebiet geboren ist, in Ansehung der durchaus günstigen Zeugnisse, welche ihm allseitig über seinen Charakter und seine Geschäftstüchtigkeit ausgestellt werden, und mit Rücksicht ferner auf seine wenn auch bescheidenen, so doch auskömmlichen Erwerbsverhältnisse, nicht widersprechen will.«[33]

M. Diek war zu dieser Zeit Schuhmachergeselle mit einem unversteuerten Einkommen von 1.000,- M.[34]

Für den positiven Bescheid seines Einbürgerungsantrages scheint die Unbescholtenheit und die positive Beurteilung verschiedener Honoratioren und Amtsstellen entscheidend gewesen zu sein. Nicht zu erkennen ist, ob seine soziale Herkunft aus der Kameruner Oberschicht hierbei eine Rolle gespielt hat. Es fällt auf, dass M. Diek sich zum Zeitpunkt seiner Einbürgerung erst fünf Jahre in Deutschland aufhielt. Da er zu diesem Zeitpunkt in einfachen Verhältnissen lebte und er außerdem die Einbürgerung deshalb anstrebte, weil er sich verheiraten wollte, scheint es doch wahrscheinlich, dass er sich auf Fürsprecher stützen konnte. Zumindest deuten seine Töchter dies in ihren Erinnerungen an.

Im Gegensatz zu der unproblematischen und unbürokratisch schnell vollzogenen Einbürgerung des M. Diek steht die des Joseph Boholle. Im Falle des Joseph Boholle wurde der Antrag auf Naturalisation mehrfach abgelehnt, obwohl er schon über 30 Jahre vor Antragstellung seinen Wohnsitz in Deutschland genommen hatte und eine Familie mit drei Kindern hatte. Auch hier war die polizeiliche Beurteilung positiv.

In der Beurteilung von 1927 hieß es:

»... Der Antragsteller ist im ehemaligen deutschen Schutzgebiet Kamerun geboren, hat die dortige deutsche Schule besucht und spricht und liest fließend deutsch. Über 30 Jahre ist er im Inlande ansässig und hat sich deutschem Wesen und deutscher Kultur völlig angepaßt. Er gehört dem katholischen Beerdigungskassenverein an. Boholle kann als ein erwünschter Bevölkerungszuwachs angesehen werden.«[35]

33 ebenda, v. 21.11.1896.
34 ebenda, v. 20.10.1896.
35 RKA, Akte Nr. 4457/7, Bl. 6.

Doch die Stellungnahme der lokalen Verwaltung vertrat eine ablehnende Haltung. Da heißt es in einem Schreiben an das Reichsministerium des Inneren:

> »... *Nach einer im Reichstag abgegebenen Erklärung zur Vorlage des Reichs- und Staatsangehörigkeitsgesetzes sollte die unmittelbare Reichsangehörigkeit nur an solche Eingeborene verliehen werden, welche nach ihrem Bildungs- und Wirtschaftsstand sowie ihrer sittlichen Lebensführung die bürgerlich-rechtliche Gleichstellung mit den Nichteingeborenen rechtfertigen. Mangels dieser Voraussetzung hat deshalb die damalige deutsche Kolonialverwaltung überhaupt davon abgesehen, reinrassige Eingeborene einzubürgern. Galt dieser Grundsatz für die Verleihung der unmittelbaren Reichsangehörigkeit schon vor dem Weltkrieg, so liegt u. E. jetzt, unter den gänzlich veränderten Verhältnissen umso weniger Veranlassung zu einer Änderung (der) den Farbigen gegenüber geübten Einbürgerungspolitik vor. Die gleichen Grundsätze dürften auch für die Verleihung einer deutschen Staatsangehörigkeit gelten. Ein Anspruch auf Einbürgerung hat der Antragsteller, selbst wenn er in einer deutschen Kolonie geboren ist, nicht. Nach dem oben gesagten kann es für ihn auch keine Härte bedeuten, wenn er jetzt mit den Reichsdeutschen nicht gleichgestellt wird ...*«[36]

Wie die letzte Entscheidung über den Einbürgerungsantrag ausgefallen ist, konnte durch die Recherche nicht festgestellt werden. Die Akte enthält eine Ablehnung des Antrags, an anderer Stelle in der Akte wird jedoch angenommen, dass eine Einbürgerung erfolgt sei.[37]

Ein Beispielfall für die erfolgte Einbürgerung, die dann auch an die Kindeskinder weitergegeben wurde, soll als letztes Beispiel beschrieben werden.

Hier ist der Akte zu entnehmen, dass Peter Paul Sowieja die preußische Staatsangehörigkeit von seinem Großvater geerbt hat.[38] Der Großvater war, wie auch sein Vater und später dessen Sohn, mit einer weißen Deutschen verheiratet und in Preußen ansässig gewesen. Der Großvater hat die Staatsangehörigkeit aufgrund des Gesetzes vom 31.12.1842 durch Wohnsitznahme in Preußen erworben. P.P. Sowiejas

36 RKA, Akte Nr. 4457/7, Bl. 64.
37 RKA, Akte Nr. 4457/7, Bl. 89 und Nr. 7540, Bl. 23-25.
38 RKA, Akte Nr. 5424, Bl. 79-82.

Vater hatte durch Abstammung die preußische Staatsangehörigkeit, und da sie ihm nicht durch »langjährigen Aufenthalt im Ausland« verloren gegangen war, konnte er sie wiederum an seinen Sohn weitergeben.

Interessant ist an diesem Fall, dass sich hier eine afrikanisch-deutsche Familiengeschichte über vier Generationen in Ansätzen abzeichnet, die ca. achtzig Jahre vor der der Familie Diek ihren Anfang hat. Es wäre interessant herauszufinden, wer der Vater des am 13. Juli 1828 in Preußen geborenen Großvaters des P.P. Sowiejas war und wie er nach Deutschland gelangte.[39]

Nach der Betrachtung der wenigen Fälle vollzogener Einbürgerungen von AfrikanerInnen vor 1933 ist keine Systematik hierfür zu erkennen gewesen, und es bleibt die Frage offen, ob es unterschiedliche Kriterien, seien sie nun offizielle oder inoffizielle gewesen, für die verschiedenen historischen Perioden gegeben hat (dazu siehe Vorwort zu dieser Veröffentlichung S. 11).

2.1.2 Schutzgebietsangehörigkeit nach 1918

Für diejenigen Afrikaner, die nicht naturalisiert waren, brachte das Ende des I. Weltkrieges eine Veränderung ihres rechtlichen Status. Die deutschen Kolonien wurden unter die Mandatsherrschaft anderer Länder gestellt.

Schon seit 1915 hatten die Alliierten – Frankreich, Großbritannien und Japan – alle deutschen Kolonien bis auf Deutsch-Ostafrika besetzt. 1916 gab es die ersten Absprachen zwischen Großbritannien und Frankreich über den Fortbestand der Besetzung der deutschen Kolonien Togo und Kamerun.[40] Bis Kriegsende wurden weitere Geheimverträge zwischen den verschiedenen Interessenten an den überseeischen »Besitzungen« Deutschlands geschlossen, die dann durch Klausel 119 des Versailler Vertrages bestätigt und rechtlich abgesichert

39 RKA, Akte Nr. 5424, Bl. 79 – hier findet sich die Bemerkung, der Urgroßvater sei auf Handelsschiffen tätig gewesen und habe in Hamburg eine deutsche Frau geheiratet. Außerdem wurde der Fall Sowieja, wie viele andere in den Akten des RKA, nur wegen eines Konfliktes [Sowieja stand vor Gericht] überhaupt in den Akten überliefert. So vermute ich, dass noch andere Quellen erschlossen werden müssten, um gerade auch eher konfliktfreie Lebensläufe aufzufinden, und solche hat es mit großer Wahrscheinlichkeit auch gegeben.

40 Townsend, Mary E., Macht und Ende des deutschen Kolonialreiches, Reprint Münster 1988, S. 319f.

wurden. Darin »verzichtete Deutschland zugunsten der Alliierten und der übrigen Verbündeten auf alle Rechte und Titel aus seinen überseeischen Besitzungen«. Obwohl Deutschland alle Ansprüche auf die ehemaligen Kolonialgebiete und aus früheren mit anderen Großmächten geschlossenen Verträgen verloren hatte, gab es ein Hindernis bei der Übernahme der deutschen Kolonien durch die neuen Kolonialregierungen.

Der US-amerikanische Präsident Wilson hatte für die Unterzeichnung des Waffenstillstandes mit Deutschland 14 Punkte aufgestellt, die als dessen Grundlage dienen sollte. Der Punkt V, der sogenannte Wilsonsche Punkt, wurde von deutscher Seite als Einspruchsinstrument benutzt. Der Punkt V lautete:

> *»Freie, vorurteilslose und völlig unparteiische Berichtigung aller Kolonialansprüche unter strenger Wahrung des Grundsatzes, daß in der Entscheidung über alle diese Souveränitätsfragen die Interessen der betreffenden Völker dasselbe Gewicht haben müssen wie die billigen Ansprüche der Regierungen, deren Rechtstitel zum Beschluß stehen.«*[41]

Vor dem Kongress erklärte Präsident Wilson im Februar 1919, dass die Tage der Eroberung vorbei seien, und im Juli 1918 sagte er gegenüber der Presse, dass »jene Gebietsübertragungen im Interesse und zum Wohl des betreffenden Volkes vorgenommen werden müssen«. Diese wohl hauptsächlich als nützliche Argumente im Krieg gegen Deutschland eingesetzten Schlagworte wurden von Teilen der europäischen und amerikanischen Öffentlichkeit aufgegriffen und sehr ernst genommen.

Um die gegensätzlichen Prinzipien, die imperialistischen Bestrebungen der Verbündeten und die neu entstehenden Ideen vom Selbstbestimmungsrecht aller Völker, vereinbaren zu können, wurde im Versailler Vertrag der Kompromiss des Mandatssystems gefunden. Das System der Mandate wurde im Artikel XXII der Statuten des Völkerbundes festgehalten. Allerdings wurden die idealistischen Ideen der Vereinbarung erst nach verschiedensten einschränkenden Zusätzen ratifiziert, welche die kolonialen Bestrebungen der neuen Herren reflektierten.[42] Als Reaktion in Deutschland auf den bevorstehenden

41 zitiert nach Townsend S. 322.
42 ebenda, S. 325f.

Verlust der Kolonien gab es heftige Proteste, und die Kolonialbewegung wuchs an. Der Protest gegen die als »Unrecht« empfundene Enteignung zeigte sich in Massenveranstaltungen, Gesuchen – so zum Beispiel an Präsident Wilson – und Pressekampagnen, bei denen auch die sozialistischen Zeitschriften mitzogen. Hauptargument dieser Kampagnen war der Verweis auf die Nichtbeachtung des V. Punkts der Wilsonschen Punkte, der Grundlage des Waffenstillstandsabkommens.[43] Die Bemühungen der deutschen Delegation bei den Friedensverhandlungen blieben jedoch in dieser Frage ohne Erfolg, und die deutschen Kolonien gingen in die Mandatsherrschaft anderer Regierungen über.

Im Artikel 127 des Versailler Friedensvertrages wurden die Afrikaner in den deutschen Kolonien den jeweiligen Mandatsregierungen unterstellt, doch die Afrikaner jener Gebiete, die sich zum Zeitpunkt des Vertragsschlusses in Deutschland aufhielten, wurden nicht ausdrücklich erwähnt.

So scheint die gesetzliche Regelung eindeutig zu sein, d.h. die Personen mit deutscher Schutzgebietsangehörigkeit, die in Deutschland lebten, waren nun automatisch zu Angehörigen der Mandatsstaaten geworden und damit zu AusländerInnen in Deutschland. Dass sich dies in der Praxis jedoch nicht so eindeutig vollzogen hat, möchte ich nun anhand der eingesehenen Akten aufzeigen.

Dem betroffenen Personenkreis wurden Ausweispapiere durch die deutschen Behörden ausgestellt, die sie als »ehemalige deutsche Schutzgebietsangehörige«[44] oder als staatenlos auswiesen. Da diese Menschen in großer Mehrheit ständigen Wohnsitz in Deutschland genommen hatten oder in der zweiten Generation gar keinen anderen Bezugspunkt hatten, hatten diese Personen kein Interesse, eine andere Staatsangehörigkeit zu erwerben. Vielmehr ergaben sich aus dem Verlust der rechtlichen Zugehörigkeit zu Deutschland erhebliche Härten für ihr Leben, so z.B. durch die Probleme bei Auslandsreisen. Für diese wurde ein Reisepass benötigt und der Staatenlosenpass war hierbei wertlos. Besonders für die Gruppe der Artisten und Musiker unter den AfrikanerInnen und Afro-Deutschen war diese Restriktion erwerbsschädigend.

In den zwanziger Jahren und bis zum Beginn der NS-Zeit wurde die Gesetzeslage in der Regel wahrscheinlich dahingehend ausgelegt,

43 ebenda, S. 327.
44 RKA, Akte Nr. 5150, Bl. 187.

dass die Schutzgebietsangehörigen, die sich zur Zeit des Vertragsschlusses nicht in den Kolonien, sondern in Deutschland befanden, in den diplomatischen Schutz Deutschlands aufgenommen wurden.[45]

Auch finden sich für diese Zeit eine größere Zahl von Einbürgerungsanträgen in den Akten der Kolonialabteilung, die allerdings fast alle abgelehnt wurden. Hierdurch wurden die Antragsteller in einer rechtsunsicheren Lage belassen.

Die Frage der Einbürgerung von AfrikanerInnen wurde im Reichsrat und in der Verwaltung zwischen Kolonialabteilung und Reichsministerium des Inneren diskutiert.[46]

Es wäre interessant, die Diskussion auf der politischen und der Verwaltungsebene zu rekonstruieren und im Überblick zu bewerten, um zu erkennen, welche Behandlung für die Afrikanerinnen vorgesehen war und welche Interessen dahinterstanden. Das wird späteren Untersuchungen vorbehalten bleiben müssen. Hier konnten nur einige Akten stichprobenartig eingesehen werden und nicht die Gesamtheit aller zugänglichen Aktenbestände.

Ein entscheidender Wandel in der Auslegung der Gesetze ist nach der NS-Machtergreifung 1933 eingetreten. Die Ausweispapiere mit dem Vermerk »ehemaliger deutscher Schutzgebietsangehöriger« wurden eingezogen und ausnahmslos durch Staatenlosenausweise ersetzt.

Auch die AfrikanerInnen, die eingebürgert waren, verloren während der NS-Zeit ihre deutsche Staatsangehörigkeit und erhielten Staatenlosenausweise. Die Staatsangehörigkeit der Mandatsmacht ihres Herkunftslandes erhielten sie, wenn sie sie auf dem entsprechenden Konsulat beantragten.[47] Letzteres traf auch für die Familie Diek zu, die in der Hoffnung, ihre Lage zu verbessern, die französische Staatsangehörigkeit annahmen. Diese erzwungene Ausbürgerung konnte nach dem Ende des II. Weltkrieges nur unter großen Mühen wieder rückgängig gemacht werden. Die Personen mussten sich nämlich neu einbürgern lassen. Zu den Betroffenen gehörten auch die weißen deutschen Ehepartnerinnen, die ihre Staatsangehörigkeit unter den Nazis verloren hatten.[48]

Dass die Afrikaner in Deutschland, die aus den ehemaligen deut-

45 RKA, Akte Nr. 5150, Bl. 187/8 – Fall P. Olympio; RKA, Akte Nr. 7562, Bl. 71.
46 RKA, Akte Nr. 7562, Bl. 71.
47 RKA, Akte Nr. 7562, S. 90-100.
48 RKA, Akte Nr. 7562, Bl. 71.

schen Kolonien stammten, in den zwanziger Jahren des 20. Jahrhunderts immer noch einen besonderen rechtlichen Status hatten bzw. dem Schutz der deutschen Regierung unterstanden, zeigen die folgenden Beispiele:

Der Kameruner Bello Naue beantragt 1927, unterstützt von der Vereinigung für Deutsche Siedlung und Wanderung, »eine Bescheinigung darüber, dass er bis Kriegsende deutscher Schutzbefohlener gewesen ist«. Naue, mit einer Deutschen verheiratet, lebte in Berlin, wo ihm das Polizeiamt in Wilmersdorf eine Wohnung angeboten hatte. Das Einwohnermeldeamt verlangt von ihm eine Bescheinigung darüber, »dass er tatsächlich Angehöriger unseres früheren deutschen Schutzgebietes gewesen ist«.[49] Es spielt für die Behörde also eine Rolle, ob ein Afrikaner aus einer ehemaligen deutschen Kolonie stammt oder nicht, obwohl er ja rein rechtlich den Status eines Ausländers hat. Das Auswärtige Amt stellt umstandslos die gewünschte Bescheinigung aus und befürwortet die Zuteilung der Wohnung »wärmstens«.

1929 wird dem Artisten David I. Dipongo aus Kamerun, der seit 1912 in Deutschland lebt, eine Bescheinigung ausgestellt, die ihn als »früheren deutschen Schutzbefohlenen« ausweist, »die ihm den Aufenthalt in Deutschland erleichtern« soll. Darin heißt es:

> *»… Es wird gebeten, ihm erforderlichenfalls Schutz und Beistand angedeihen zu lassen.«*[50]

und an das Polizeipräsidium Berlin:

> *»… Das Auswärtige Amt würde es begrüßen, wenn dem Antragsteller eine dauernde oder doch für längere Zeit gültige Aufenthaltsbescheinigung erteilt werden könnte«* [51]

Ein Beispiel für die unklare rechtliche Situation und die Verunsicherung der örtlichen Behörden, aber auch für die positive unbürokratische Behandlung durch das Auswärtige Amt ist der Antrag des Peter Olympio aus München von 1923. Olympio kam 1914 als 16jähriger aus Togo nach Europa. Nach dem Gymnasialabschluss studierte

49 RKA, Akte Nr. 4457/7, Bl. 31; Naue kam ca. 1914 mit dem Geh. Medizinalrat Waldow, Berlin/Grünewald nach Deutschland, was ihm Waldow bescheinigt.

50 RKA, Akte Nr. 4457/7, S. 142a.

51 RKA, Akte Nr. 4457/7, Bl. 142b; D. Dipongo wird von Regierungsrat in Kamerun Geh. Med. Rat Waldow ein guter Leumund bescheinigt.

er bis 1922 Medizin an der Universität Bonn und setzte danach das Studium in München fort.[52] In einem Brief an das Auswärtige Amt Berlin schildert er seinen Fall so:

»... *Als ich hier (in München) vor einiger Zeit die amtliche Paßstelle um Ausstellung eines Reisepaßes ersuchte, war sie im Zweifel, welche Staatsangehörigkeit ich besäße, da ich auf einem Personalausweis, des zuletzt in Bonn ausgestellten, als ehemaliger deutscher Schutzgebietsangehöriger bezeichnet worden bin. Das Paßamt forderte mich auf, mich an das Auswärtige Amt zu wenden. Ich bitte daher um Mitteilung, welche Staatsangehörigkeit ich besitze und um die Erlaubnis, von der Paßamtstelle in München einen Paß erhalten zu dürfen.*[53]

Es wird deutlich, dass die Passstelle den Status eines »ehemaligen deutschen Schutzgebietsangehörigen« nicht ohne weiteres einzuordnen vermag und zur Klärung die Entscheidung einer übergeordneten Behörde abwartet, bevor sie zu handeln bereit ist. Peter Olympio erhält den gewünschten Bescheid, und in der Begründung wird die Rechtslage wie folgt ausgewiesen, indem sich das Auswärtige Amt auf Artikel 127 des Versailler Vertrags bezieht:

»*Auf die Eingabe vom 8. Oktober d. Js. an das Auswärtige Amt. Ich bescheinige Ihnen hiermit, dass Sie aus der früheren deutschen überseeischen Besitzung Togo stammen, zur Zeit des Inkrafttretens des Vertrages von Versailles Ihres Wohnsitzes nicht im Schutzgebiet hatten, der diplomatische Schutz über Sie nach Art. 127 des Vertrages nicht von einer Mandatsmacht des Völkerbundes ausgeübt wird und die deutsche Regierung infolgedessen bereit ist, Sie eintretendenfalls auf (...) [unleserl.] Deutschland zu übernehmen. Hiernach steht nichts im Wege, dass Ihnen ein Paßersatz ausgestellt wird, der neben der in Pässen üblichen Personalbeschreibung und Ausreiseerlaubnis einen dem Inhalt des vorstehenden Absatzes nachfolgenden Zusatz enthält.*«[54]

Aus welchen Gründen die oben beschriebenen Fälle positiv beschie-

52 RKA, Akte Nr. 5150, Bl. 187.
53 ebenda
54 RKA, Akte Nr. 5150, Bl. 188: vom 12. Nov. 1923.

den wurden, bleibt unklar. Ob die Fürsprache durch Honoratioren, der gute Leumund oder der Bildungsgrad den Ausschlag für eine positive Auslegung der gesetzlichen Bestimmungen gaben oder es von der jeweiligen Einstellung des bearbeitenden Beamten abhängig war oder es der aktuellen politischen Lage entsprechende verwaltungsinterne Handlungsweisen gegeben hat, konnte in dieser Arbeit nicht untersucht werden.

Weitere Aspekte bei der Vergabe von Bescheinigungen an Afrikaner werden im folgenden Abschnitt betrachtet, und dabei betrachten wir die verschiedenen Motive bei der Behandlung von AfrikanerInnen. In einem verwaltungsinternen Vorgang vom 19. Juni 1916 fragt das Reichskolonialamt beim Ministerium des Inneren an, wie es sich bei der Bescheinigung von Schutzgebietsangehörigkeit verhalten soll.[55]

Im Gegensatz zu dem zuvor besprochenen Fall des P. Olympio wurde eine Vielzahl solcher Anträge auf Bescheinigung der Zugehörigkeit zu Deutschland abgelehnt. So wurde dem Kameruner Manga Bell die Bescheinigung der deutschen Schutzgebietsangehörigkeit verweigert. Er hatte diese erbeten, um sich gegenüber seinen zukünftigen Schwiegereltern ausweisen zu können.[56] Als Begründung gibt der bearbeitende Beamte an, die zuständige Behörde sei das Gouvernement der Kolonie. In der sechs Seiten langen Ausführung zu der Anfrage des Reichskolonialamtes werden vom Reichsministerium des Inneren die eigentlichen Gründe für die ablehnende Behandlung der Anträge der Afrikaner genannt: 1) die Kontrolle der Afrikaner und 2) die zu verhindernden Eheschließungen mit weißen deutschen Frauen.[57] In dem Schreiben des Auswärtigen Amtes wird beklagt, dass einige Afrikaner ohne Wissen des Gouvernements ausgereist seien und ihren Wohnsitz in Deutschland genommen hätten. Dies sei nicht wünschenswert, da die Afrikaner hier »schädlichen Einflüssen« ausgesetzt seien und sich zu sehr an eine »ungebundene Freiheit« gewöhnten, was bei ihrer Rückkehr dann nachteilige Auswirkungen hätte auf die Rückkehrenden selbst, auf andere Afrikaner und auf die Schutzgebietsverwaltung.[58]

In Bezug auf die Eheschließungen von Afrikanern mit weißen Frauen heißt es in dem Schreiben:

55 RKA, Akte Nr. 4457/6, Bl. 121-123.
56 RKA, Akte Nr. 4457/6, Bl. 121.
57 ebenda, Bl. 121-3.
58 RKA, Akte Nr. 4457/6, Bl.121-2.

»... Es kommt immer wieder vor, daß farbige Schutzgebietsangehörige beim Reichskolonialamt vorstellig werden, ihnen zum Zwecke der standesamtlichen Eheschließung mit einer Deutschen einen Ausweis über ihre deutsche Staatsangehörigkeit oder ihre Schutzgebietsangehörigkeit auszustellen. Solche Gesuche werden hier regelmäßig abgelehnt, nicht allein, weil zur Ausstellung dieser Ausweise nur die Schutzgebietsbehörden zuständig sind, sondern auch, weil die Kolonialverwaltung solche Ehen aus grundsätzlichen Erwägungen verhindern zu sollen glaubt.«[59]

Die Behauptung, dass die Ausstellung von Ausweispapieren nur durch die Gouvernements-Verwaltungen der Kolonien erfolgen kann, ist als unrichtig anzunehmen, da, wie schon gezeigt wurde, in mehreren Fällen solche Bescheinigungen über die Schutzgebietsangehörigkeit vom Reichskolonialamt oder sogar örtlichen Behörden ausgestellt wurden. Vielmehr ist eine ungleiche Behandlung dieser Art von Anträgen durch die Verwaltung zu beobachten, wobei die Ursache dafür wohl weniger in den gesetzlichen Bestimmungen als vielmehr in den politischen und ideologischen Grundlagen zu sehen ist. Das wird gerade in dem oben behandelten Schreiben deutlich.

So heißt es da weiter, dass sich die Afrikaner durch die Standesämter als Ausländer im Sinne des § 1315 Abs. 2 des BGB in Verbindung mit Art. 29 EG zu BGB behandeln lassen, um die Eheschließung zu erreichen. Es wird weiter gesagt, dass diesem Vorgehen rechtlich nicht widersprochen werden kann. Um einer Eheschließung letztendlich doch widersprechen zu können, werden dann ideologische Überlegungen angeführt:

»... ob gegen die Vornahme des standesamtlichen Aktes nicht andere Erwägungen sprechen. Eine Eheschließung zwischen weißen Frauen und Eingeborenen unserer Schutzgebiete dürfte im Sinne des B.G.B. als unsittlich gelten, solange diese auf solch niederer Kulturstufe stehen, daß ihnen die Einsicht in die christliche Ehe fehlt.«[60]

59 ebenda, Bl. 122 a+b.
60 RKA, Akte Nr. 4457/6, Bl. 122b + 123a.

2.2 Gründe und Umstände der Einreise und Ausreise von AfrikanerInnen nach und von Deutschland

Nachdem im vorhergehenden Kapitel dargestellt wurde, welches die rechtlichen Grundlagen für den Aufenthalt von AfrikanerInnen in Deutschland waren, sollen nun die Umstände der Ein- und Ausreise nach und von Deutschland behandelt werden. Ging es bei der rechtlichen Situation der Afrikaner mehr um die abstrakten Voraussetzungen ihres Aufenthalts in Deutschland, umfasst der Komplex der Ein- und Ausreise mehr die praktischen und konkreten Bedingungen hierfür.

Dieser Aspekt wird in einem eigenen Kapitel detailliert behandelt, weil hier für das Thema der Arbeit immanent eine Wissens- und Vorstellungslücke besteht. Bei der ersten Annäherung an das Thema afrikanischen Lebens in Deutschland vor dem II. Weltkrieg drängt sich auf der Grundlage des allgemeinen Wissenstandes die Frage auf: Gab es denn zu dieser Zeit überhaupt AfrikanerInnen in Deutschland? Wie viele waren es und wie kamen die AfrikanerInnen hierher?

Um diese grundlegenden Fragen, die am Anfang der Geschichte der AfrikanerInnen in Deutschland stehen, zu beantworten, wird es nötig sein, diesen historischen Komplex möglichst grundsätzlich aufzuklären. Wegen der Bedeutung dieses Aspekts und wegen der aufgefundenen Materialfülle konnte in dieser Untersuchung der Sachverhalt zunächst nur skizziert werden, und es wird einer eigenen Untersuchung vorbehalten bleiben, abschließende Antworten zu geben.[61]

In diesem Kapitel werden Grundzüge der Ein- und Auswanderung von AfrikanerInnen nach und von Deutschland aufgezeigt und zur Veranschaulichung Einzelbeispiele angeführt.

61 Mögliche Quellen für eine Untersuchung zur Einwanderung bzw. Ein- und Ausreise von AfrikanerInnen von und nach Deutschland könnten die Archive von Schifffahrtsgesellschaften, Missionsgesellschaften sowie die Archive der Einwohnermeldeämter großer Städte u.a.m. befragt werden.

2.2.1 Die Einreise

Die Einreise von AfrikanerInnen nach Deutschland scheint auf den ersten Blick individuelle und eher zufällige Gründe zu haben.[62] Es entsteht vorerst der Eindruck, dass die Motive für einen Aufenthalt in Deutschland ausschließlich privater und/oder geschäftlicher Natur sind, ein Wirken staatlicher Politik ist, zu diesem Zeitpunkt, nur im Ansatz nachzuweisen. Trotz der geringen Anzahl der eingereisten Personen für den in dieser Arbeit betrachteten Zeitraum insgesamt, ist doch ein Anstieg der Einreisen für bestimmte Zeitabschnitte zu verzeichnen. So einmal nach 1884 und dann wieder nach 1900, diese Jahreszahlen indizieren einen Zusammenhang des Einreiseaufkommens mit der Errichtung offizieller deutscher Kolonien in Afrika und dem darauffolgenden Ausbau der Schiffspassagen zwischen Deutschland und Afrika.

Dafür spricht, dass der wirtschaftliche Austausch deutscher Handelshäuser und Schifffahrtslinien mit den entsprechenden Gebieten sich intensivierte und andererseits durch die sich im Aufbau befindliche Kolonialverwaltung ein Bedarf an Arbeitskräften vor Ort entstand. Benötigt wurden Übersetzer, Zoll- und Verwaltungsangestellte, einheimische kaufmännische Angestellte und Lagerarbeiter u.a.m. Ein Grund für den Bedarf an afrikanischen Angestellten war der Mangel an geeigneten Freiwilligen aus Deutschland.

Die Ausbildung dieser Afrikaner erfolgte zum Teil in christlichen Missionen und staatlichen Schulen in Afrika selbst und zum Teil in Deutschland. Die Ausbildung von Afrikanern in Deutschland erfolgte durch christliche Missionen[63] und aufgrund staatlicher Initiativen.[64]

62 siehe Personenliste, Anhang 6.

63 Debrunner, H.W., ebenda, S.355f. Die Norddeutsche Missionsgesellschaft unterhielt von 1890-1900 in Westheim eine Schule für Ewe. (Die Ewe sind ein Volk in Togo.) Laut Debrunner war die einzige andere deutsche Mission, die Afrikaner in Deutschland ausbildete, die Berlin Baptisten Mission, siehe auch Anhang 6.1 Nr. 3 Ustorf, Werner, Mission im Kontext. Beiträge zur Sozialgeschichte der Norddeutschen Missionsgesellschaft im 19. Jahrhundert, Bremen 1986; Schöck-Quinteros, Eva u. Lenz, Dieter (Hg.), 150 Jahre Norddeutsche Mission 1836-1986, Bremen 1986, S. 70-210.

64 RKA, Akte Nr. 5576, Bl. 61: In einem Schreiben des Auswärtigen Amtes geht es darum, dass 1901 »Eingeborene« als Lehrlinge nach Deutschland geschickt werden sollen; RKA, Akte Nr. 5571-5577 (ca. 1.100 Bl). Wie die staatlichen Initiativen zur Ausbildung von AfrikanerInnen in Deutschland gestaltet wurden und wie die praktische Ausführung vonstattenging, konnte hier noch nicht untersucht werden. Zwar ist bei den Nachforschungen ein umfangreicher Aktenbestand als vielversprechende Quelle für den Aspekt der staatlichen Ausbildung von Afrikanern aufgefunden worden, doch die Akten mit dem Titel »Erziehung bzw. Unterbringung von

Für den Kontext dieser Arbeit war es wichtig, das Motiv Ausbildung für die Einreise von AfrikanerInnen nach Deutschland festzustellen, unter anderem auch deshalb, weil der Ausbildungswunsch der Grund für die Einreise des Mandenga Diek gewesen ist. Im Interview mit den Töchtern Diek sagten diese, dass ihr Vater mit zwei anderen Kamerunern zur Erlernung eines Handwerks nach Deutschland einreisten. Die Töchter sagen im Interview:

»Er (M. Diek) kam mit der Woermannlinie, das war 1891. Da kam er nach Hamburg und das waren drei Kameruner. Nicht aus dem »Busch«, sondern den »höheren Kreisen« und da musste er ein Handwerk lernen. Das war die Bedingung. Da hat er ein Handwerk gelernt, und zwar Schuster. (...) Der andere Schneider.[65]

Aus den Akten zur Person des Mandenga Diek geht nicht hervor, auf wessen Veranlassung hin der junge Mann und seine Begleiter die Reise nach Deutschland angetreten haben. Waren die drei in einem Ausbildungsprogramm für die Kolonien oder haben ihre afrikanischen Familien sie in die Obhut der Deutschen gegeben? Gegen letzteres spricht, dass Mandenga Diek selbst sich in den Briefen nie auf seine Familie in Kamerun bezieht. Einer Beurteilung in seiner Naturalisationsakte ist zu entnehmen, dass er sofort nach der Ankunft in Hamburg 1891 die Schuhmacherlehre angetreten hat, also wohl auch zu diesem Zwecke nach Deutschland gekommen ist.[66]

Die Ausbildung und Berufstätigkeit der Afrikaner in Deutschland wird weiter unten in einem eigenen Abschnitt noch einmal besprochen. Als Beispiel für die Einreise zum Ziele der Ausbildung sollen hier drei weitere Fälle angeführt werden.

Martin Dibobe kam 1896 als Zwanzigjähriger nach Deutschland und wurde bei der (Berliner) Hoch- und Untergrundbahn ausgebildet. Sechs Jahre später, 1902, arbeitete er dort als Zugfahrer I. Klasse.[67] Der 1907 eingereiste Johannes Mbida begann eine Ausbildung bei der Deutschen Kolonial-Eisenbahnbau- und Betriebsgesellschaft zu Berlin. Allerdings erhielt er diese Stelle auf eigenes Betreiben hin. Er hatte sich geweigert, die ihm angebotene Rückfahrt nach Kamerun anzutreten.[68]

Eingeborenen aus den Deutschen Schutzgebieten in Deutschland (Europa)« und die, die die Zeit von Juni 1889 bis April 1919 behandeln, sind in der Menge zu umfangreich, als dass sie für diese Arbeit ausgewertet werden konnten.

65 Interview 1, April 1985, S. 2.

66 Staatsarchiv Hamburg, Akte DI i 7.

67 RKA, Akten-Nr. 3930, Bl. 269-270 u. Bl. 300.

68 RKA, Akten-Nr. 4457/6, Bl. 22-31? Siehe auch 2.3.1.

Der Fall des 1898 in Togo geborenen Peter Olympio zeigt einen Afrikaner, der eine höhere Schulbildung bis hin zum Medizinstudium in Deutschland durchlief.[69] Olympio war mit 16 Jahren nach Europa gekommen und besuchte in Deutschland das Gymnasium. Ab 1919 studierte er in Bonn und ab 1922 in München Medizin.[70]

Zum Erwerb einer höheren Schulbildung oder Fachausbildung wurden die Söhne der ökonomisch und politisch führenden afrikanischen Familien in den deutschen Kolonien nach Deutschland geschickt. So die der Familien Bell und Akwa und anderer Familien in Kamerun[71], ebenso wie Kinder ethnisch gemischter Familien in DSWA.[72] Diese Gruppe von Afrikanern hielt sich zwar nicht dauerhaft in Deutschland auf, blieb aber doch für mehrere Jahre, so dass sie in die Untersuchungsgruppe aufgenommen wurde.

Rudolf M. Bell, der Sohn des Oberhäuptlings Manga Bell, lebte mehrere Jahre in Ulm, wo er an einer höheren Schule ausgebildet wurde. Später übernahm er das Amt seines Vaters in Duala. Mpundu Akwa, Sohn des Häuptlings Dipa Akwa, kam 1902 nach Deutschland, wo er für seine Familie Geschäftsverbindungen organisieren sollte.[73] Erst 1911 kehrte Mpundu Akwa nach Duala zurück.

Für die Abkömmlinge der ethnisch gemischten Familien aus DSWA, die zur Ausbildung nach Deutschland geschickt wurden, mögen zwei Beispiele aus den Akten die Situation dieser Gruppe, die bei der geplanten Neuordnung der deutschen Kolonialverfassung nach 1900 nach und nach ins gesellschaftliche Aus gedrängt wurden, veranschaulichen. 1906 werden in einem Zeitungsartikel zur »Mischlingsfrage« zwei Afro-Deutsche DSWAner erwähnt, von denen der eine in Kiel, der andere in Hamburg das einjährige Gymnasialexamen abgelegt hatte und die nun als Unteroffiziere in der Schutztruppe dienten.[74]

Auch der Fall des Ludwig Baumann von 1913 macht die Lage

69 Nr. 5150, Bl. 187.

70 Der handschriftliche Brief in der Akte Nr. 5150 ist die einzige Information über Peter Olympio, daher wissen wir bisher nichts über seinen weiteren Lebensweg. Möglicherweise war er ein Sprössling der einflussreichen afrikanischen Kaufmannsfamilie Olympio aus Lome/Togo. Dazu siehe Sebald, Peter, Togo 1884-1914. Eine Geschichte der deutschen »Musterkolonie« auf der Grundlage amtlicher Quellen, Berlin(Ost) 1988, S. 62 u. 694.

71 A. Rüger, Die Duala und die Kolonialmacht 1884-1914. Eine Studie über die Ursprünge des afrikanischen Antikolonialismus, S. 181-258, in: Stöcker, H., Kamerun unter deutscher Kolonialherrschaft, Bd.2, Berlin(Ost) 1968: Mpundu Akwa, 1904 u. 1911 (S. 203 und 217) und Rudolf Manga Bell (S. 221).

72 RKA, Akte Nr. 5423, Bl. 79; RKA, Akte Nr. 5424, Bl. 24-33.

73 siehe Kap. 2.3.3 zu Mpundu Akwas politischen Aktivitäten.

74 RKA, Akte Nr. 5423, Bl. 79.

der DSWAner mit afrikanischen Vorfahren deutlich. Baumann hatte in Deutschland gute Schulen besucht und das Studium als Diplomingenieur erfolgreich abgeschlossen. Als er 1913 in ein Gerichtsverfahren verwickelt wird, wird ihm vom Obergericht in Windhuk der Status eines Weißen aberkannt und der eines »Eingeborenen« zugewiesen.[75]

1884 brachte die Norddeutsche Mission die ersten drei afrikanischen Lehrer zur Weiterbildung nach Deutschland, darunter den prominentesten Vertreter der Ewe-Missionslehrer und Pastoren Andreas Aku (etwa 1864-1931).[76]

In den Akten findet sich der Fall des Mtoro Bakari, einem Afrikaner, der von 1900 bis 1905 als Sprachlehrer für Suaheli am Orientalischen Seminar in Berlin arbeitete.[77]

Am Orientalischen Seminar war auch ein Araber namens Usarber angestellt[78], und in den Jahren 1926 und 1928 wird der Suahelilehrer Juma bin Mohamed in den Akten erwähnt.[79] Das lässt darauf schließen, dass mehrere Sprachlehrer für afrikanische Sprachen angeworben wurden, die nach Deutschland kamen.

Auch haben deutsche Sprachforscher oft Afrikaner angestellt, um mit deren Hilfe Untersuchungen über afrikanische Sprachen durchzuführen. Die Sprachwissenschaftler haben ihre afrikanischen Angestellten in einigen Fällen mit nach Deutschland gebracht. Zum Beispiel Diedrich Westermann: er arbeitete als Missionar in Togo, bevor er Professor für Afrikanische Sprachen und Kulturen am Institut für Orientalische Sprachen wurde. Westermann hatte den Ewe Gottfried Anipatze als Assistenten und Informanten angestellt. 1904

75 RKA, Akte Nr. 5424, Bl. 24-33.

76 Sebald, ebenda, S. 485-7; Die Gruppe der Missionsschüler wird hier vernachlässigt, da diese in der Regel nur kurz in Deutschland waren (1-2 Jahre) und in die Institution der Norddeutschen Mission so eingebunden blieben, dass sich ihr Leben in Deutschland von dem der anderen Afrikaner hier erheblich unterschied; Debrunner, siehe oben Anm. 63. Die bei Debrunner aufgeführten Personen, die in Deutschland die Missionsschulen besuchten, werden im Anhang 6.1 Nr. 3 aufgeführt. Ustorf, ebenda, führt auf, dass schon in den 1870ern afrikanische Gehilfen in Deutschland ausgebildet wurden.

77 RKA, Akte Nr. 5422, Bl. 3-65; Der Fall Bakari wird uns in der Folge noch öfter begegnen, denn er zeigt einige grundsätzliche Probleme von AfrikanerInnen in Deutschland und ist in einem Aktenvorgang, der sich über die Jahre 1904 bis 1923 erstreckt, sehr gut nachzuvollziehen. Mtoro Bakaris Lebensweg in Deutschland lässt sich darin bis 1923 verfolgen. So sein vergeblicher Versuch, nach Afrika zurückzukehren, seine Ehe mit einer Deutschen und die Probleme bei der Sicherung des Lebensunterhaltes ohne feste Anstellung.

78 RKA, Akte Nr. 4457/6, Bl. 53.

79 RKA, Akte Nr. 4457/6, Bl. 234 und Nr. 4457, Bl. 121.

nahm er ihn mit nach Berlin, wo dieser weiter als Sprachgehilfe mit ihm arbeitete. Später stellte Westermann Bonifatius Foli als Informanten an. Der Togoer war schon seit der Jahrhundertwende als Koch in Deutschland und arbeitete nach 1914 bei Westermann.[80]

Viele Afrikaner reisten mit weißen Deutschen nach Deutschland ein. Zum Beispiel brachten Forschungsexpeditionen bisweilen Afrikaner nach Deutschland, wie zum Beispiel die Expedition Millauer 1933/4, die den Hosein bin Juma aus Ostafrika mitnahm.[81] Hosein bin Juma bleibt nur ein Jahr in Deutschland.

Zu dieser Gruppe gehört auch der Fall eines Togoers, der 1896 im Alter von ca. drei Jahren nach Deutschland kam und von deutschen Eltern adoptiert wurde.[82] Nach eigenen Angaben wuchs er in einer evangelischen, gutbürgerlichen Atmosphäre auf und wurde später Musiker mit einer eigenen Kapelle.

Auch der Fall des Martin Ajama zählt zu dieser Gruppe, welcher 1893 als 15-jähriger von dem Kaufmann von Elbe nach Deutschland gebracht wurde und ab 1911 für viele Jahre als Koch bei Freiherrn v. Kleist im Dienst stand.[83]

Auch Lutunda bin Barogu kam in Begleitung eines Kaufmanns nach Deutschland. Der Kaufmann J. Marcussen warb den Jungen 1908 in DOA für sein Geschäft in Borkum/Emden an. Wegen schlechter Behandlung durch seinen Dienstherrn wollte er jedoch nicht bleiben und kehrte 1910 in seine Heimat zurück.[84] Der Togoer Akapo Theodor Assiambo reiste 1897 im Alter von 14 Jahren mit dem Kaufmann Louis Auler nach Deutschland. Er lebt bei Auler und besuchte bis 1900 die Volksschule in Simmern (Landgerichtsbezirk Coblenz). Danach war er für zwei Jahre im Haushalt und im Geschäft des Kaufmanns tätig. Nach einem zweijährigen Aufenthalt in seiner Heimat Togo kehrte er nach Deutschland zurück.[85]

Die Gruppe der von weißen Deutschen mitgebrachten, oft jugendlichen AfrikanerInnen erlitt ein wechselhaftes Schicksal. Häufig

80 Debrunner, ebenda, S. 360f.

81 RKA, Akte Nr. 1105, Bl. 102-7, 109-11.

82 RKA, Akte Nr. 7562, Bl. 91-100.

83 RKA, Akte Nr. 5150, Bl. 20-27 u. 172-76.

84 RKA, Akte Nr. 1105, Bl. 7-21.

85 RKA, Akte Nr. 5428, Bl. 8-9 u. 10ff. Assiambo ist 1913 als Kellner tätig und wohnt in Mannheim. Er beantragt in diesem Jahr, von den üblichen Bescheinigungen für eine Eheschließung befreit zu werden, nämlich 1) Zeugnis über Staatsangehörigkeit 2) Heiratserlaubnis des Heimatlandes. Diese Anfrage löste eine Grundsatzdebatte über die schwarz-weiße Mischehe aus, die in der Akte verfolgt werden kann.

erlebten die Afrikaner eine Odyssee und waren der Willkür ihrer jeweiligen Dienstherren ausgeliefert.

Der minderjährige Joseph Alfani wurde von dem Missionspater Josef Brühlmann, der krank war und auf der Überfahrt Pflege brauchte, aus DOA mit nach Appenzell in die Schweiz mitgenommen. Brühlmann wollte den ca. 15-jährigen adoptieren. Doch seine Missionsgesellschaft war dagegen und brachte den Jungen nach Boxtel in die Niederlande, von wo aus er im Mai 1907 nach Ostafrika zurückgebracht werden sollte.[86] Joseph Alfani war mit Genehmigung des Gouverneurs ausgereist.[87]

In einem anderen Fall brachte der Unternehmer G. Wolff 1914 den Ostafrikaner Edi Mfaume als Kinderboy für seine Familie von einer Reise mit nach Leipzig. Auch für Edi Mfaume lag eine Ausreisegenehmigung des Gouvernements vor. Als Wolff mit Mfaumes Verhalten nicht zufrieden war, schlug er ihn und fragte beim Reichskolonialamt nach, welche Disziplinierungsmaßnahmen unternommen werden sollten. Dieses antwortete ihm sofort, dass es für einen »sich im privaten Dienst in Deutschland aufhaltenden Eingeborenen« nicht zuständig sei, sondern die Landesbehörde. Doch gleichwohl wird die Empfehlung gegeben, den Betreffenden in eine Erziehungsanstalt zu geben. In dem Erziehungshaus der evangelischen Gemeindepflege in Zell/Baden befänden sich bereits zwei »solcher Eingeborenen«.[88]

Eine weitere Gruppe bilden die Afrikaner, die zum Zwecke der Schaustellung in größeren Gruppen nach Deutschland einreisten und nicht in ihre jeweilige Heimat zurückkehrten. Ein belegbares Beispiel bildet die Kolonialausstellung im Rahmen der Berliner Gewerbeausstellung von 1896. Von den 87 AfrikanerInnen[89], die den Besuchern der Ausstellung als »Landsleute« aus den Schutzgebieten vorgeführt wurden, blieben einige in Deutschland, wie aus einem Aktenvorgang hervorgeht.[90] Dort heißt es:

86 RKA, Akte Nr. 1105, Bl. 3-6.

87 Der Fall Alfani ist übrigens nicht der einzige, bei dem ein Afrikaner aus den deutschen Kolonien in die Schweiz gebracht wird. Es ist anzunehmen, dass die Schweiz und möglicherweise auch Österreich in eine umfassendere Untersuchung zum Thema einbezogen werden müssten, da die dortigen deutschsprachigen christlichen Missionen ihre Tätigkeit in den deutschen Kolonien ausübten.

88 RKA, Akte Nr. 1105, Bl. 44/45.

89 Amtlicher Bericht 1897: Arbeitsausschuss der Deutschen Kolonial-Ausstellung (Hg.) Deutschland und seine Kolonien im Jahre 1896. Amtlicher Bericht über die Deutsche Kolonial-Ausstellung.

90 RKA, Akte Nr. 5422, Bl. 44/45.

»Die von der Ausstellung 1896 zurück gebliebenen Neger sind bei Handwerksmeistern verschiedener Professionen in die Lehre gegeben worden und haben sich, wie die Akten: Ausstellung (…) Akte 4 Bd.2 ergeben, teils gut, teils schlecht bewährt …«

Der Händler und Häuptling J.C. Bruce aus Klein Popo/Togo erhält die Erlaubnis, für die Kolonialausstellung 1896 eine Truppe von 33 AfrikanerInnen aufzustellen.[91] Danach ist Bruce für einige Jahre mit seiner Truppe durch Deutschland und Europa gereist.[92] Ob und wie viele AfrikanerInnen aus dieser Truppe länger oder ständig in Deutschland blieben, ist hier nicht feststellbar.

Das gleiche gilt für die AfrikanerInnen, die mit den Völkerschauen von Carl Hagenbeck ab 1877 nach Deutschland und Europa kamen.[93] Es ist nur sehr wahrscheinlich, dass auch hier immer wieder AfrikanerInnen in Deutschland blieben.

Als letzte Kategorie sind hier noch die Personen zu nennen, die durch die Arbeit auf einem Schiff nach Deutschland kamen. So war zum Beispiel Eduard Owame Offizierskoch auf einem deutschen Kriegsschiff[94] und Ngange und Bajume arbeiteten als Stewards auf Schiffen der Woermann-Linie.[95] Bajume war außerdem ein ehema-

91 RKA, Akte Nr. 4457/8, Bl. 2/3; Debrunner, ebenda, S. 364. Bei Debrunner wird J.C. Bruce erwähnt. Die Quelle bei Debrunner ist das Monatsblatt der Norddeutschen Missionsgesellschaft von 1903. Darin steht, dass der Geschäftsmann J.C. Bruce aus Lome ab 1900 mit der Afrika-Truppe »Togo Company« durch europäische Städte tourte. Die Truppe bestand aus elf Frauen und drei Männern. Ab 1903 übernahm Bruce die neun Männer und zwei Frauen aus Sierra Leone, die Mitglieder der »Mandingo Company« gewesen waren. Er übernahm die Gruppe von einem anderen Direktor, der ihm 1400 Mark schuldete. (Auch in der erst genannten Akte ging es in einem Rechtsstreit um finanzielle Außenstände von Bruce.) Debrunner schreibt: »Bruce took good care of his people, entrusting children to well-meaning Christans – some were brought up in Germany, some in Russia, where they were carefully educated«. Diese Passage, die auf die Fähigkeiten des Gruppenleiters Bruce verweist, bildet möglicherweise eine Verbindung zwischen ihm und Kwassi Bruce, der als Kind von einer evangelischen Familie adoptiert worden war. (Siehe auch diese Arbeit S. 15, 55, 104ff, 115ff u. 133ff.)

92 RKA, Akte Nr. 4457/8, Der Togoneger Bruce und seine Truppe von Mai 1898 bis Sept. 1901, Bl. 1-164.

93 Carl Hagenbeck, Von Menschen und Tieren, Berlin 1908; Thode-Arora, Hilke, Für fünfzig Pfennig um die Welt. Die Hagenbeckschen Völkerschauen, Frankfurt a.M./New York 1989, s. darin S. 160-162, Völkerschau-Teilnehmer als Beruf. Beispiel des Äthiopiers Hersi Egeh Gorseh, der mit seiner Familie mehrmals zwischen 1895-1929 mit Schauen nach Deutschland reiste. Er war möglicherweise auch mit der Anwerbung von Teilnehmern durch die Hagenbeck-Schauen beauftragt gewesen. 1919 erwarb er Nähmaschinen in Deutschland, mit denen er sich ein Monopol in der Textilverarbeitung in seiner Heimat aufbaute.

94 RKA, Akte Nr. 4457/6, Bl. 124-8 u. 131.

95 RKA, Akte Nr. 4457/6, Bl. 128 u. Nr. 1105, Bl. 78 u. 118ff.

liger Askari, also einer jener ostafrikanischen Soldaten, die auf deutscher Seite im Ersten Weltkrieg gekämpft haben. Bajume, der dauerhaft in Deutschland blieb[96], hatte gemeinsam mit seinem Vater gedient. Bajume gründete in Deutschland eine Familie und arbeitete als Kellner. Interessanterweise heißt es in der Akte des RKA von 1935, Bajume habe als Anerkennung für seinen Dienst in der deutschen Armee die deutsche Staatsangehörigkeit bekommen.[97]

Eduard Owame, geboren 1896 in Jaunde/Kamerun, war im Oktober 1913 als freiwilliger Matrose an Bord des Kriegsschiffes »Panther« gekommen, wo er bis 1916 als Offizierskoch tätig war. Im Juni 1916 bemüht er sich, eine Ausbildungsstelle bei der Post in Deutschland zu bekommen. Sein Wunsch war es, später in Duala bei der Post zu arbeiten. Der Kommandant der »Panther« unterstützte Owames Anfrage, und das Reichskolonialamt sah eine Möglichkeit, dass Owame im Missionshaus der Pallotino in Limburg a. d. Lahn zur Ausbildung in einem »geeigneten Beruf« aufgenommen werden könnte.[98]

Der Duala Ewame Ngange war 1911 mit dem Dampfer »Eleonore« als Steward nach Deutschland gereist, das geht aus einem Schreiben von 1917 hervor. 1917 lebte Ewane Ngange in Berlin und arbeitete wahrscheinlich als Artist.[99]

Zusammenfassend kann gesagt werden, dass nach 1884 ständig Afrikaner aus den deutschen Kolonien nach Deutschland einreisten. Auch wenn die Zahl der Einreisenden nicht sehr hoch war, so war sie doch gegenüber den vorhergehenden Jahrzehnten gestiegen.[100] Die Ausreise aus den Kolonialgebieten erfolgte zum Teil mit der Erlaubnis des jeweiligen Gouvernements, wie es der gesetzlichen Vorschrift entsprach, aber häufig auch ohne diese. Die wichtigsten Gründe für die Einreise nach Deutschland waren: Ausbildung und die Beschäftigung als Bedienstete sowie die zum Zwecke der Schaustellung.

96 Sein Schicksal ist in der Akte bis 1936 zu verfolgen. Siehe Kap.3.1.2, S. 120 in dieser Arbeit.

97 RKA, Akte Nr. 1105, Bl. 119.

98 RKA, Akte Nr. 4457/6, Bl. 125-7.

99 RKA, Akte Nr. 4457/6, Bl. 128; Die Überfahrt von AfrikanerInnen nach Deutschland als Steward, Matrose oder Heizer war sicherlich sehr häufig, da die Kosten für die Überfahrt einen wichtigen Faktor für eine Reise nach Europa darstellten. Es wird interessant sein, diesen Einreiseweg über Reederei- und Hafenunterlagen nachzuvollziehen und möglicherweise so Zahlen über die Einreise und Ausreise von AfrikanerInnen zu ermitteln.

100 Im 17. und 18. Jahrhundert wurden Afrikaner als Geschenke oder Statussymbole in deutschen Adelshäuser gebracht. Die Gründe der Einreise und die Anzahl hatten sich nun Ende des 19. Jahrhunderts verändert.

Es konnte gezeigt werden, dass einige Afrikaner nach Beendigung der Ausbildung wieder in ihre Heimat zurückreisten und dass andere von ihren Dienstherren die Rückfahrt gestellt wurde. Im nächsten Abschnitt zur Ausreise aus Deutschland wird auf die Probleme bei der Rückwanderung eingegangen.

2.2.2 Die Ausreise

Die meisten der im Abschnitt zur Einreise beschriebenen Personen blieben auf Jahrzehnte oder bis zu ihrem Lebensende in Deutschland. Die Afrikaner, die zumeist in sehr jungen Jahren nach Deutschland eingereist sind, fanden hier ihren Lebensschwerpunkt, wurden heimisch, auch in den Fällen, in denen sie in unstabilen Verhältnissen lebten. Waren sie doch oft ihrer ursprünglichen Heimat nach jahrelanger Abwesenheit entfremdet, und eine Rückkehr, sofern sie überhaupt angestrebt wurde, stellte sich oft als überaus schwierig dar. Einige objektive Hindernisse für eine Rückkehr der Afrikaner nach Afrika werden in diesem Abschnitt beschrieben. Bei der Behandlung durch die deutsche Administration fällt auf, dass es politische und personelle Kontinuität für die Zeit vor und nach dem Ersten Weltkrieg gibt. Das gilt mit Einschränkungen auch für die Zeit des Nationalsozialismus. Immer wieder ging es in den Aktenvorgängen darum, AfrikanerInnen in ihre Heimatländer zurückzuführen, aber dann standen diesem Vorhaben kolonialpolitische oder finanzielle Gründe entgegen.

In den Zwanzigerjahren häuften sich erstmals die Anträge von Afrikanern beim RKA mit dem Wunsch, ihnen eine Rückreise zu ermöglichen. Durch die allgemeine Wirtschaftskrise waren viele von dauernder Arbeitslosigkeit betroffen. Für die meisten Afrikaner kam erschwerend hinzu, dass ihnen keine Erwerbslosenunterstützung gewährt wurde, weil sie nicht die deutsche Staatsangehörigkeit besaßen. Einige dieser Personen erhielten von der Kolonialabteilung eine finanzielle Unterstützung.[101] Als Richtlinie für die Verwaltung galt aber, dass Afrikaner, die dem Staat zur Last fielen, nach Möglichkeit nach Afrika abgeschoben werden sollten.[102] Es wurde dann auch versucht, diese sogenannten Rückführungen durchzuführen. Allerdings wurden, soweit nachvollziehbar, nur wenige Afrikaner auf diesem Wege nach Afrika verbracht.

101 RKA, Akte Nr. 4457/7, Bl. 102ff.
102 RKA, Akte Nr. 4457/7, Bl. 77f u. 102.

Eine der wenigen nach den bisherigen Untersuchungsergebnissen belegbaren Abschiebungen eines Afrikaners ist die des Alfred Larsens und seiner Familie nach England.[103] Der 1888 in Lome geborene Togoer war mit der weißen deutschen Frieda Meyer verheiratet. Dieser Ehe entstammten fünf Kinder, die zwischen 1926-1932 geboren waren. Die Familie hatte in Berlin und Hamburg gelebt. Auf der Personalkarte des Artisten Larsen in den Einwohnermeldeunterlagen ist einer Eintragung vom Mai 1932 zu entnehmen, dass »die Familie am 13.3.1932 auf Kosten des Wohlfahrtsamts Altona nach England transportiert« worden ist.[104] Obwohl keine weiteren Informationen zu diesem Fall vorhanden sind, zeigt das Beispiel doch einige Grundzüge für die Abschiebung von AfrikanerInnen nach 1918. Durch den Verlust der deutschen Schutzgebietsangehörigkeit wurden diese Personen zu De-Facto-Ausländern und den Nationen der Mandatsgebiete zugeordnet, obwohl die neue Staatsangehörigkeit erst festgestellt und von den entsprechenden Regierungen anerkannt werden musste. So ist in der Spalte Staatsangehörigkeit auf der Karte des A. Larsens der Angabe »England« in Klammern der Zusatz »nicht geklärt« beigefügt. Unberücksichtigt blieb bei der ganzen Prozedur, dass die Betroffenen in der Regel keinen Bezug zu den »neuen Heimatländern« hatten und oft auch nicht der englischen oder französischen Sprache mächtig waren.

Es ist anzunehmen, dass die Larsens wegen ihrer Bedürftigkeit bzw. wegen andauernder Arbeitslosigkeit abgeschoben wurden.

Als ein Beleg für die Absicht der Abschiebung von AfrikanerInnen aus Deutschland seitens der Behörden kann ein Schreiben eines Vertreters der Deutschen Gesellschaft für Eingeborenenkunde an die Kolonialabteilung des Auswärtigen Amtes herangezogen werden, in dem sich der Schreiber auf eine Unterredung in der Behörde vom Vortag bezieht. Dort heißt es:

> *»Da gestern beschlossen worden ist, dass seitens des Auswärtigen Amtes der Versuch gemacht werden soll, alle Eingeborenen, die unterstützt werden müssen, nach Afrika abzuschieben, so teilen wir für etwaige Verhandlungen mit dem Polizeipräsidium, dem Wohlfahrtsministerium und der englischen Regierung folgendes mit: ....«*[105]

103 Staatsarchiv Hamburg, Einwohnermeldeamtsunterlagen
104 ebenda
105 RKA, Akte Nr. 4457/7, Bl. 121.

In der Folge wurden in dem Schreiben die Fälle von fünf Afrikanern diskutiert, die bis dahin mehrfach finanziell unterstützt werden mussten.[106]

Eines der Hauptprobleme bei der Rückreise von AfrikanerInnen stellte die Finanzierung der Überfahrt und die Bereitstellung eines Startkapitals zur Existenzgründung dar. Die meisten Personen, die in den Akten genannt werden, lebten in einfachen Verhältnissen und waren daher keineswegs in der Lage, die Rückreisekosten selbst aufzubringen. Wie in dem oben angeführten Fall der Familie Larsen mussten bei einer Rückführung auch in anderen Fällen die Kosten von behördlicher Seite getragen werden.

Das Reichskolonialamt bzw. das Auswärtige Amt bemühten sich daher in der Regel, die kostenlose Mitnahme durch die Afrika-Schifffahrtslinien zu erreichen. Aus den eingesehenen Unterlagen geht jedoch hervor, dass solche Anfragen in der Mehrzahl negativ beschieden wurden.[107] Eine der wenigen Ausnahmen war der Fall des Josef Quaschi.[108] In einem Schreiben an das RKA vom März 1913 erklärte ein Vertreter der Woermann-Linie[109]:

> *»Mit Bezug auf die mit Herrn Regierungsrat Dr. Ruppel gehabten Rücksprachen beehre ich mich, sehr ergebenst mitzuteilen, daß die Woermann-Linie unter den gegebenen Verhältnissen ausnahmsweise bereit ist, den Eingeborenen Jos. Quaschi kostenlos in seine Heimat zu befördern.«*

Die kostenlose Mitnahme bildete tatsächlich die Ausnahme, in den anderen aufgefundenen Fällen wird selten eine etwas geringere »Passage«, meistens die volle Gebühr gefordert.[110] Auch Anfragen, ob der Betreffende als Heizer, Steward oder Matrose mitgenommen werden könnte, werden in den Unterlagen immer mit mangelndem Bedarf abgelehnt.[111] Das ist auch dem folgendem Brief zu entnehmen:

106 Auffällig ist, dass es sich bei dem in Frage kommenden Personenkreis um eine überaus kleine Personengruppe handelt. Es drängt sich die Frage auf, warum ein so großer Aufwand, um eine solch kleine Gruppe abzuschieben, statt diese Menschen in die staatliche Erwerbslosenversicherung aufzunehmen oder sie als dem deutschen Staate zugehörig anzuerkennen? Ausschlaggebend für die Haltung gegenüber den AfrikanerInnen und Afro-Deutschen war möglicherweise die Begründung des Deutschseins auf der Abstammung, wie sie bis heute noch gültig ist.

107 RKA, Akte Nr. 4457/7, Bl. 234.

108 RKA, Akte Nr. 4457/6, Bl. 84.

109 ebenda

110 RKA, Akte Nr. 4457/7, Bl. 19f.

111 RKA, Akte Nr. 4457/7, Bl. 234-7.

»... Der Kameruner Jansen will in sein Heimatland zurückkehren, doch fehlen ihm die Mittel zur Ausreise. Die Woermann-Linie kann ihn umsonst nicht befördern, auch nicht indem sie ihn etwa während der Fahrt als Heizer oder dergl. beschäftigt, ist aber bereit, ihm einen billigen Passagenpreis (...) zu berechnen. Dr. Eifler (von der Gesellschaft für Eingeborenenkunde regt an, die Überfahrtkosten aus amtlichen Fonds zu übernehmen, da dieses viel billiger kommt, als wenn der Eingeborene dauernd unterstützt werden müsste.
Herrn Geh. Rat Dr. Eifler ist zugestimmt worden. Die Gesellschaft für Eingeborenenkunde wird den Betrag verauslagen und hier anfordern. Es kommt Zahlung aus dem Abwicklungsfonds in Frage.
Jansen tritt heute die Ausreise an, 16.1.1930«[112]

So scheiterten die Rückreise- bzw. Rückführungsversuche meist schon an der finanziellen Hürde. Denn nur in wenigen Fällen standen staatliche Mittel für die Reisekosten zur Verfügung.[113] Die Gelder kamen nach dem Ersten Weltkrieg aus dem kolonialen Abwicklungsfonds mit einem eigenen Haushaltstitel. Die Mittel in einer Höhe von ca. 3.000 RM jährlich – »zur Unterstützung und Heimschaffung mittelloser Eingeborener aus unseren früheren Kolonien« – reichten offensichtlich nicht aus, so dass das Auswärtige Amt regelmäßig die Bereitstellung weiterer Finanzmittel beantragte.[114] Dies ist entsprechenden Schreiben aus den Jahren 1930, 1933 und 1934 in den eingesehenen Akten zu entnehmen.

Um die bis hierher gemachten Aussagen zu illustrieren und die Art des Umgangs der Behörde mit den AfrikanerInnen sichtbar zu machen, z.B. durch die Sprache in den Unterlagen, wird an dieser Stelle der erste der drei genannten Anträge des Auswärtigen Amtes an das Reichsministerium der Finanzen wiedergegeben:

»Mit Schreiben vom 4.7.1929 – I 10768 – sind dem Auswärtigen Amt aus Kap. XX,9 Tit.4, Abschnitt IV der Ausgabe des ordentlichen Haushalts für 1929 (für den Kolonialabwicklungsfonds) 3.000 RM zugewiesen worden mit der Hinzufügung, etwaigen

112 RKA, Akte Nr. 4457/7, Bl. 234.
113 RKA, Akte Nr. 7562, Bl. 72-4.
114 RKA, Akte Nr. 7562, Bl. 72f, 85f u. 101f.

weiteren Bedarf z. Zt. unter Belegung der Gründe anzufordern. Diese 3.000 RM sind restlos verbraucht, wobei ein Teil der Mittel, wie vorgesehen, zur Unterstützung und Heimschaffung mittelloser Eingeborener aus unseren früheren Kolonien verwandt worden ist. Hierbei ist mit Sparsamkeit verfahren worden. Die Unterstützungen sind auf solche Fälle beschränkt, in denen Eingeborene wegen ihrer besonders langen Anwesenheit in Deutschland und wegen ihrer Heirat mit deutschen Frauen Schwierigkeiten bei einer Rückkehr nach Kamerun zu erwarten haben. Zu diesem Zwecke werden jedoch bis zum Schluß des Rechnungsjahres noch verschiedene Ausgaben zu leisten sein. Diese sich noch in Berlin aufhaltenden Eingeborenen hauptsächlich aus dem früheren deutschen Schutzgebiet Kamerun haben infolge der gegenwärtigen schlechten Lage auf dem Arbeitsmarkt meist ihre Arbeit verloren. Die Arbeitsbeschaffung für sie gestaltet sich immer schwieriger; es ist vorgekommen, daß die Interessenverbände der hiesigen Arbeiter bei Firmen, die solche Neger eingestellt hatten, Protest erhoben mit der Begründung, daß in erster Linie heimische Kräfte heranzuziehen seien. Diese Eingeborenen befinden sich daher in einer trostlosen wirtschaftlichen Lage, zumal die Erwerbslosenfürsorge für sie nicht eintritt. Um sie vor der äußersten Not zu bewahren, sind sie mit Zustimmung des Auswärtigen Amtes von der Deutschen Gesellschaft für Eingeborenenkunde unterstützt worden. Die gezahlten Unterstützungsbeträge hat das Auswärtige Amt aus dem genannten Fonds erstattet, wobei ein kleiner Betrag von rund 40,- RM noch rückständig ist, (… …), des Fonds erschöpft ist. Einige der in Frage kommenden Eingeborenen haben nun, da für eine Besserung ihrer wirtschaftlichen Lage keine Aussicht besteht, den Wunsch geäußert, in ihre Heimat Kamerun zurück zu kehren. Dieser Wunsch kommt dem langjährigen Bestreben des Auswärtigen Amts, die Farbigen nach ihrer Heimat abzuschieben, entgegen. Die Woermann-Linie ist auch bereit, sie zu einem billigen Preis heim zu befördern. Immerhin entstehen Kosten, die die mittellosen Eingeborenen nicht zahlen können. Ein Betrag von 1500-2000 RM würde für den Rest des Rechnungsjahres ausreichen.[115]

115 RKA, Akte Nr. 7562, Bl. 72-4.

Doch selbst wenn die Finanzierung der Überfahrt gesichert war, standen einer Rückkehr nach Afrika erhebliche kolonialpolitische Hindernisse entgegen. Das wichtigste war eine Ehe mit einer weißen Deutschen. Die meisten Afrikaner in Deutschland hatten eine Familie gegründet und wollten diese, im Falle der Rückkehr, mit in das afrikanische Heimatland nehmen. Um aber in ein afrikanisches Land einreisen zu können, war die Einreiseerlaubnis des Gouvernements des entsprechenden Gebietes notwendig. Doch war allen Kolonialmächten eigen, dass sie keineswegs bereit waren, eine ethnisch gemischte Ehe zu dulden und das besonders dann nicht, wenn der Ehemann Afrikaner und die Ehefrau eine Europäerin war. So wurde dann auch die Einreiseerlaubnis seitens des Gouvernements regelmäßig verweigert.

Hier sollen nun zwei Beispiele angeführt werden, einmal das des Motoro Bakari[116] aus DOA und das des Kameruners Theophil Michael.[117]

Der Fall des Suahelilehrers Motoro Bakari stellt, wie schon erwähnt einen Präzidenzfall für diese Gruppe dar. Bakari versuchte 1905, mit seiner Ehefrau nach DOA auszureisen. Doch der Gouverneur in Daressalam verweigerte ihm die gemeinsame Landung mit seiner Frau. Die Bakaris kehrten mit dem gleichen Schiff nach Deutschland zurück, da sie sich nicht trennen wollten. Herr Bakari hätte allein an Land gehen können.[118]

In der Kolonialpresse wird der Fall breit rezipiert und zum Anlass für eine Diskussion über die Ehe zwischen Schwarzen und Weißen benutzt. Die Bakaris waren standesamtlich getraut worden und hatten die behördliche Erlaubnis hierfür erhalten. Nun wird gefragt, ob die Behörde fahrlässig gehandelt habe und ob nicht für die Zukunft ein generelles Verbot der Mischehe zu erlassen wäre.[119]

Der Fall Bakari wird auch noch in späteren Aktenvorgängen, in denen es um die Heiratserlaubnis für Afrikaner in Deutschland geht oder um die Ausreise eines Afrikaners mit einer deutschen Ehefrau, als negativer Präzedenzfall angeführt.[120] Diese Eheschließung mit dem Segen der Behörden zeigt, dass deren Haltung gegenüber der Ehe

116 RKA, Akte Nr. 5422, Bl. 8-12, 13-26, 29-35, 46-51 u. 61; siehe auch oben S. 63-65.

117 RKA, Akte Nr. 4457/6, Bl. 159-160 und RKA, Akte Nr. 4457/7, Bl. 15-24, 28-37,40-42,49,75/75, 105, 107-109,113, 121 u. 127.

118 RKA, Akte Nr. 5422, Bl. 13-26.

119 ebenda, Bl. 9: Artikel in »Usambara Post« Nr. 45, 1905; ebenda, Bl. 22s: Artikel in »Die Warte«, Nov. 1905.

120 RKA, Akte Nr.4457/6, Bl. 120ff (1916).

zwischen einem Afrikaner und einer Deutschen in Deutschland zu diesem Zeitpunkt noch nicht festgelegt war. Das wird daran deutlich, dass die Eheschließung im Fall Bakari zunächst befürwortet wurde und ihm 1906 der von ihm beantragte Schadensersatz für die durch die Ausweisung durch das Gouvernement entstandenen Kosten bewilligt wurden.[121]

Im Fall des Theophil Wonja Michael kommen mehrere Faktoren zusammen, die typisch sind für die Motive und die Probleme bei der Ausreise von AfrikanerInnen. Michael, der sich seit 1903 in Deutschland aufhält, äußert laut den Akten erstmals 1922 den Wunsch, in sein zu dieser Zeit unter britischem Mandat stehendes Heimatland zurückkehren zu wollen.[122] Der Fall taucht dann 1927/28 wieder in den Akten auf.[123] Als Grund wird seine den größten Teil des Jahres andauernde Arbeitslosigkeit genannt. Wahrscheinlich kam der Wunsch zur Ausreise in diesem Fall von dem Betroffenen selbst, darauf lässt die Beharrlichkeit schließen, mit der er seine Ausreise verfolgt. Betreut wurde Michael von der Deutschen Gesellschaft für Eingeborenenkunde, über welche das Auswärtige Amt die Afrikaner unterstützte und die gemeinsam die Ausreise organisierten. Möglicherweise wurde ihm an dieser Stelle aber auch die Rückreise nach Kamerun nahegelegt.

Michael hatte eine Frau und vier Kinder, die er mitnehmen wollte. Aber die Familie befand sich finanziell in einer aussichtslosen Situation, so dass Michael keinesfalls in der Lage war, die Reise der Familie oder auch für sich alleine zu zahlen. Bei der ersten Anfrage im Dezember 1922 lehnte das Auswärtige Amt jedoch die Kostenübernahme für die Reise ab und rät dringend davon ab, Michael in seinem Rückreisewunsch zu bestärken. Diese Reaktion der Behörde muss überraschen, nachdem, wie oben gesehen, die Rückführung von AfrikanerInnen, die auf dauernde Unterstützung angewiesen waren, unbedingt angestrebt wurde.

Das Problem stellte die Familie des Theophil Michael dar. Das Auswärtige Amt scheute vorerst die Verwicklungen, die aus der Tatsache entstehen würden, dass die Ehefrau des Michael eine weiße Deutsche war. 1927 aber stimmte das Auswärtige Amt dann der Übernahme der Reisekosten für Michael und seine vier Kinder in vollem Umfang zu. Die Situation hatte sich verändert, da seine erste Frau

121 RKA, Akte Nr. 5422, Bl. 13-26 u. 29-35.
122 RKA, Akte Nr. 4457/6, Bl. 159-160.
123 RKA, Akte Nr. 4457/7, Bl. wie Anm. 117.

gestorben war. Zwar wollte er nun seine zweite Frau heiraten und mit nach Kamerun nehmen, aber hier griffen die Behörden jetzt ein. In Absprache und Übereinstimmung mit der britischen Passbehörde werden die verschiedenen Möglichkeiten diskutiert, wie die Eheschließung des Michael mit der Berlinerin Martha Lehmann zu verhindern sei.[124] Erstens würde Frau Lehmann, da sie nicht verheiratet ist, kein Einreisevisum von der britischen Passstelle erhalten. Zynisch heißt es weiter, darum könnte ihr ohne weiteres ein Reisepass durch das Polizeipräsidium ausgestellt werden, sie könne ja doch nicht abreisen. Zweitens müsse jeder Ausländer (Herr Michael ist als britischer Schutzbefohlener zu betrachten), der in Deutschland eine Deutsche heiraten will, ein »Ehefähigkeitszeugnis« besitzen. In England existiert ein solches Zeugnis jedoch überhaupt nicht. Sollte er trotzdem ein solches Zeugnis erhalten, so würden nach Angaben des Vertreters der britischen Passstelle mehrere Monate vergehen. Und selbst wenn die Eheschließung gelänge, würde »die englische Behörde mit allen Mitteln gegen die Mitnahme weißer Frauen durch Neger« vorgehen.[125]

Ob Theophil Michael letztendlich ausgereist ist, geht aus der Akte nicht hervor. An diesem Beispiel wird aber die unterschiedliche Behandlung der afrikanisch-deutschen Ehen in Deutschland selbst und in der kolonialen Gesellschaft in Afrika deutlich. Die Einreise nach Afrika mit der deutschen Familie war für einen Afrikaner aus Deutschland zu dieser Zeit nicht durchführbar.

Als letztes Beispiel für die Behandlung eines Ausreisewunsches durch die Behörden soll der Fall des Wilhelm Sambo[126] dienen.

Dieses Beispiel zeigt den kooperativen Umgang der verschiedenen Behörden mit dem Antrag. Es wurden Wege gefunden, wie die Reisekosten finanziert werden konnten, um dem Antragsteller einen Neuanfang in Kamerun zu ermöglichen.

Der Kameruner Wilhelm Sambo war vom Kameruner Gouvernement an Kaiser Wilhelm II. nach Deutschland geschickt worden, dem er als seinem persönlichen Taufpaten den Vornamen verdankte.

124 RKA, Akte Nr. 4457/7, Bl. 33.

125 ebenda

126 Martin, P., ebenda, S. 128: die darin angeführten Angaben entstammen dem Deutschen Soldatenkalender, München 1959, S. 179 und dem Buch Militärmusik in Geschichte und Gegenwart von P. Panoff, Berlin 1938. Das Jahr der Einreise Sambos wurde darin nicht genannt.

Auf Veranlassung des Kaisers wurde er Kesselpauker beim Trompetenkorps des Leibgarde-Husaren-Regiments, wo er den Rang eines Vizewachtmeisters innehatte.

In den untersuchten Akten fand sich ein Dokument, welches sich mit dem Ausreisewunsch Sambos befasst.[127] In einem Schreiben vom Oktober 1909 wendet sich das RKA an den Gouverneur in Kamerun mit der Anfrage, ob das Gouvernement bereit wäre, die Reisekosten aus dem Gouvernements-Fonds zu übernehmen und ob es den Wilhelm Sambo nach seiner Ankunft in Kamerun als Zollwächter oder in ähnlicher Anstellung in den Gouvernements-Dienst aufnehmen würde. Das Gouvernement stimmt dem Ansinnen des RKA noch im Dezember des gleichen Jahres zu.

Wilhelm Sambo, der 1935 48jährig in Köln starb, ist, wie auch andere Afrikaner, die in ihr ursprüngliches Heimatland zurückgekehrt waren, nach einiger Zeit wieder nach Deutschland gekommen.[128] Welche Gründe hierfür ausschlaggebend waren, kann zu diesem Zeitpunkt nur vermutet werden. In jedem Fall ist der umgekehrte Kultursprung nach Afrika nach einem langjährigen Aufenthalt in Europa genauso groß wie der erste bei der Reise von Afrika nach Europa.

127 RKA, Akte Nr. 4457/6, Bl. 32-35.

128 Martin, P., ebenda: Sambo arbeitete einige Jahre in Münster als »Kaffee-Koch« in Middendorfs Konditorei. Leider stehen weitere Informationen über seinen Lebensweg nicht zur Verfügung.

2.3 Leben in Deutschland

2.3.1 Ausbildung und Erwerbstätigkeit

Im vorhergehenden Kapitel zur Ein- und Ausreise wurde schon einiges zur Ausbildung und Berufstätigkeit der Bezugsgruppe gesagt und mehrere Beispielfälle angeführt, darum sollen in diesem Kapitel nunmehr prägnante Punkte zusammengefasst werden.

Wenn, wie oben gezeigt, Afrikaner häufig nach Deutschland kamen, um eine Ausbildung zu erhalten und während ihres Europaaufenthaltes Familien gründeten und sich manchmal entschlossen, hier ihren dauernden Aufenthalt zu wählen, führt dies, unter der hier erörterten Fragestellung nach den Lebensumständen der Afrikaner in Deutschland, zu der Frage, wie sich die Bedingungen im Umfeld der Ausbildung und der Berufssituation gestalteten. Wie war das Verhältnis der Afrikaner zu ihren Lehrern, MitschülerInnen und wie das zu ihren Vorgesetzten, Kollegen und den Berufsorganisationen? Welche Problemfelder lassen sich feststellen und, wenn die Afrikaner von ihrem näheren Umfeld positiv aufgenommen wurden, welche sind dann dabei die unterstützenden Momente?

Ausbildung

Die Ausbildung der Afrikaner hatte zum Ziel, die Nachfrage der kolonialen Gesellschaft nach Arbeitskräften mit Grundbildung zu befriedigen.[129] So wurden die Afrikaner zum Beispiel für die Aufgaben als Post- oder Eisenbahnangestellte, als Zöllner, Schreiber und Schullehrer u.a.m. vorbereitet. Diese und andere berufliche Qualifikationen, wie zum Beispiel im landwirtschaftlichen und handwerklichen Bereich, sollten in Schulen in den Kolonien selbst erfolgen.

Die Haupttragenden des kolonialen Bildungswesens waren die Missionsgesellschaften. Die Einrichtung der Schulen war schon lange

129 Nestvogel, Renate, Die Erziehung des »Negers« zum deutschen Untertan. Zur Kontinuität des herrschaftlich-elitären Umgangs mit anderen Völkern, in: Nestvogel, R./Tetzlaff, R.(Hg.), Afrika und der deutsche Kolonialismus. Zivilisierung zwischen Schnapshandel und Bibelstunde, Berlin 1987, S. 78 u. 64.

vor der Konsolidierung der formalen Kolonialherrschaft erfolgt.[130] So ist beispielsweise einem Bericht über die Tätigkeit der Wesleyanischen Mission die Gründung von Hauptschulen an folgenden Orten in Togo zu entnehmen: in Klein Popo 1850, in Gridji 1861, in Porto Seguro 1878 und die Mädchenschule in Klein Popo 1890.[131] Zwar konnte die angestrebte Ablösung dieser Schulen durch staatliche Einrichtungen nicht umgesetzt werden, aber aufgrund des staatlichen Eingreifens wurde die Vereinheitlichung der Lehrpläne durchgesetzt und damit eine Vereinheitlichung der vermittelten Bildung erreicht.

Erst nach 1890 entstanden Schulen mit staatlicher Trägerschaft, sogenannte Regierungsschulen, jedoch erreichten sie nicht mehr als 5% Anteil an den Schulen in den deutschen Kolonien. Während in den Regierungsschulen die Lehrinhalte mehr auf die Verwaltungsarbeit ausgerichtet waren, wurde in den Missionsschulen eher praktisches Wissen vermittelt, ausgerichtet an den Bedürfnissen der deutschen Pflanzer und Siedler.[132]

Vor allem wurde an diesen Schulen neben Grundkenntnissen und christlichen Werten die deutsche Sprache vermittelt. Dies geschah in Konkurrenz zu den anderen Kolonialsprachen Englisch und Französisch. Gegen Ende des deutschen Kolonialreiches gab es in den deutschen Kolonien 58 gehobene Schulen mit ca. 3.900 Schülern, wie in einer Untersuchung von 1914 über das »Schulwesen in den deutschen Schutzgebieten« von M. Schlunk zu lesen ist.[133] Die hier vermittelten Kenntnisse ergaben dann die Vorbildung derjenigen Afrikaner, die zur weiteren Ausbildung nach Deutschland kamen.

Hier soll der Fall des Martin Aku aus Lome in Togo angeführt werden, der in Bremen die Schule besuchte und später in Basel Medizin studierte. Seine Geschichte ist in seinen eigenen Worten überliefert, in einer Sammlung von Selbstdarstellungen von AfrikanerInnen, im Jahre 1938 von Diedrich Westermann herausgegeben.[134] Aus diesem Selbstzeugnis sind einige Dinge zu erfahren, die sich aus Akten nicht herauslesen lassen, z.B. welches seine Motive für die Reise nach Europa waren und wie er die Reise erlebt hat. Leider enthalten die

130 Nestvogel, ebenda, S. 58/59.

131 ZStA, RKA, Akte Nr. 4077, Bl. 68 u. 71, Bericht von Superintendent Karl Ulrich über die Tätigkeit der Wesleyanischen Mission von Juni 1896 bis 1897.

132 Nestvogel, ebenda, S. 59 u. 63.

133 zitiert nach Nestvogel, ebenda, S. 63.

134 Westermann, Dietrich (Hg.), Afrikaner erzählen ihr Leben. Elf Selbstdarstellungen afrikanischer Eingeborener aller Bildungsschichten und Berufe und aus allen Teilen Afrikas, Essen 1938.

Lebensbeschreibungen oft keine exakten Aussagen über Orte und Zeiten, sie sind nicht chronologisch aufgebaut, so wie es der Erzähl- und Auffassungsweise der afrikanischen Tradition entspricht. Trotzdem bieten diese Berichte einen kleinen Einblick in das Leben der Afrikaner in Deutschland.[135]

Im Fall des Martin Aku gibt der Bericht Zeugnis von dessen Europaaufenthalt, wenn auch einige Details fehlen. Wie kam er an die Schule in Bremen? Wer unterstützte ihn in Deutschland? Wieviel Unterstützung hatte er durch seine Familie in Afrika oder war er ganz auf sich alleine gestellt? Bei wem und wovon lebte er in Deutschland? Aus dem Text lassen sich nur wenige dieser Fragen aufklären.

Martin Aku hatte einige Jahre die Missionsschule in Lome besucht, als er im Januar 1928 im Alter von 15 Jahren die Gelegenheit erhält, mit dem Missionsinspektor Stoevesandt nach Deutschland zu reisen. Sein Vater war ein christlicher Mann, der von der französischen Regierung zum Sprecher seines Volkes berufen worden war. Aku erzählt, wie er den Inspektor bei einem Treffen in seines Vaters Haus kennenlernte und dieser ihn fragte, ob er mit nach Deutschland reisen wolle. Bemerkenswert ist nun, wie Martin Aku, der ja noch sehr jung war, berichtet, dass er die Entscheidung ganz selbstständig traf, und auch die Initiative für die Reisevorbereitung ganz bei ihm lag.

Aku hatte schon lange den Wunsch nach Europa zu gehen, einmal aus Neugierde und Abenteuerlust, aber auch weil er sich davon erhoffte, mit seinen Studien schneller voranzukommen.

> *»Sehr weit zurückreicht die Zeit, da ich anfing mich nach Europa zu sehnen. Was für diese Gefühle besonders den Ausschlag gab, kann ich nicht mehr mit Bestimmtheit sagen. Die Achtung und Bewunderung, die wir seinerzeit den Europäern und dem europäischen Leben entgegenbrachten, mögen mitgewirkt haben. Auch erinnere ich mich, daß damals viele Eingeborene, die in Europa gewesen waren, meinen Vater besuchten und uns von den wunderbarsten Dingen zu erzählen wussten. Diese Leute genossen in den Augen unserer Landsleute eine besondere Achtung, weil sie das Land des weißen Mannes hatten sehen dürfen. (…) Meinen Vater*

135 Die Absicht des Buches war, wie es im Vorwort heißt, einen Einblick in das Leben der Afrikaner in Afrika zu geben, daher sind die Stellen, in denen es um die Zeit in Deutschland oder Europa geht, eher knapp gehalten, oder die Erzählung endet mit dem Eintreffen in Deutschland. So zum Beispiel bei dem Bericht des Bonifatius Foli, der uns an anderer Stelle, in den Akten des RKA, wiederbegegnet.

quälte ich immer mit diesen Gedanken, und er versprach mir sogar, meinem Wunsch zu entsprechen, sobald ich die Schule in Lome ganz durchlaufen haben würde. Mir aber dauerte dies zu lang, vier bis fünf Jahre warten, nein! Ich meinte, mit meinem Studium würde es in Europa schneller gehen ...«[136]

Aku nutzte die Gelegenheit, die sich ihm bot. Er fragte erst seinen Schuldirektor, schrieb dem Missionsinspektor, dass er sein Angebot annehmen wolle, und als er alles vorbereitet hatte, stellte er seinen Vater vor vollendete Tatsachen. Dieser erlaubte ihm nun zu gehen. Leider ist dem Bericht nicht zu entnehmen, wie die Reise finanziert wurde, ob zum Beispiel der Vater etwas bezahlte oder ob die Mission oder eventuell private Gönner für so eine Unternehmung aufkamen. Aku scheint jedenfalls nicht in irgendeiner Weise bei dem Inspektor Stoevesandt im Dienst gewesen zu sein. Auch wird in dem Bericht nicht erwähnt, ob beim Gouverneur oder an anderer Stelle eine offizielle Erlaubnis für die Ausreise und den Aufenthalt in Deutschland eingeholt worden war.

Was aus dem Text zu erfahren ist, ist wie Martin Aku die Reise auf dem Schiff, den Aufenthalt in Amsterdam und die Ankunft in Bremen in der Obhut des Inspektors, den er als seinen Pflegevater bezeichnet, erlebt hat. In Bremen wurde er in einer Pflegefamilie aufgenommen, bei der er ein eigenes Zimmer erhielt. Über die Pflegeeltern gibt er nur an, dass er sich bei ihnen behütet fühlt, und er beschreibt ihren Haushalt als einen gutbürgerlichen mit schönen Möbeln, Teppichen und vielen Bücherregalen.

Allerdings war die Konfrontation mit seiner neuen Umgebung außerhalb des Hauses ein Schock. In seinem Bericht beschrieb Martin Aku sehr anschaulich, wie er diese Situation erlebte und wie er sie im Laufe der Zeit verarbeitete. Da dies eines der wenigen Selbstzeugnisse eines Afrikaners in dieser Zeit in Deutschland ist und möglicherweise stellvertretend dafür gesehen werden kann, wie andere Afrikaner in ähnlicher Lage sich gefühlt haben, soll im Folgenden ein längerer Abschnitt des Berichtes zitiert werden.

»... Nun war ich also in Bremen. Meine Träume verflogen, und an ihre Stelle trat die Wirklichkeit. An diese Wirklichkeit konnte ich mich aber nicht so leicht gewöhnen. Meine kindliche Seele

136 Westermann, ebenda, S. 366.

begann zu kämpfen und zu leiden. Ich fing an, die Menschen außerhalb unseres Hauses mit mißtrauischen Augen zu betrachten, ja, die ganze Welt erschien mir in einer anderen Farbe. Ich ahnte allmählich, daß es etwas gibt, das viel höher, größer und edler ist als alles äußere Glück und aller äußere Erfolg, nämlich Ruhe und Zufriedenheit. Alles, was ich tat, bedeutete Kampf und Überwindung von Hemmungen, die ich vorher nicht kannte. Doch musste ich alles in mir unterdrücken und durfte nicht nach außen ungemütlich erscheinen.

Auf der Straße versetzte meine Erscheinung die Leute in Aufregung, Finger deuteten auf mich, und unzählige Augen waren auf mich gerichtet, neugierig, mitleidsvoll. Die Kinder schrien hinter mir her: »Neger, Neger, Schornsteinfeger«, und sangen noch andere Lieder dazu. Ich kam mir wirklich wie ein Weltwunder vor. Unter diesen Leuten als einziger Farbiger zu leben, dieses Bild Tag für Tag, wißt ihr, was das bedeutet für einen Menschen, der von sich eingenommen war und ein fast übertriebenes Ehrgefühl hatte? Könnt ihr euch vorstellen, welche Einflüsse diese dauernden Erlebnisse auf meine Entwicklung hätten haben können? Immer wieder musste ich an das Wort von Aggrey denken: »Who ever is not proud of his colour, is not fit for life«. Ja, ich litt für meine Rasse, für mein Volk, für die zweihundert Millionen Menschen afrikanischer Abstammung; dieses Bewußtsein war für mich ein Trost, ich fühlte mich in die Rolle eines Helden versetzt. Doch wie zermürbend all diese innere Unruhe! …«[137]

Dass es Aku trotz dieser Schwierigkeiten und seines starken Heimwehs gelingt, sich zu stabilisieren und in der neuen Lage zurechtzufinden, lag möglicherweise auch daran, dass er in seiner Pflegefamilie einen sicheren Rückhalt hat, was ihm eine gute Ausgangsbasis gab.

»… Ich begriff langsam, wozu ich eigentlich nach Europa gekommen war, nämlich, um zu lernen. Mir stand eine ungeheure Arbeit bevor. Ich lernte das Leben als Kampf zu verstehen und begann es auch so zu lieben. (…) Dann begab ich mich an die Arbeit …«[138]

137 Westermann, ebenda, S. 374/5.
138 ebenda, S. 375.

Die Schule, die Martin Aku in Bremen besuchte, war eine naturwissenschaftlich orientierte Oberrealschule. Er kam gut zurecht und war beeindruckt von der Art des Unterrichts, der die Schüler zum eigenständigen Denken anhielt. Doch am Anfang stand auch hier die schwierige Eingewöhnungsphase als schwarzer Schüler.

> *»... Ich war der einzige farbige Schüler in Bremen. Als ich meiner Klasse von dem Direktor vorgestellt wurde, erregte ich größtes Aufsehen. In der Pause war ich so sehr von Kameraden umzingelt und wurde mit Fragen allerlei Art bestürmt, daß ich nicht wusste, wie ich mich verhalten sollte. Doch mit der Zeit gewöhnten sie sich an mich. Mit der deutschen Sprache ging es allmählich besser (Aku hatte in Lome Unterricht in französischer Sprache.), und ich konnte mich mit meinen Kameraden besser verständigen. ...«*[139]

Ähnliche Beispiele für die Situation von Afrikanern und Afro-Deutschen, die in Deutschland eine schulische Ausbildung durchliefen, wurden schon in den vorhergehenden Kapiteln erwähnt. Hier sollen die Beispiele, wie sie bisher in den Quellen aufgefunden wurden, nun lediglich aufgelistet werden, um einen Überblick über diese Gruppe zu geben. Diese Beispielfälle sind als exemplarisch zu betrachten, da diese Untersuchung eine Stichprobe darstellt, und nicht alle möglichen Quellen wurden einbezogen.[140] Andererseits zeigen die Beispiele, in welchen Formen schulischer Ausbildung diese Gruppe erfolgte. So waren Afrikaner in Deutschland nicht generell von einer höheren schulischen Ausbildung ausgeschlossen, sondern wurden analog zu der gesellschaftlichen Stellung ihrer Eltern oder Pflegeeltern in die entsprechenden Ausbildungseinrichtungen gegeben.

Das gilt für die Kinder der afrikanischen führenden Gesellschaftsschichten (z.B. R.M. Bell, Mupundu Akwa, Martin Aku und P. Olympio) als auch für Kinder aus »gutbürgerlichen« Familien in

139 ebenda, S. 377.

140 Bei der Durchsicht von Archivarien der Missionsgesellschaften und von Kolonialvereinen als auch weiterer RKA-Akten sind gute Ergebnisse bei der Erschließung weiterer Nachrichten über Einzelschicksale von AfrikanerInnen in Deutschland zu erwarten; in: Berliner Wirtschaftsberichte Nr. 1, 1929, S. 5. Die studierenden Reichsausländer an den Berliner Hochschulen nach ihrer Staatsangehörigkeit im Winter-Semester 1927/28, zitiert nach: Kleiber, Lore/Gümösay, Eva-Maria, Fremdgängerinnen. Zur Geschichte bi-nationaler Ehen in Berlin von der Weimarer Republik bis in die Anfänge der Bundesrepublik, Bremen 1990,

Deutschland (z.B. Kwassi Bruce, die Töchter Diek) und die Kinder von ethnischgemischten Familien in DSWA (z.B. L. Baumann u.a.).

Einige Beispiele für höhere Schulbildung:

Name	*Herkunft*	*Geb. Dat.*	*Datum*	*Ort/Art der Schule*
Peter Olympio	Togo	geb. 1898	zw. 1914 und 1920	St. Wendel/Gymnasium
				Euskirschen/Gymnasium
			ab 1920	Bonn/Medizinstudium
			ab 1922	München/Medizinstudium
Rudolf M. Bell	Kamerun	geb. ?	?	Ulm/Gymnasium
Mupundu Akwa	Kamerun	geb. ?	ca. 1902	Hamburg/Gymnasium
Martin Aku	Togo	geb. 1913	ca. 1928	Bremen/Gymnasium
				Bonn/Medizinstudium

Dass die in den Akten aufgefundenen Beispiele durchaus keine Ausnahmen darstellen, zeigen einige Auszüge aus amtlichen Erhebungen der Stadt Berlin.

Einer Statistik, wie sie in den Berliner Wirtschaftsberichten von 1929 abgedruckt wurde, ist zu entnehmen, dass im Wintersemester 1927/1928 32 Afrikaner an Berliner Universitäten und acht Afrikaner an Technischen Hochschulen in Berlin studierten.[141] Diese Statistik enthält als einzige weitere Information nur noch, dass es sich um männliche Studierende handelt. Angaben über das afrikanische Herkunftsland, Studienfach, Namen usw. sind nicht enthalten. Von Bedeutung ist, überhaupt einmal eine Zahlenangabe zu haben, die einen Eindruck von der Größenordnung der Untersuchungsgruppe gibt. Da nach den in den Akten aufgefundenen Fällen davon ausgegangen werden kann, dass Afrikaner auch an anderen Universitäten in Deutschland studiert haben, würde sich die Zahl der studierenden Afrikaner noch erhöhen.[142]

Die Berliner Wirtschaftsberichte von 1929 geben ein weiteres interessantes Detail in Bezug auf die Bedeutung der Ausbildungsmotivation der Afrikaner. So waren 1928 in Berlin insgesamt 213 Afri-

141 Aus dieser anderen Quelle wird auch deutlich, dass sich das Gesamtbild über die Lebenssituation der Afrikaner in Deutschland durch das Erschließen weiterer Quellen komplettieren lassen würde.

142 Berliner Wirtschaftsberichte Nr. 17, 1929, S. 176, »In Wohnung gemeldete Ausländer in Berlin Ende 1928.«, zitiert nach: Kleiber/Gümösay, ebenda, S. 25.

kaner gemeldet.[143] Der Anteil der Studierenden war mit 18,8% ganz beachtlich. Dies unterstützt die Annahme, dass Ausbildung einen der wichtigsten Gründe für die Einreise von Afrikanern nach Deutschland darstellt.

Auswertung des Interviews:

Durch die ZeitzeugInnen wird berichtet, wie die Schülerinnen nach der nationalsozialistischen Machtergreifung behandelt wurden. Die Töchter Diek gingen bis 1933/34 auf die höhere Mädchenschule in Danzig, die sie wegen der politischen Veränderungen verlassen mussten. Die Ältere konnte ihre schulische Ausbildung nicht mehr fortsetzen und arbeitete von da an bis zu ihrer Eheschließung 1938 mit dem afrikanischen Schauspieler Brody aus Berlin. Die dreißiger Jahre waren eine schlimme Zeit für die Afrikaner und schwarzen Deutschen, denn im Grunde wurde ihnen jedes Recht auf irgendeine Form der Existenz abgesprochen.

> *Doris D.: » (Wir waren nun) Unwertes Leben! »Was wollt ihr?« (wurde ihnen gesagt) Man hat sich nicht getraut uns einfach zu liquidieren ... und dulden wollten sie uns auch nicht.«*
> *Erika N.: »Ich weiß noch, wie sie gesagt haben, sie sollen uns wenigstens sterilisieren, damit wir uns nicht weitervermehren.«*[144]

Obwohl die Mehrheit der weißen Deutschen Angst hatte, Schwarze zu unterstützen, gab es doch auch Menschen, die sich über die möglichen Schwierigkeiten hinwegsetzten. So fand Erika Diek eine Anstellung in einem Plattengeschäft, die sie nach einigen Monaten wieder verlor, weil ein Kunde sich beschwerte, es sei eine »Zumutung«, von einer Schwarzen bedient zu werden. Der Arbeitgeber war sehr betroffen, sah sich aber nicht in der Lage, Erika D. weiter zu beschäftigen, so berichtete sie.[145]

Die jüngere Tochter der Dieks blieb für weitere drei Jahre auf der Schule, aber es begann eine Zeit voller traumatischer Erfahrungen von Ausgrenzungen und Verletzungen. Da waren die Unterrichtsstunden der »Rassenkunde« oder der Schulausflug zur Ausstellung »Rasse und Volk«, die Doris Diek besuchen musste, obwohl ihre Eltern darum baten, das Kind davon freizustellen. Hier wurden Bilder von

143 ebenda, S. 1.
144 aus Interview I vom 20.04.1985, S. 5.
145 ebenda, S. 5.

AfrikanerInnen und Afro-Deutschen gezeigt, die die »Minderwertigkeit« Schwarzer Menschen beweisen sollten.

> *Doris D.: »... Die haben mich doch immer mit hingeschleppt, zur Ausstellung »Rasse und Volk«. Wenn meine Mutter hingeschrieben hat: »Von solchen Sachen möchten Sie mich bitte befreien.« (Wurde ihr geantwortet.) »Es ist ein Schultag, wie jeder andere auch, es ist für alle Schulen so. Und dann haben sie da gezeigt: lauter idiotische Farbige, mit abgeschliffenen Zähnen. ... zwei von denen kannte ich. Das waren vom Landsmann Esomba aus München (die Kinder), Erika und Manfred. Die hatten sie auch mit so abgefeilten Zähnen und idiotischem Blick (abgebildet). Ach, da musste ich mit. Da musste ich durchgehen.*
> *Und dann haben sie mich mal mitgeschleift, zu einer Schiffsbesichtigung. Wollte ich auch nicht hin. Mit der Straßenbahn rausgefahren und dann hinter der Fahne hermarschieren alle. Ich bin natürlich so gelaufen, Kopf runter. Kaum waren wir da, kam meine Klassenlehrerin ... und drückte mir das Fahrgeld in die Hand und sagt, ich möchte nach Hause fahren. Es ginge nicht an, dass ich als Nichtarierin hinter der Fahne mitmarschiere.«*[146]

Auch Doris D. muss letztendlich die Schule verlassen, der Versuch, ihre Ausbildung weiter zu führen, bringt sie auf die polnische Handelsschule. Da die Mittel der Familie immer knapper werden, muss schließlich auch Doris D. arbeiten gehen, deshalb verließ sie die polnische Handelsschule nach nur wenigen Monaten wieder. Außerdem verstand sie kein Polnisch und hatte dem Unterricht nur begrenzt folgen können.

Über ihre Schulzeit in Danzig sagt Doris D. abschließend:

> *»... Die Alpträume bin ich erst losgeworden ... 1974 war das. Da war ich in Danzig und habe gesehen, daß die Schule abgebrannt ist. Bis auf die Grundmauern. Seitdem sind die Alpträume weg. Seitdem kann ich wieder schlafen. Ich bin immer aufgewacht und aufgeschreckt und es war furchtbar.«*[147]

146 aus Interview I vom 20.04.1985, S. 5.
147 ebenda

Erwerbstätigkeit

Die nachfolgende Liste der Berufe von AfrikanerInnen und Afro-Deutschen, wie sie aus den Quellen für diese Untersuchung aufgezeigt werden können, ermöglicht einen Überblick über die Verteilung auf die verschiedenen Tätigkeiten. Die Liste enthält Mehrfachnennungen, da einzelne Personen im Laufe der Jahre einmal oder mehrmals den Beruf wechselten. Eine Ursache hierfür ist u.a. auch in den Schwierigkeiten zu sehen, die die Afrikaner bei ihrem Leben in der deutschen Gesellschaft zu bewältigen hatten. Darauf wird weiter unten noch eingegangen.

Die Liste zeigt die Art von Berufen, die den AfrikanerInnen zugänglich waren. Einfache Tätigkeiten, Artistik und Dienstleistung sind die Bereiche mit der größten Häufigkeit. Dies scheinen Bereiche gewesen zu sein, in denen die AfrikanerInnen akzeptiert wurden und sie ihren Unterhalt verdienen konnten.

Es gibt auch Beispiele, wo Afrikaner andere Arten von Tätigkeiten ausübten, zum Beispiel als Angestellter in einer Kanzlei, als Sprachlehrer oder auch M. Dibobe als Zugführer. In solchen Berufen finden wir die Afrikaner selten, weil hier die Konkurrenz zu den weißen deutschen Mitbewerbern wahrscheinlich sehr groß war und die Afrikaner im Streitfall mit diskriminierenden Vorurteilen konfrontiert waren. Die größte selbstbestimmte Erwerbstätigkeit scheint in dem Beruf des Handelsreisenden und des Artisten und Künstlers gelegen zu haben. Das lässt sich aus der Häufigkeit dieser Berufswahl schließen und aus der Art der Äußerungen über diese Tätigkeiten in den Selbstzeugnissen. Aber auch die Personen, die als Koch, Kellner und Steward arbeiteten, scheinen mit ihrem Auskommen und ihrer Tätigkeit zufrieden gewesen zu sein. Hatten sie doch einen ausreichenden Verdienst und persönliche Freiheit. Bedienstete oder Personen, die zu Reklamezwecken oder als Attraktion zur Schau gestellt wurden, verfügten wohl nicht über diese Vorteile.

In vielen Fällen konnten die Afrikaner sich auf die Unterstützung ihres näheren Umfeldes beziehen. In den Quellen finden sich Schreiben, die Arbeitgeber im Interesse eines Afrikaners an die Behörde richteten. In den meisten Fällen geht es dabei um die Bestätigung der Identität oder des rechtlichen Status, die für eine Heiratserlaubnis benötigt werden, oder es geht um eine Ausreiseerlaubnis. Auch finden sich in den Quellen Beispiele von positiver Unterstützung seitens der weißen Ehefrauen und deren Eltern für die Afrikaner.[148]

148 Akte Nr. 5422, Bl. 11, Fall Bakari.

Berufe der Afrikaner und Afro-Deutschen wie in den untersuchten RKA-Akten und der gesichteten Literatur aufgefunden

Handwerker, Facharbeiter (8): 1. Akwa, Manga (Chauffeur), 2. Oibobbe, Martin (Zugführer), 3. Diek, M. (Schumacher), 4. Gräber, W. (Schneider), 5. Makube, Otto (Schlosser), 6. Mbida, Johannes (Eisenbahn), 7. Bohole, Josef (Tischler), 8. Bile, Josef (Techniker beim Bauberatungsamt in Margrabowa Ostpreußen)

Soldat (10): 1. Hussein, Mohamed (Askari), 2. Gräber, Walter (Schneider), 3. Hussein, Bajume b. M. (Soldat), 4. Japende, Wilhelm (Invalide/Soldat), 5. Mambo, Josef (Invalide/Soldat), 6. Same, Max Bebe (Schutztruppe), 7. Sowieja, Peter P. (Soldat), 8. Mhallo (I. WK), 9. Bile, Josef (Freiwilliger i. I. WK), 10. Wilhelm (Paukenschläger)

Schreiber (1): 1. Hussein, Bajume b. M. Suaheli-Lehrer (4): 1. Bakari, Motoro, 2. Juma, Mohamed bin, 3. Anipatze, Gottried (Debrunner S. 360), 4. Hussein, Bajume b. M.

Schulausbildung (8): 1. Aku, Martin, 2. Bell, Alfred (in Debrunner S. 366), 3. Bell, Rudolf Manga, 4. Bell, Viktor, 5. Bile, Josef (Baugewerbeschüler am Technikum Hilburgshausen), 6. Diek, Erika, 7. Diek, Doris, 8. 2 DSWAner (Nr. 7562)

Studium (3): 1. Alten, James (Musik), 2. Olympio, Peter (Medizin), 3. Aku, Martin (Medizin)

Koch (4): 1. Ajama, Martin (v. Kleist), 2. Folli, Bonifacius (v. Mecklenburg), 3. Owame, Eduard (Offizierskoch/Marine), 4. Sambo, Wilhelm (Kaffeekoch in Münster)

Kellner (2): 1. Hussein, Bajume bin Mohamed (Kempinski), 2. Köhler, Alfred

Kaufmann/Reisender (6): 1. Diek, Mandenga, 2. Gräber, Walter (Zigarettenfabrik), 3. Priso, Manfred, 4. Sommer, Theodor, 5. zwei Person (Verkaufsstand) (Nr.7540), 6. Ewame, August

Steward (2): 1. Ewane-Ngange, Adolf, 2. Husein, Bajume b. M.

Artist (13): 1. Allen, James (Musiker), 2. Essaf, Josef (Zirkus Busch), 3. Gambe, Benedikt (James Diekson), 4. George, Thomas (Türsteher), 5. Hussein, Mohamed (Musiker), 6. Makube, Otto (Musiker), 7. Ngange, Hermann (Zirkus), 8. Toi (Atoy), Thomas, 9. Byll, Joseph (Maler), 10. Kotto, Gregor, 11. Bell, Viktor, 12. Bruce, Kwassi (Musiker), 13. 3 Afro-deutsche Musiker (ohne Namen)

Arbeiter (13): 1. Japende, Wilhem (Pferdepfleger bei v. Mecklenburg), 2. Jeck, Wilhelm (Portier), 3. Kinger, Otto (Berliner Zoo), 4. Köhler,

Alfred (Berliner Zoo), 5. Mbida, Johannes (Fabrik), 6. Mfauma, Edi (b. G. Wolff), 7. Ndonge, Matthias, 8. Sommer, Theodor (Portier/Diener), 9. 3 Personen (b. Firma) (Nr. 4457/7), 10. Priso, Manfred (Verkauf a. Markt 1935), 11. Kotto, Gregor, 12. Boholle, Josef, 13. Mpessa, Ludwig

Angestellter (2): 1. Mbongo, Dikonge La (in Kanzlei), 2. Mhallo, Mkondo bin (Reclam/Leipzig) 1. Bruce, J.C. (Schautruppe)

Unternehmer (1): 1. Bruce, J.C. (Schautruppe)

Vortragsreisender (1): 1. Bakari, Motoro

Für die Schwierigkeiten im Erwerbsleben der Afrikaner und Afro-Deutschen lassen sich drei Problemfelder aufzeigen: Die rassistisch motivierte Diskriminierung durch Berufskollegen, um die Afrikaner aus dem Beruf bzw. vom Arbeitsplatz zu verdrängen; das kam vor allem in der Krisenzeit der zwanziger Jahre vor. Weiter gab es das Problem der mangelnden Akzeptanz für die Ehe eines Afrikaners mit einer weißen Frau, die dann zu Konflikten am Arbeitsplatz führten. Und das dritte massive Problemfeld war die nationalsozialistische Herrschaft mit ihrer Rassenideologie, die letztendlich für fast alle zum Verlust ihrer Erwerbsmöglichkeiten geführt hat. Mit drei Fallbeispielen sollen nun diese drei Punkte verdeutlicht werden.

Im Fall des Handelsreisenden Manfred Priso aus Kamerun[149], der schon 1907 nach Deutschland kam, zeigt das Beispiel, wie ein Berufsverband versuchte, einen afrikanischen Kollegen aus dem Beruf herauszudrängen. Die einzige Begründung für dieses Vorgehen war die, dass Priso ein »Farbiger« sei. Der Fall taucht im Oktober 1929 in den Akten des RKA auf, an das sich M. Priso um Unterstützung gegen das Vorgehen des Berufsverbandes gewendet hat. Priso hat einen Fürsprecher, den Hoflieferanten Karl A. Berg, der sich in einem ausführlichen Brief an Geheimrat Eltester vom Auswärtigen Amt dafür verwendet, dass das Auswärtige Amt gegen die Handlungsweise des Bundes reisender Kaufleute vorgeht. Der »Deutschnationale Handlungsgehilfenverband«, wie der Bund sich im Untertitel nannte, hatte die Entlassung Prisos durch die Dresdener Firma Günther & Co. eingefordert. Eltester kümmert sich im Namen des Auswärtigen Amtes um die Angelegenheit. In seinem Schreiben an den Bund reisender Kaufleute führt er aus:

149 RKA, Akte Nr. 4457/7, Bl. 156-180, 204 u. 247.

»… Nach seinen (Prisos) Angaben, die von der Firma bestätigt sind, ist seine Entlassung auf Grund eines Schreibens von Ihnen erfolgt, in dem die Anstellung von Farbigen ganz allgemein scharf mißbilligt und deren Entlassung gefordert ist. Herr Manfred Priso ist mir seit längerer Zeit bekannt. Die Angelegenheit unserer früheren westafrikanischen Schutzgebiete gehören zu meinem Referat.
Bei aller Hochachtung eines kräftigen und gesunden Rassenbewußtseins glaube ich, dass man Ausnahmen machen muss, und diese sind meines Erachtens in allererster Linie am Platze, wenn es sich um anständige Angehörige unserer früheren Kolonien handelt. Priso ist Eingeborener aus der früheren Kolonie Kamerun. Er ist bereits seit 1907 in Deutschland, ist gebildet, gewandt, erfreut sich eines guten Leumundes und fühlt und denkt Deutsch; er hat vielfach und mit gutem Erfolg, namentlich in Österreich koloniale Vorträge über Kamerun, Deutschlands Leistungen dort und Deutschlands kolonialisatorische Befähigung gehalten und hat eine Reihe anerkennender Urteile der betreffenden Schulen und Vereine, in denen er gesprochen hat, in Händen. Seine deutsche Gesinnung macht ihm eine Rückkehr in seine von Frankreich als Mandatsgebiet verwaltete Heimat nahezu unmöglich.
Ich meine, in einem solchen Falle hätten wir alle Veranlassung, uns der Treue dieses Eingeborenen zu freuen und ihn zu unterstützen, statt ihm Schwierigkeiten zu bereiten. Es ist immer zu berücksichtigen, daß diese Leute mit ihrer alten Heimat brieflich Fühlung unterhalten, daß ihre Behandlung hier also stets von einem gewissen Einfluss auf den Eingeborenen in Kamerun sein wird. Unsere Kaufleute und Pflanzer haben draußen schwerstens zu kämpfen. Mißstimmungen seitens der Eingeborenen sind für sie unangenehme Erscheinungen. Andererseits ist die Zahl der Angehörigen der früheren deutschen Schutzgebiete hier so gering, daß eine Konkurrenz dieser Leute auf dem Arbeitsmarkt nicht in Frage kommt.
Ich wäre Ihnen sehr dankbar, wenn Sie den Fall jetzt nach Kenntnis dieses Briefes nochmals einer Prüfung unterziehen würden, und wenn Sie sich, wie ich hoffe, meiner Ansicht anschließen, dem Eg-Gü-Werk & Co., Dresden, das, soweit mir bekannt, Herrn Priso gerne wiedereinstellt, entsprechende Nachricht zukommen lassen würden …«[150]

150 RKA, Akte Nr. 4457/7, Bl. 162f.

In diesem Schreiben des Auswärtigen Amtes kann die Einstellung und Einschätzung seitens der Behörde gut erkannt werden, und einige der zentralen Argumentationsstränge zur Behandlung der Afrikaner in Deutschland werden aufgeführt. Diese werden im Lauf der Untersuchung immer wieder auftauchen. Aus diesem Grund wurde der Brief hier ausführlich zitiert.

Der Bund reisender Kaufleute lenkt in seinem Antwortschreiben ein, sie hätten nicht die Absicht gehabt, Priso »die Betätigung in Deutschland zu erschweren oder unmöglich zu machen«. Sie hätten sich lediglich »gegenüber der Firma Eg-Gü für die Interessen« ihrer »Mitglieder eingesetzt«. Sie schlagen in dem Schreiben vor, in den Räumen des Auswärtigen Amtes in einer persönlichen Besprechung die Missverständnisse auszuräumen. Wie auch immer diese Besprechung verlaufen sein mag, für Priso kam es höchstwahrscheinlich nicht zu einer Weiterbeschäftigung. Denn schon im November 1929 versuchte das Auswärtige Amt, für Priso eine Anstellung am Internationalen Institut für afrikanische Sprachen und Kulturen zu finden. Dort wird eine zeitweise Anstellung bzw. eine Vermittlung für den Bedarfsfall in Aussicht gestellt.

> *»Auf ihr freundliches Schreiben erwidere ich ganz ergebenst, daß der Unterricht im Duala im Orientalischen Seminar von Herrn Professor Heepe erteilt wird. Soweit ich weiß, sind aber in diesem Semester keine Hörer für Duala vorhanden, vielleicht wäre es aber geraten, beim Orientalischen Seminar telefonisch anzufragen, um sich zu vergewissern. Sollten Hörer da sein, so wäre die wenn auch nur zeitweise Anstellung eines Eingeborenen natürlich von großem Wert«*[151]

Der Fall des Suahelilehrers Motoro Bakari, der schon in Kapitel 2.2.1 und 2.2.2 erwähnt wurde, zeigt die Auswirkungen, die durch die Ablehnung der schwarz-weißen Ehe entstanden. Bakari hatte von 1900 bis 1905 als Sprachlehrer am Orientalischen Institut in Berlin gearbeitet. Nach der Eheschließung, die mit Erlaubnis der Behörden erfolgte, kam es zu massiven Schwierigkeiten am Institut. Bakaris Vorgesetzter war strikt gegen die Eheschließung und verweigerte ihm fürderhin jegliche Unterstützung. Bakari wird von seinen Studenten im Hörsaal ausgepfiffen und beschimpft, sodass er ohne Rückhalt im

151 RKA, Akte Nr. 4457/7, Bl. 180.

Kollegium im Sommer 1905 diese Stelle aufgeben musste. Der Versuch einer Rückkehr nach Afrika mit seiner Ehefrau scheiterte.[152] Bakari war nun völlig mittellos, da die Reise nach Afrika alle Rücklagen aufgezehrt hatte. Im Laufe des Jahres 1906 finden sich verschiedene Bittgesuche des M. Bakari und verschiedener Organisationen zu seinen Gunsten in den Akten. Alle wurden negativ beschieden. Es wurden lediglich Vorschläge zur Unterbringung in Lohnarbeit gemacht, die allerdings von Motoro Bakari als unzumutbar empfunden wurden, z.B. als Hausdiener im Kolonialamt, und die er aus diesem Grund ablehnte. Außerdem wurde darüber nachgedacht, ihn – wie schon andere Afrikaner zuvor – 1896 nach der Kolonialausstellung in eine Handwerkslehre zu geben. Dies erweist sich wegen der schlechten räumlichen Bedingungen in solchen Familienbetrieben als nicht durchführbar.[153] Einem Polizeibericht aus dem Sommer 1907 ist dann zu entnehmen, dass Bakari seinen Unterhalt als Privatsprachlehrer in einer Missionsgesellschaft verdiente. Das Ehepaar lebte zurückgezogen in einem Berliner Gartenhaus, heißt es da.[154] Danach taucht Bakari in der Quelle erst wieder im Jahre 1922 auf. Er ist jetzt Vortragsreisender. Der Streitfall von 1905 wurde jetzt gar nicht mehr erwähnt, es waren ja auch 17 Jahre vergangen. Für Bakari ging es darum, dass er bei seinen Vorträgen wegen der Besetzung des Rheinlands Probleme als Schwarzer hatte und so bat er um einen Schutzbrief, der ihn als ehemaligen deutschen Schutzgebietsangehörigen ausweisen würde. Außerdem bat er um eine Verbilligung von Bahnfahrten mit der Deutschen Reichsbahn.

> *»... Unbill infolge Mißtrauens und Verkennung ausstehen, da man ihn für einen der französischen (...[unleserlich]) Kolonialtruppen aus dem Rheinland hielt; er wurde sogar nachts in der 1. Stunde, nachdem er überall abgewiesen war, auch aus dem letzten Gasthaus frierend ausgestoßen, gewiß nur in Verkennung. Um weiter seinen notwendigen Lebensunterhalt auf die geschilderte Art zu sichern (Vorträge über Ostafrika ...) wendet sich der ergebenst Unterzeichnete im Vertrauen an die Hohe Regierung des Deutschen Reiches und unterbreitet ihr ganz ergebenst folgende Bitte:*

152 siehe oben, S. 45-48.
153 RKA, Akte Nr. 5422, Bl. 36-39 u. 45.
154 RKA, Akte Nr. 5422, Bl. 40-44.

Die Hohe Regierung des Deutschen Reiches wolle in menschlicher Güte dem ergebenst Unterzeichneten einen Schutzschein – oder wie ein solches Dokument sonst zu nennen sei – ausstellen, das ihm durch Vorlegung bei der Behörde eines Ortes, daselbst Unterkunft – sicher und unbehelligt – und Aufnahme beziehungsweise Unterstützung gewährleistet.
Ferner gestattet er sich, die ergebene Bitte auszusprechen, ob es nicht angängig sei, ihm seine für den Erwerb notwendigen Reisen dadurch zu erleichtern, daß ihm durch einen Ausweis – oder was es entsprechend sei – wenigstens eine Fahrpreisermäßigung gewährt wird, da die wöchentlichen Bahnfahrten zu seiner Frau in Berlin einen großen Teil seiner Einnahmen bei der teuren Lebensweise verschlingen neben den nötigen Fahrten von Ort zu Ort.«[155]

Bakari und seine Frau scheinen ein bescheidenes Auskommen zu haben, aber aus dem Aktenvorgang von 1922 ist auch zu erkennen, wie schwierig der weitere Berufsweg als Selbstständiger wohl gewesen sein muss. Dieser Fall ist auch ein Beispiel für die Notwendigkeit eines Schutzbriefes oder eines offiziellen Schreibens für die Afrikaner. Einmal, um ihnen das Reisen ohne deutschen Pass überhaupt zu ermöglichen und zum anderen, um für die Afrikaner aus den ehemaligen deutschen Kolonien als Identitätsnachweis zu dienen.

Hinzuzufügen ist hier noch, dass die mangelnde Akzeptanz einer schwarz-weißen Ehe nicht immer gegeben war und auch nicht zwangsläufig zu Problemen im Berufsleben führte; vielmehr stellt dies einen möglichen Konflikt dar, der wie im Beispiel der Bakaris zu erheblichen Schwierigkeiten im Beruf führen konnte.

Die Person des Bajume bin Mohamed Hussein begegnete uns schon früher (siehe Kap. 2.1.2 und 2.2.1), denn obwohl er sich soweit ersichtlich erst 1929/30 in Deutschland ansiedelte, enthält seine Geschichte einige Schlüsselfakten, die uns Aufschluss über die Situation von AfrikanerInnen in Deutschland geben. Das betrifft die Tatsache, dass in der Quelle Aussagen zu seinem Status und seinen Ausweispapieren[156] gemacht werden. Außerdem erfahren wir aus der Quelle, dass der Ostafrikaner vor dem Krieg als Schreiber (Kerani) bei der Kolonialverwaltung in DOA tätig war und bei Kriegsbeginn der Kompanie seines Vaters beitrat. Der Vater, ein aus dem ehema-

155 RKA, Akte Nr. 5422, Bl. 58/59.
156 RKA, Nr. 1105, Bl. 118/119.

ligen deutschostafrikanischen Schutzgebiet stammender Sudanese, diente bei der deutsch-ostafrikanischen Schutztruppe, er war »farbiger« Feldwebel und fiel 1917 im Kampf.

Im Oktober 1929 taucht der Fall Bajume erstmals in der Akte auf. Bajume beantragt mehrmals ohne Erfolg, dass ihm Sold für sich und für seinen Vater nachgezahlt wird.[157] Zu diesem Zeitpunkt war er Steward bei der Woermann-Linie. In der Akte wird davon ausgegangen, dass er als Steward noch 1930 wieder ausreist. Aus späteren Aktenvorgängen von 1935 ist zu ersehen, dass Bajume dies nicht tat, vielmehr war er ab April 1930 als Kellner im Kempinski in Berlin angestellt.

1935 wird er fristlos entlassen, und aus der Klageschrift gegen die Kündigung erfahren wir von dem Fall der Verdrängung eines afrikanischen Arbeitnehmers auf Grund der rassistischen Einstellung seiner Kollegen in der Zeit des Nationalsozialismus. Dem Afrikaner war eine Unterschlagung von 5,- RM unterstellt worden. Bei näherem Hinsehen jedoch stellt sich die ganze Sache als eine Intrige einiger Kollegen dar. So hatten sich zwei der beteiligten Kellnerkollegen schon zwei Monate zuvor beim Vertrauensrat darüber beschwert, »dass sie mit einem Schwarzen zusammenarbeiten mussten«. Die Kündigung wird nicht zurückgenommen, obwohl ja die Möglichkeit bestanden hätte, Bajume an anderer Stelle in dem großen Betrieb einzusetzen.[158] Im Folgenden geht aus der Quelle hervor, dass der nun arbeits- und mittellose Bajume vom Auswärtigen Amt Unterstützungszahlungen erhielt. In einem Schreiben aus dem Jahr 1936 des Kolonialpolitischen Amtes mit der Überschrift »NSDAP. Reichsleitung« im Briefkopf wird das Auswärtige Amt gebeten, sich um eine Anstellung für den erwerbslosen Bajume Hussein zu bemühen.[159] Wie die Behandlung der Afrikaner durch die NS-Behörden einzuschätzen ist, wird in einem eigenen Abschnitt genauer betrachtet werden. An dieser Stelle gilt es zunächst festzuhalten, dass ein Afrikaner überraschenderweise aus seiner Stellung als Kellner herausgedrängt wurde, denn die NS-Rassenideologie sieht ja die Position eines Schwarzen als die eines Dienenden vor. Das Problem für die weißen Kollegen war, mit einem Schwarzen auf der gleichen Stufe zu arbeiten, und dies ließ sich für sie mit ihrem neuen »arischen« Bewusstsein nicht vereinbaren.

157 RKA, Nr. 1105, Bl. 72-82.
158 RKA, Nr. 1105, Bl. 120-127.
159 RKA, Nr. 1105, Bl. 130.

Zur Situation der Erwerbslosigkeit, bei der dann staatliche Unterstützungszahlungen erfolgten, welche die Diskussion um die Rückführung dauerhaft arbeitsloser Afrikaner auslöste, wurde das Wesentliche im Kapitel 2.2.2 zur Ausreise der Afrikaner aus Deutschland gesagt.

In mehreren Akten finden sich Vorgänge, in denen die Unterstützungszahlungen an Afrikaner wegen Bedürftigkeit bearbeitet werden. Dabei wird die Höhe des Bedarfs an Miete und Unterhalt geprüft sowie die Vermittelbarkeit in eine Anstellung. In einigen Fällen wird eine Zahlung abgelehnt und in einer ganzen Reihe anderer Fälle erfolgt, manchmal über einen längeren Zeitraum, eine Auszahlung. In den Akten finden sich mehrere solcher Zahlungsanweisungen.[160] Es ließen sich in dieser Untersuchung keine systematischen Kriterien für die Zahlungen ausmachen. Auch sind die hier aufgefundenen Fälle auf Berlin beschränkt und keine Hinweise auf die Behandlung in anderen Städten und Regionen zu entnehmen.

2.3.2 Familiengründung

Rechtliche Grundlagen

Die meisten der in Deutschland langjährig ansässigen Afrikaner sind wohl mit weißen deutschen Frauen Verbindungen eingegangen.[161]

Viele dieser Partnerschaften wurden durch eine Eheschließung legitimiert, was überrascht, da diese Ehen ja auch im Kaiserreich und in der Weimarer Republik als unerwünscht galten.[162] Bei der Betrachtung der Eheschließung der Bezugsgruppe mit Deutschen ist der unterschiedliche Status als deutsche Staatsangehörige oder als Schutzgebietsangehörige bzw. Staatenlose entscheidend.

Die Gruppe der Afrikaner, die die deutsche Staatsangehörigkeit besessen hat, war wie oben gezeigt, sehr klein, nach 1933 verloren sie ihren Status und erhielten Staatenlosenausweise. Als deutsche Staatsangehörige wurden sie bei einer Eheschließung mit einer deutschen

160 einige Beispiele: RKA, Nr. 4457/6, Bl. 255f: E. Ngange und M. Akwa, 1926? ebenda, Bl. 157f; J. Bile, 1921? ebenda, Bl. 193ff: W. Munume und M. Makembe, 1926? RKA, Nr. 4457/7, Bl. 62: G. Menza, 1927? ebenda, Bl. 121: W. Michael, M. Akwa, D. Manga, O. Makube und M. Juma, 1928.

161 Diese Annahme stützt sich auf die Durchsicht der bisher aufgefundenen Lebensläufe. Der Personenliste ist zu entnehmen, dass viele Afrikaner Frau und Kinder hatten, siehe Anh. 6.4.

162 Siehe auch Kapitel 2.1.1, S. 28/29.

Frau[163] nicht anders behandelt als andere Deutsche; besaßen sie die deutsche Staatsangehörigkeit nicht, wurden sie rechtlich wie andere Ausländer behandelt.

Die Grundlage der Haltung des deutschen Staates gegenüber den im Inland lebenden Ausländern bildete das Völkerrecht, das Fremdenrecht und das Internationale Privatrecht. Dazu kamen, wie Lore Kleiber und Eva-Maria Gümösay in ihrer Untersuchung zur Geschichte der bi-nationalen Ehen[164] herausarbeiteten, verschiedene Faktoren, die die Auslegung und praktische Anwendung innerhalb des gesetzlichen Rahmens bestimmten. Von den bei Kleiber/Gümösay aufgeführten Einflussfaktoren interessieren hier in Bezug auf die Untersuchungsgruppe die folgenden:

- das aktuelle politische Interesse
- das aktuelle wirtschaftliche Interesse der jeweiligen Regierung.[165]

Diese verschiedenen Interessen, die sich in Verordnungen, Erlässen und geheimen Handlungsanweisungen manifestierten, zusammen mit dem relativ großen Auslegungsspielraum, wie ihn die neue Reichsverfassung bot, bildeten den Rahmen für die Arbeit der Behörden. Diese sollten nach freiem Ermessen im Interesse des Staates Entscheidungen treffen. Die Rechtsbestimmungen für eine Eheschließung waren weitverzweigt und auch nach Ländern differenziert, d.h. innerhalb des Deutschen Reiches gab es verschiedene Kompetenzen und Zuständigkeiten. Doch entscheidend für die Heirat zwischen Deutschen und Ausländern war das Heimatrecht des Ausländers einerseits und das deutsche Recht andererseits. In Preußen lautete die Bestimmung von 1921 so:

163 Die Variante einer Ehe eines weißen deutschen Mannes mit einer Afrikanerin wird hier nicht berücksichtigt. Hauptsächlich, weil dazu keine Informationen vorlagen. Aber dieser Variante würde auch ein grundsätzlicher Unterschied zugrunde liegen. Die Staatsangehörigkeit dieser Familien würde sich automatisch nach dem deutschen Ehemann richten, wodurch die rechtliche Sicherheit in Deutschland gegeben wäre. Der Mann würde nie vor die Wahl gestellt seiner deutschen Staatsangehörigkeit verlustig zu gehen. Allerdings hätte dieses Beispiel in der Kolonialgesellschaft in afrikanischen Ländern etwas anders ausgesehen, wo als Sanktion gegenüber weißen Männern, die mit schwarzen Frauen feste Verbindungen eingingen, ihnen der Status eines Weißen aberkannt werden sollte. Das ist jedoch nicht unser Thema.

164 L. Kleiber u. E.-M. Gümösay, Fremdgängerinnen. Zur Geschichte bi-nationaler Ehen in Berlin von der Weimarer Republik bis in die Anfänge der Bundesrepublik, Bremen 1990.

165 Zum Beispiel wurden negative Auswirkungen auf deutsche Firmen im Ausland befürchtet, falls die Bürger der jeweiligen Staaten in Deutschland an der Eheschließung mit deutschen Partnern gehindert würden.

»§1. Wollen Ausländer oder Ausländerinnen in Preußen eine Ehe eingehen, so haben sie ein Zeugnis der zuständigen Behörde des Staates, dem sie angehören, darüber beizubringen, daß der Behörde ein nach den Gesetzen dieses Staates bestehendes Ehehindernis nicht bekannt geworden ist.
§2. Ausländer haben außerdem ein Zeugnis der zuständigen Behörde des Staates, dem sie angehören, darüber beizubringen, daß sie nach den Gesetzen dieses Staates ihre Staatsangehörigkeit nicht durch die Eheschließung verlieren, sondern auf ihre Ehefrau und ihre ehelichen oder durch die nachfolgende Ehe legitimierten Kinder übertragen«[166]

Für den Fall, dass ein solches Ehefähigkeitszeugnis nicht zu beschaffen war, konnte ein Paar auf Antrag davon befreit werden. Auch hier konnte der Beamte wieder nach freiem Ermessen entscheiden.

Wiederholt haben wir bisher gesehen, dass das Moment der Auslegung eine gewisse Rechtsunsicherheit für die Situation der Afrikaner in Deutschland zur Folge hatte und ihre Existenzbedingungen in Deutschland prägte, das gilt für den gesamten Untersuchungszeitraum. Dies entsprach, wie gezeigt, zum Teil ihrem Status als Ausländer.

Ein wichtiger Aspekt bei der deutsch-ausländischen Ehe war der Verlust der deutschen Staatsangehörigkeit für die deutsche Frau. Entweder erhielt sie die Staatsangehörigkeit des Heimatlandes ihres Ehemannes oder, wenn die Gesetze des jeweiligen Landes dies nicht vorsahen, wurde sie staatenlos.

Der automatische Verlust der deutschen Staatsangehörigkeit in bi-nationalen Ehen, der nur Frauen betraf und keineswegs einen deutschen Mann in der gleichen Situation, wurde von Frauenrechtlerinnen, aber auch von männlichen Juristen kritisiert, da diese Bestimmung Deutschland gegenüber anderen europäischen Staaten als rückschrittlich erscheinen ließ. Trotz des engagierten Einsatzes politisch aktiver Frauen, wie zum Beispiel Dr. Else Lüders – Abgeordnete im Reichstag für die Deutsche Demokratische Partei – und der Debatten im Reichstag zur Reform der Staatsangehörigkeit Ende der zwanziger Jahre, kam es doch erst in den fünfziger Jahren zur gesetzlichen Aufhebung jener Bestimmung über den automatischen Verlust der deutschen Staatsangehörigkeit bei der Heirat mit einem ausländischen Mann.[167]

166 Bergmann, A., Der Ausländer vor dem Standesamt, Berlin 1926, S. 9.
167 Kleiber/Gümösay, ebenda, S. 38ff.

Kleiber/Gümösay gehen in ihrer Untersuchung auf den Aspekt des relativ großen Ermessensspielraumes der Standesbeamten ein. Die Beamten hatten damals wie heute die Aufgabe, die Gültigkeit der zu erbringenden Dokumente zu prüfen und rechtliche Belehrungen vorzunehmen. In ihre Tätigkeit flossen aber auch ihre eigenen Ansichten ein bzw. was sie glaubten, im Sinne des Staatswohls tun zu müssen.

Die Ansichten und Meinungen dieser Berufsgruppe sind durch eine Verbandszeitung überliefert. Die »Zeitschrift für Standesamtswesen« – allgemein abgekürzt STAZ – enthielt Artikel zu den neuesten Rechtsentwicklungen und in großer Zahl auch Meinungsartikel. Kleiber/Gümösay werteten für ihre Arbeit die Ausgaben von 1920 bis 1940 aus. Sie fanden, dass sich die inhaltlichen Beiträge in einem Spektrum von liberal bis rassistisch bewegten und dass das Thema deutsch-ausländische Ehe einen großen Raum in der Publikation einnahm. Die Autoren waren häufig Juristen aus der gehobenen Ministerialbürokratie, Leiter von Standesämtern, Schulärzte etc., so dass die Wirkung der STAZ auf die Standesbeamten sicherlich als meinungsbildend eingeschätzt werden kann.[168]

Handlungsleitend für den Standesbeamten war der Artikel 13 Einführungsgesetz zum BGB, welches lautete:

> *»Die Eingehung einer Ehe ist in Ansehung eines jeden Verlobten nach dem Gesetz der Staaten zu beurteilen, denen die Verlobten angehören.«*[169]

Der Standesbeamte konnte danach die Trauung ablehnen, wenn im Heimatland des ausländischen Verlobten nicht die Zivilehe, sondern nur nach einem Glaubensritual vollzogene Trauungen anerkannt wurden.

Auch wenn das Heimatrecht eines Verlobten nach Gesetz oder Gewohnheitsrecht die Mehrehe zulässt, sollte ein Standesbeamter Einwände erheben, da diese nach deutschem Recht (Art. 30 EG zum BGB) gegen die guten Sitten verstoße.[170] Bei der Verweigerung der

168 Interessant für unser Thema ist auch, dass hier Präzedenzfälle als mögliche Lösungen vorgestellt werden. Es besteht die Möglichkeit dabei, auf Fallbeispiele für die Untersuchungsgruppe zu stoßen. Für weitergehende Untersuchungen wird diese Quelle unbedingt einbezogen werden müssen.

169 zitiert nach Kleiber/Gümösay, ebenda, S. 44.

170 Kleiber/Gümösay, S. 44.

Eheschließung zwischen einer Deutschen und einem Afrikaner dürfte in der Regel das letztere Argument angeführt worden sein. So findet sich in den Diskussionen an den verschiedenen Stellen bis in den Reichstag hinein die zentrale Frage, ob eine solche »Mischehe« als gegen die guten Sitten verstoßend anzusehen und damit als ungültig zu betrachten sei.[171]

Die Entscheidung schwieriger Fälle lag dann beim Justizministerium selbst. In wieder anderen Fällen wurden die Ehepartner über die Rechtslage in dem jeweiligen Heimatland aufgeklärt (zum Beispiel bei einer deutsch-türkischen Heirat), um das Ehefähigkeitszeugnis zu ersetzen, das die türkische Behörde nicht ausstellte.

Kleiber/Gümösay zeigen auf, dass den Standesbeamten in der STAZ z.B. geraten wurde, bei allen Aufgeboten einer Deutschen mit einem Ausländer von der Braut eine eidesstattliche Erklärung einzuholen, dass ihr »der Verlust der ... (deutschen) und der Erwerb (einer nichtdeutschen) Staatsangehörigkeit und die Folgen bekannt« wären. Trotzdem gehen Kleiber/Gümösay davon aus, dass die rechtlichen Möglichkeiten, eine Ehe in der Praxis tatsächlich wirksam abzulehnen, wenn die notwendigen Dokumente beigebracht worden waren, nur sehr gering waren. Im Vordergrund stand eine warnende und aufklärende Beratung der deutschen Frau, die sie durch eine bedrohliche und abschreckende Darstellung möglichst zum Rücktritt von ihren Heiratsabsichten bewegen sollte, da dies laut einem Artikel in der STAZ ihre einzige Rettung bedeuten würde.

In einem Abschnitt zu Artikeln über Eugenik und »Rassenhygiene« zeigen Kleiber/Gümösay auf, wie konkrete Pläne zur Anwendung dieser rassistischen Ideen mit dem Standesbeamten als Schlüsselfigur schon seit 1924 in Artikeln der STAZ vorgetragen werden. Diese Pläne finden dann zu Beginn der dreißiger Jahre mehr und mehr Unterstützung. Die darin projektierten Ideen fanden dann in der Entwicklung nach 1933 ihre Fortsetzung und gesetzliche Ausformung, begleitet von breiter staatlicher Propaganda. Ging es den Autoren der rassistischen Artikel zunächst noch um die Selektion unter Deutschen, ist es doch absehbar, wie sich solche Denkmuster

171 Dazu Dr. Cornelia Essner in ihrer Untersuchung zur Mischehen-Debatte im Reichstag und in der Kolonialdiskussion. Essner, C., »Wo Rauch ist, da ist auch Feuer«. Zu den Ansätzen eines Rassenrechts für die deutschen Kolonien, in Rassendiskriminierung, Kolonialpolitik und ethnisch-nationale Identität. Referate des 2. Internationalen Kolonialgeschichtlichen Symposiums 1991 in Berlin, Hg. Wagner, W., Bremen 1992.

auf die Bewertung von Ausländern und hier die Einschätzung von AfrikanerInnen als offenkundigen Angehörigen einer anderen Ethnie auswirkten.[172]

In dem im Oktober 1935 in Kraft getretenen Sondergesetz »Gesetz zum Schutz der Erbgesundheit des deutschen Volkes«, welches den Behörden ermöglichte, eine Eheschließung von dem gesundheitlichen Ehefähigkeitszeugnis der Partner abhängig zu machen, hieß es in §5:

> »... *Die Vorschriften dieses Gesetzes finden keine Anwendung, wenn beide Verlobten oder der männliche Verlobte eine fremde Staatsangehörigkeit besitzen ...«*[173]

Die Begründung zu diesem Gesetz lautet wie folgt:

> *»Nach §5 des Gesetzes finden seine Vorschriften keine Anwendung auf Eheschließungen zwischen Ausländern, weil ein Interesse des Deutschen Reiches, die Eheschließungen unter Ausländern in gesundheitlicher Hinsicht besonders zu überwachen, nicht besteht. Ebenso findet das Gesetz keine Anwendung, wenn ein ausländischer Mann eine Deutsche heiraten will. (...) Anders liegen die Verhältnisse, wenn der Bräutigam Deutscher ist, da dann seine spätere Ehefrau deutsche Staatsangehörige wird und auch seine Kinder als Deutsche geboren werden. Infolgedessen wird dem reichsangehörigen Verlobten die Verpflichtung auferlegt, das Ehetauglichkeitszeugnis beizubringen. Dabei wird sich eine Nachprüfung aber auch auf die gesundheitlichen Verhältnisse der ausländischen Frau erstrecken müssen. Damit ist den Vorschriften des Haager Abkommens zur Regelung des Geltungsbereichs der Gesetze auf dem Gebiet der Eheschließung vom 12. Juni 1902 (RGBL. 1904, S.221) Rechnung getragen.«*[174]

In den eingesehenen Akten fanden sich keine Beispiele für Eheschließungen von AfrikanerInnen während des Nationalsozialismus in Deutschland. So können wir nur vermuten, dass es aufgrund der rassistischen Ideologie und Gesetzgebung nicht zu solchen Eheschließungen kam und wenn doch, so unter der gerade zitierten Vorschrift,

172 Kleiber/Gümösay, ebenda, S. 48ff.
173 STAZ Nr. 21, 1935, S. 370, zitiert nach Kleiber/Gümösay, S. 71.
174 ebenda

dass es sich bei beiden Verlobten um Ausländer handelte. Erika Diek, die ältere der beiden Diek-Töchter, heiratete in den vierziger Jahren den Ghanaer Brody. Sie selbst hatte zwar die deutsche Staatsangehörigkeit durch ihren Vater besessen, doch war sie ihrer ganzen Familie nach 1933 aberkannt und durch einen Staatenlosenausweis ersetzt worden. An ihrem Beispiel ist zu sehen, das Leben der Afrikaner und Schwarzen Deutschen ging auch in der NS-Zeit weiter. Zwar nahmen Einschränkungen und Verfolgung nach und nach zu, trotzdem blieben Nischen zum Überleben, wie in dem Kapitel zu dieser Zeit aufgezeigt werden wird.

Dass unter dem oben angeführten Gesetz eine weiße Deutsche einen Afrikaner hätte heiraten können, ist nicht anzunehmen, da dies als Rassenschande eingestuft worden sein dürfte. Der Bericht der Töchter Diek im Interview 1986 von einer guten Bekannten ist ein Beispiel von Verfolgung wegen »Rassenschande«. Diese Freundin war auch Afro-Deutsche und mit einem weißen Holländer verheiratet war. Sie wurde wegen »Rassenschande« in das Konzentrationslager Bloomberg gebracht, wo sie schwere gesundheitliche Schäden davontrug, an denen sie in den fünfziger Jahren starb.

Zusammenfassung:
Die weiteren Schlüsselthemen für den Bereich Ehe und Familie sind in den Beispielfällen in vorhergehenden Kapiteln bereits behandelt worden. Diese Themen sind die Eheschließung von Afrikanern mit deutschen Frauen, die Ausreisemöglichkeiten dieser Paare nach Afrika und die Situation der Kinder in den bi-ethnischen Familien.[175]

Die Eheschließungen wurden also in vielen Fällen ohne größere Vorbehalte bewilligt, d.h. es wurden dem Afrikaner die nötigen Papiere ohne größeren bürokratischen Aufwand ausgestellt. Im Fall des Mandenga Diek wurde ihm auf Antrag auch die Einbürgerung bewilligt,[176] und bei dem Antrag des Motoro Bakari wurde der Eheschließungsantrag vom Auswärtigen Amt sogar befürwortet.[177] Erst die negative Reaktion der Umwelt brachte große Schwierigkeiten für das Ehepaar Bakari.

Vielen anderen Aktenvorgängen ist zu entnehmen, dass dem Antragsteller die Ausstellung von Ausweispapieren zum Zwecke der

175 siehe oben S. 47/48.
176 siehe oben S. 17/18.
177 siehe oben S. 47/48 u. 63-65.

Heirat vom Auswärtigen Amt verweigert wurde, da die Tendenz bestand, solche Ehen möglichst zu verhindern, ohne dass es eine rechtliche Grundlage dafür gab.[178] Soweit aus dem Quellenmaterial zu erkennen, haben viele Paare trotzdem geheiratet. Vermutlich, indem sich der Afrikaner als Ausländer anstatt als Schutzgebietsangehöriger behandeln ließ.[179]

Die Ehepaare waren in der Regel auf eine Existenz in Deutschland angewiesen, da ihnen – wie gesehen – die Ausreise nach Afrika aus politischen Gründen versperrt blieb. Die weiße koloniale Gesellschaft war segregiert und unter keinen Umständen bereit, eine biethnische Ehe oder Verbindung in Afrika zu dulden. So würde wie im Fall des Suahelilehrers M. Bakari kein Gouvernement eine Einreiseerlaubnis erteilen.[180] Dies zeigt auch das Beispiel des Michael Theodor, der verantwortungsbewusst genug war, seine vier Kinder bei einer Rückkehr nach Afrika mitnehmen zu wollen, da die Kinder in ihrem rechtlichen Status dem Status des Vaters folgten und Michael nach der neuen Lage britischer Staatsbürger war. Die Übernahme der Rückreisekosten wurde über Jahre hinweg in den Akten diskutiert. Klar ist jedoch, dass eine Rückkehr mit einer weißen Partnerin, wie Michael sie sich vorgestellt hatte, grundsätzlich abgelehnt und verhindert wurde.[181]

Eine Ausreise in andere Länder war vermutlich deshalb nicht durchführbar, weil zu einem solchen Schritt die entsprechenden finanziellen Mittel und Verbindungen nötig gewesen wären, die in den meisten der Fällen nicht vorhanden waren. Doch möglicherweise sind solche Beispiele nur in den bisher gesichteten Quellen nicht auffindbar und lassen sich erst in weiteren Untersuchungen nachweisen. Das einzige Beispiel für eine Ausreise in ein anderes europäisches Land ist die Ausweisung der Familie Larsen.[182]

178 siehe Personenliste, Anhang 6.
179 ebenda
180 siehe oben S. 47/48.
181 ebenda
182 Dieses Beispiel stammt aus dem Staatsarchiv in Hamburg, dem einzigen Archiv einer Großstadt, in dem im Rahmen dieser Untersuchung um Auskünfte zu einigen Afrikanern angefragt wurde, siehe auch oben S. 41.

2.3.3 Politische Aktivitäten der Afrikaner in Deutschland und ihre Beziehung zum Afrikanischen Heimatland

Es sind verschiedene Nachrichten überliefert, die von den politischen Aktivitäten der Afrikaner in Deutschland zeugen. Diese beziehen sich in der Regel auf die Beziehungen Europas bzw. Deutschlands zum afrikanischen Heimatland und die Situation in den afrikanischen Ländern, aber auch auf die Menschenrechte schwarzer Menschen.

In diesem Kapitel werden die aufgefundenen Beispiele beschrieben. Dies sind einmal die Bemühungen um die Verbesserung der Lage der Duala in Kamerun, als Kamerun eine deutsche Kolonie war.[183] In diesem Zusammenhang kommt es dann zur Gründung einer Zeitschrift, die auch auf die Zusammenarbeit mit deutschen Intellektuellen der Linken verweist.

Des Weiteren gibt es Hinweise auf Verbindungen von Afrikanern in Deutschland mit Menschenrechtsorganisationen von Schwarzen in anderen Ländern, die hier angeführt werden sollen. Auch gibt es einzelne Initiativen von AfrikanerInnen, die viele Jahre in Deutschland gelebt haben und sich an die Behörden bzw. den Reichstag wandten, um Verbesserungen in den Kolonien oder später auch den ehemaligen Kolonien zu erreichen.

In diesem Kapitel soll es jedoch nicht darum gehen, die Verwicklung der Afrikaner in die zeitgenössischen politischen Strömungen darzustellen, vielmehr ist das Anliegen, die Frage nach den Lebensumständen der Afrikaner in Deutschland zu beleuchten und in Erfahrung zu bringen, in welcher Weise sich Afrikaner im Kaiserreich und in der Weimarer Republik gesellschaftlich engagiert und eingebracht haben.

Zunächst waren an dieser Stelle keine allzu spektakulären Entdeckungen zu erwarten, da diese von der Forschung bearbeitet worden wären. Tatsächlich gibt es aber zu einigen Aspekten der Aktivitäten von AfrikanerInnen einige wenige Untersuchungen von Historikern der ehemaligen DDR, die in ihren Arbeiten die für ehemalige BRD-Historiker schwerer zugänglichen Akten des Staatsarchivs Potsdams auswerteten.[184] Dass sich die DDR-Historiker mit den politischen Aktivitäten der Afrikaner befassten, lag nicht nur an der

183 auch Togo; Zumeist geht die Bewegung von Kamerun aus, kommt aber durch Delegationen aus Afrika bis nach Deutschland.

184 Stoecker, H. (Hg.), Kamerun unter deutscher Kolonialherrschaft, Berlin 1968. darin u.a.: Rüger, A. Die Duala und die Kolonialmacht 1884-1914. Eine Studie über die Ursprünge des afrikanischen Antikolonialismus.

Zugänglichkeit der Aktenbestände in Potsdam, sondern auch an dem internationalistischen Anspruch der sozialistischen Weltanschauung der ehemaligen DDR. So gab es ein Interesse der Historiker, die Richtigkeit der sozialistischen Ideologie zu untermauern, indem sie eine gute Zusammenarbeit der Afrikaner mit sozialistischen Organisationen nachwiesen und so zeigten, dass Afrikaner sich früh für die sozialistischen Ideen interessiert und begeistert hatten.[185] Allerdings stößt dieser Ansatz dort auf Grenzen bei der Interpretierbarkeit der Quellen, wo die Motive der Afrikaner aufgedeckt werden sollen.[186]

Die auf Reformen in den deutschen Kolonien abzielenden Petitionen der Afrikaner werden in den Arbeiten der DDR-Historiker unter den Begriffen antikoloniale Protestbewegung und Petitionsbewegung behandelt. Hierbei werden auch die Reisen delegierter Afrikaner nach Deutschland berücksichtigt.[187]

Die Lebensumstände der Afrikaner in Deutschland nachzuvollziehen ist außerordentlich schwierig. Indem hier ihre Bemühungen im Zusammenhang mit den afrikanischen Kolonien und Beispiele von Initiativen einzelner Personen, wie sie in der bisherigen Aktensichtung aufgefunden wurden, dargestellt werden, gibt dies einen Eindruck von dem, was Afrikaner in Deutschland in den verschiedenen Zeitabschnitten beschäftigt hat und welche Formen des Ausdrucks sie gewählt haben.

Die Petitionsbewegung

Die Beziehung der Afrikaner zu ihren Heimatländern, gleichgültig, ob sie nun stärker oder schwächer war, hatte großen Einfluss auf die Haltung der deutschen Regierung zu den Afrikanern, die hier lebten. Dies betraf vor allem die Zeit nach dem Ersten Weltkrieg, als die Rückgewinnung der deutschen Kolonien ein Ziel der deutschen Regie-

185 Rüger, A., Imperialismus, Sozialreformismus und antikoloniale demokratische Alternative. Zielvorstellungen von Afrikanern in Deutschland im Jahre 1919. in: Zeitschrift für Geschichtswissenschaften, Berlin (Ost) 1975, 23.Jg., S. 1293-1308.

186 Wenn den Afrikanern, wie bei Rüger geschehen, Naivität und Kurzsichtigkeit im Umgang mit der deutschen Politik und Regierung unterstellt wird, zeugt dies von einer Sichtweise, die sich nicht in die Lage der Afrikaner versetzt und außerdem die Urteilsfähigkeit der Menschen unbegründet anzweifelt. Auch werden die militärischen und ökonomischen Machtunterschiede zwischen Afrika und Europa nicht ausreichend berücksichtigt, die jedoch Grundlage der Handlungsweise der Afrikaner ist. Ihr Vorgehen ist daher aus ihrer Sicht durchaus logisch und ein ihren kulturellen und ethischen Grundlagen entsprechend lohnender Ansatz.

187 Sebald, P., Togo 1884-1914. Eine Geschichte der deutschen »Musterkolonie« auf der Grundlage amtlicher Quellen, Berlin (Ost) 1988, S. 526-585.

rung war, welches immer im Hintergrund mitwirkte, auch wenn sich nie der politisch günstige Zeitpunkt fand, um diese Forderungen aktiv zu vertreten.

In der Zeit, als Deutschland noch Kolonien besaß, wurde die Beziehung der Afrikaner zu ihren Heimatländern insofern berücksichtigt, als möglichst keine negativen Berichte von ihnen nach Afrika über ihre Behandlung in Deutschland gehen sollten. Umgekehrt sollten keine Nachrichten über eine schlechte deutsche Kolonialverwaltung an die deutsche Öffentlichkeit dringen.

Die Afrikaner selbst andererseits suchten nach Wegen, ihrem Anliegen nach gerechterer Behandlung in Afrika durch die Kolonialverwaltung Gehör zu verschaffen. Diese Bemühungen gingen von Afrika aus. Zunächst lebten immer wieder Bewegungen in den Kolonien Kamerun und Togo auf, die von wichtigen afrikanischen Persönlichkeiten und Familien geführt wurden. A. Rüger zeigt in seiner Untersuchung »Die Duala und die Kolonialmacht 1884–1914«[188], wie im Fall der Duala in Kamerun der antikolonialen Widerstandsbewegung über viele Jahre eine auf Reformen abzielende Petitionsbewegung vorausgeht.

Die erste Petition wurde schon am 27. Mai 1899 an den deutschen Kaiser gerichtet. Diese Bittschrift kam auf indirektem Wege zustande, denn sie wurde von einer der führenden Persönlichkeiten der »African Association« in London[189], von A. Sylvester Williams für die Bewohner Kameruns verfasst und eingereicht.[190] Rüger führt an, dass die in diesem Schreiben mitgeteilten Beschwerden aus Kamerun sich gegen Wesensmerkmale der deutschen Kolonialpraxis richteten und zählt die folgenden auf:

> *»I. In the Cameroon laws are made and administered in favour of Europeans, and Natives unfairly, – i.e. there is a law for Germans, and one for the Blacks and Natives.*
> *II. That sufficient consideration is not given even the educated native in his own country«*
> *III. Gegen Zwangsarbeit und den fehlenden Rechtsschutz für Kameruner.*

188 A. Rüger, Die Duala und die Kolonialmacht 1884-1914. Eine Studie über die historischen Ursprünge des afrikanischen Antikolonialismus, in: H. Stoecker (Hg.), Kamerun unter deutscher Kolonialherrschaft, Berlin 1968, S. 181-258 (S. 195).

189 einem Vorläufer des Panafrikanischen Kongress.

190 Anm. 188 ebenda, S. 195.

Im Wesentlichen waren dies auch die Inhalte der vielen späteren Petitionen, außer dass diese noch die Verbrechen der Kolonialisten und Beamten anprangerten, wie Misshandlung, Tötung und Vergewaltigung. Und wie auch in den folgenden Jahren wurden von deutscher Seite keine Verbesserungen angestrebt, sondern die Kolonialbehörde versuchte, die Informanten für die genauen Berichte ausfindig zu machen, um sie zu bestrafen.

In Togo kam es nach 1900 zum Neubeginn der Petitions- und Pressebewegung, die nach 1910 auch verstärkt direkt an das Parlament und die Öffentlichkeit in Deutschland gerichtet war.[192]

Dass Petitionen als ein Mittel gewählt wurden, um sich mit der deutschen Obrigkeit auseinanderzusetzen, hat seinen Ursprung möglicherweise darin, dass dies ein Mittel aus der afrikanischen Tradition ist, wenn es darum ging, Forderungen und Beschwerden an die Obrigkeit heranzutragen. Gewiss bestand in ihrer eigenen Kultur eine Verpflichtung des Oberhauptes, auf solcherlei vorgetragene Bitten einzugehen, und so rechneten die Afrikaner zunächst nicht damit, dass ihre Eingaben nicht weitergeleitet bzw. einfach ignoriert wurden.

Nachdem die Stellen vor Ort, Bezirksamtmann und Gouverneur die Eingaben nicht beachteten und gar die bestraften, die diese eingereicht hatten, wendeten sich die Afrikaner zunehmend direkt an die deutsche Regierung und den Reichstag und mit Hilfe von Journalisten an die deutsche Öffentlichkeit. Diese Aktivitäten von Afrika aus wurden durch solche von Afrikanern, die in Deutschland lebten, ergänzt und unterstützt.

Die Proteste der Afrikaner zielten lange Zeit auf eine Verbesserung der kolonialen Verwaltung hin. Erst gegen Ende der deutschen Kolonialherrschaft ging es um die Befreiung von jeglicher Kolonialherrschaft.[193]

Togo

Peter Sebald widmet in seiner umfassenden Studie über die deutsche Kolonie Togo der antikolonialen Bewegung in Togo einen Abschnitt.[194] In diesem unterteilt er sie in zwei Perioden; das Wiederaufleben der

191 ebenda, S. 196.
192 Sebald, P., ebenda, S. 535-580.
193 193 ebenda, S. 535.
194 ebenda, Kapitel IV., Abschnitt sieben, S. 526-584.

antikolonialen Bewegung in Togo zwischen 1902 und 1910, und den Aufschwung der Presse und Petitionsbewegung von 1911 bis 1914.

Für diese Arbeit sind zwei Punkte aus dem Abschnitt bei Sebald von Interesse. Einmal die Zeitgleichheit einer Eingabe an den deutschen Reichstag und Reichskanzler aus Togo von 1905/6 mit einer Eingabe der Akwa-Häuptlinge aus Kamerun, die auch inhaltlich im Wesentlichen Übereinstimmungen aufweist.[195]

Und zum anderen der Abschnitt über die Presse- und Petitionsbewegung in Togo. Hier zeigt Sebald, wie sich der Druck auf die afrikanische Bevölkerung in Togo in Zeitungsartikeln Luft macht. Auch wenn die Zeitschriften von AfrikanerInnen in Togo verboten wurden, so artikuliert sich die Empörung über die Unterdrückung und ihr Wille zur Veränderung in Publikationen[196] der westafrikanischen Nachbarländer, wobei die Autoren zum Teil anonym bleiben. Dort wird die Kritik an den Missständen in der deutschen Kolonie öffentlich gemacht und mit der Behandlung der Afrikaner in den Kolonien der anderen Kolonialmächte verglichen. Beides ist für die deutsche Kolonialverwaltung äußerst unangenehm und unerwünscht.

Es kann nicht definitiv ausgesagt werden, dass die Afrikaner in Deutschland Zugang zu diesen Schriften hatten, und doch ist es wahrscheinlich, dass zumindest die politisch Interessierten in Kontakt mit ihren Verwandten und so mit den Entwicklungen in ihrem Heimatland waren.

Peter Sebald fasst die Gründe für das Entstehen der antikolonialen Bewegung folgendermaßen zusammen:

> *»Auf politischem Gebiet konnten die deutschen Kolonialisten mit Gewalt und Androhung von Gewalt ihre Herrschaft mittels einer Minderheit von nur 350 Kolonialdeutschen über eine Million Afrikaner sichern; sie konnten die Ausführung von Befehlen selbst im entferntesten Dorf erzwingen. Es gelang ihnen jedoch nicht, die Bevölkerung Togos von den gesellschaftlichen Vorgängen der Region Westafrika abzukoppeln. Der die Grenzen überschreitende Strom von Wanderarbeitern, ein*

195 Sebald, ebenda, S. 544f und Rüger, S. 205ff; Die Forderungen und Beschwerden dieser Petition werden in einer 37 Seiten langen Petition vom Mai 1914 erneut erhoben, in: RKA Akte-Nr. 4235, Bl. 154-202, vollständige Wiedergabe, in: Sebald, ebenda, Anhang S. 654-675.

196 zum Beispiel im »Gold Coast Leader«, der den Stimmen aus Togo als Presseforum diente; so erschienen zwischen 1911-1913 20 Artikel zu Togo und zwischen Dez. 1913 – Aug. 1914 erschienen 43 Beiträge zu Togo, Sebald, S. 566.

wachsender Austausch von Informationen und nicht zuletzt die Anfänge der nationalen Befreiungsbewegung schufen neue Gemeinsamkeiten, zusätzlich zu den vorhandenen ethnischen, traditionellen und kommerziellen Verbindungen. So konnten die Menschen verstärkt die Bedingungen in den unterschiedlichen Kolonien vergleichen. Das junkerlich-militärische System des Kaiserreiches gab Inhalt und Form der imperialistischen Kolonialpolitik ein anderes Gepräge, als es die bürgerlich-republikanischen parlamentarischen Systeme in Großbritannien und Frankreich taten. Weit weniger belastet mit früheren kolonialen Traditionen sowie bürgerlich-republikanischen Einflüssen aus der Metropole, steuerten die deutschen Kolonialisten deshalb in Togo die imperialistischen Kolonialziele offener und mehr direkt an.

In den Augen der Afrikaner – und nicht nur der Betroffenen in Togo, sondern auch der in den benachbarten Kolonien – galt das deutsche Regime als besonders drückend und verwerflich, weil es die imperialistischen Ziele mit brutaler Gewalt und unverhülltem Rassismus umsetzte. Mit Recht sahen sie die berüchtigte »25«, die Norm der Prügelstrafe, als Symbol des deutschen Kolonialismus an. Im besonderen Maße fand Kritik, dass die deutsche Kolonialpolitik Afrikaner an einer Übernahme des damals möglichen gesellschaftlichen Fortschritts, den zu jener Zeit eine entwickelte kapitalistische Gesellschaftsordnung verkörperte, hinderte. Die deutschen Kolonialisten wollten vorkapitalistische afrikanische Gesellschaftsstrukturen, in Sonderheit das Häuptlingswesen, aufrechterhalten, weil sie glaubten, so am besten das Kolonialregime dauerhaft zu etablieren. Damit setzte die deutsche Administration ihre politische Macht für Ziele ein, die sich langfristig in Westafrika nicht mehr verwirklichen ließen. Der Klassendifferenzierungsprozess in der afrikanischen Bevölkerung in Richtung auf das Entstehen einer bürgerlichen Gesellschaftsstruktur konnte durch die reaktionäre deutsche Kolonialpolitik zwar gehemmt und deformiert, aber nicht mehr aufgehalten werden. Wohl aber behinderte diese »repressive Eingeborenenpolitik« die Entwicklung des Landes. Das deutsche System der politischen Herrschaft führte zu massiven Widersprüchen, wie die in den Jahren von 1909 bis 1914 anwachsende antikoloniale Bewegung veranschaulicht, wenn auch noch die

Kolonialpropaganda nach außen hin ihr Bild von der »Ruhe und Ordnung« in der »Musterkolonie« weitgehend aufrechterhalten konnte. …[197]

So führten der verstärkte ökonomische Druck und das Festhalten an einem rassistischen Grundprinzip zu Konflikten zwischen Einwohnern und Kolonialregierung und beförderten das Anwachsen einer antikolonialen Bewegung.

Die Duala

Auf weitere Einzelheiten im antikolonialen Kampf wird hier im Abschnitt über die Duala in Kamerun eingegangen, dabei stütze ich mich vorwiegend auf die Untersuchung von Adolf Rüger über die Duala, in der er den Schwerpunkt auf die antikoloniale Bewegung der Afrikaner legt.[198] Dabei wird gezeigt, wie sich die Aktivitäten der Afrikaner in Deutschland gestalteten.

Die Häuptlingsfamilien der Duala, der Bell und der Akwa, waren daran interessiert, sich mit den Kolonialherren zu arrangieren. Es kam trotzdem zu Konflikten, weil sie sowohl die ökonomischen Interessen ihres Stammes als auch ihre eigenen zu vertreten suchten. Als 1900 ein Jagdverbot diese Interessen auf das empfindlichste beeinträchtigte, sahen sich zwei der Oberhäuptlinge zum Handeln gezwungen. Mit Unterstützung der Häuptlingsversammlung bereiteten sie die Reise einer Deputation nach Deutschland vor. 1902 traten Manga Bell, begleitet von seinem Sohn Rudolf Manga Bell, und Dika Akwa mit seinem Sohn Mpundu Akwa, die Überfahrt nach Deutschland an. Jedoch hatten die Machtstreitigkeiten unter den führenden Familien dazu geführt, dass sie getrennt reisten.[199]

Manga Bell reichte seine Beschwerde schriftlich ein, dabei formulierte er vorsichtig, er wolle folgendes vorbringen:

»… um nachher im Stande zu sein, die Interessen der deutschen Regierung und meines Volkes besser zu wahren (…), vertrauensvoll mehrere Gesuche um Abhilfe einiger Übelstände in Kamerun und Vorschläge zur Besserung im Interesse des besseren Verständnisses zwischen der Regierung und Eingeborenen.[200]

197 Zitat Sebald, ebenda, S. 582.
198 Rüger, Die Duala
199 ebenda, S. 197/8.
200 Zitat nach Rüger. Die Eingabe Manga Beils vom 13.08.1902, in: RKA Nr. 4299, Bl. 53ff.

Die rassistische Einstellung der deutschen Kolonialverwaltung sah eine solche Zusammenarbeit gar nicht vor, und so beurteilten der Gouverneur von Puttkamer als auch der Kamerunreferent Diehl die Eingabe als Anmaßung und befürworteten eine scharfe Beantwortung der Beschwerdeschrift, nur wenige Beamte wie in diesem Fall der Legationsrat Hellwig sprachen sich für eine differenziertere Politik gegenüber den AfrikanerInnen aus. Puttkamer war zwar gegen jedes Zugeständnis, doch auf Drängen der Kolonialabteilung wurde Manga Bell ab April 1903 die Elefantenjagd wieder erlaubt. Allerdings wurden ihm weitere Schreiben an das Auswärtige Amt bei Strafe untersagt, woran sich Manga Bell auch hielt.

Die Akwa-Delegation, die rund zwei Monate später in Deutschland eintraf als die Bell-Delegation, wurde von einem Beamten empfangen, der mit Kamerun nicht vertraut war. Dieser unternahm nichts wegen der Beschwerden der Akwa, er machte noch nicht einmal einen Aktenvermerk. Die mündlich vorgebrachte Eingabe wurde einfach ignoriert. Trotzdem fühlten sich die Duala zunächst bestätigt, hatte Manga Bell doch einen Teilerfolg erreicht. Es kam zu zahlreichen Beschwerden vor dem Gouvernement, doch mit der Einführung der Kopfsteuer im Sommer 1903 waren die Verhältnisse wiederhergestellt.

Wie schon in DSWA und DOA kam es auch in Kamerun an verschiedenen Orten zu Aufständen. So führte die zunehmende Repression der deutschen Kolonialregierung auf die Duala letztendlich zum Widerstand. Nicht nur, dass sich nach den Eingaben von 1902 nichts geändert hatte, Prügelstrafe, Kopfsteuer, Enteignung und willkürliche Inhaftierung auch der hohen Häuptlinge brachten die potenziell mitwirkenden Häuptlingsfamilien zum Handeln. Da zunächst die Bell-Familie bevorzugt behandelt wurde, war es das Oberhaupt der Akwa, der erneut eine Eingabe nach Deutschland schickte.

Dika Akwa beriet sich mit seinem Sohn Mpundu Akwa, den er auf der Reise von 1902 in Deutschland zurückgelassen hatte.[201] In einem Brief an ihn schrieb er:

»Ich setze Dich, lieber Sohn, hierdurch in Kenntnis, daß das Gewitter mein Haus bedenklich ins Schwanken bringt. Wenn Gott, der

201 Rüger, ebenda, S. 203, Mpundu sollte direkte Geschäftsverbindungen in Deutschland aufbauen.

Allmächtige, nicht hilft, so weiß ich nicht, was aus dem Hause werden wird. Das Land ist jetzt in sehr starker Gärung wegen der schlechten Regierung und der Quälerei des Gouverneurs Puttkamer. (...) Puttkamer vermehrt nur noch die schlechte Behandlung, welche das Land sicher in Aufstand bringen kann, mit jedem Gottestag. Fürwahr, mein Sohn, das ganze Land hat jetzt nur noch den einen Wunsch: lieber den Tod. Denn die schlechten Behandlungen sind jetzt übermäßig. (...)

Das Land verlangt jetzt, daß wir wegen der übermäßigen schlechten Behandlung von Seiten des Puttkamer, und auch wenn wir ausgerottet werden sollten, das Gouvernement zu bekriegen. Ich aber als Kopf des Landes, welcher sein Land freiwillig unter den Schutz Seiner Majestät des Kaisers gestellt hat, sowie meine sämtlichen Großhäuptlinge werden nie und nimmer die Einwilligung zu einem Krieg geben. [202]

Sein Sohn riet ihm, eine schriftliche Eingabe an den Reichstag und den Reichskanzler zu machen. Zögerte King Akwa zunächst, dem Rat seines Sohnes zu folgen, änderte er seine Meinung, nachdem er im Juni 1905 eine mehrmonatige Haftstrafe verbüßen musste. Dika Akwa berief mehrere Häuptlingsversammlungen ein, und 28 der angesehensten Vertreter der Duala unterzeichneten die nun angefertigte Eingabe. Sie umfasste neben einer Einleitung noch 24 Beschwerdepunkte.

Die deutsche Übersetzung der zuerst in Duala angefertigten Schrift wurde zu je einem Exemplar an den Reichstag und an den Reichskanzler gesandt, eine erhielt Mpundu Akwa als Vollmacht und ein Exemplar verblieb bei Dika Akwa.[203]

Kolonialdirektor Stuebel hatte kein Interesse an einer Untersuchung der Beschwerden (die übrigens später alle als wahr anerkannt werden mussten), und so überließ er es dem beschuldigten Puttkamer, in eigener Sache zu richten. Dieser erließ Haftbefehl gegen alle Unterzeichner der Eingabe, auch gegen den sich in Deutschland aufhaltenden Mpundu Akwa.[204]

Im September 1905 wurden von der Kolonialabteilung negative Artikel gegen die Verfasser der Beschwerde in die Presse lanciert.

202 ebenda, S. 203, zitiert wie von dem Abgeordneten Kopsch am 19.3.1906 im Reichstag verlesen, Reichstag, XI. Lp., II. Sess., Bd. 216, S. 237.

203 ebenda, S. 203.

204 ebenda, S. 207.

Im Oktober 1905 griff der »Vorwärts« dieses Vorgehen an und forderte, der Reichstag solle die Beschwerden wirklich untersuchen. Die öffentliche Diskussion des Falles hatte begonnen.[205]

Nach der Inhaftierung der Duala bat Mpundu Akwa den Reichskanzler sofort um deren Freilassung.[206]

Der neue Kolonialdirektor, Erbprinz zu Hohenlohe-Langenburg, war nicht gewillt, vor dem Reichstag und der Öffentlichkeit für die Verfehlungen seines Amtsvorgängers einzustehen. Um Angriffen seitens der Opposition vorzubeugen, ließ er dem Gouverneur am 2. Dezember telegrafisch mitteilen, dass eine Einstellung des Verfahrens bis zur Erledigung der Beschwerde in Deutschland aus rechtlichen und politischen Gründen erwünscht wäre. Puttkamer ließ jedoch den Prozess durchführen und antwortete erst, als das Urteil am 6. Dezember gefällt war.[207]

Die Verurteilung erfolgte wegen »Beleidigung« der in der Beschwerde genannten Beamten. Dabei wurde der Wahrheitsgehalt der Beschwerdepunkte nicht angezweifelt. Die Höhe des Strafmaßes fiel äußerst drastisch aus: Oberhäuptling Dika Akwa und Häuptling Muange Mukuri wurden zu 9 bzw. 7 Jahren Gefängnis mit Zwangsarbeit verurteilt, und die anderen 21 Angeklagten erhielten Haftstrafen zwischen 3 Jahren und 3 Monaten.[208]

Der Reichstag erfuhr aus der Presse von dem Urteil, daraufhin entbrannte am 18. und 19. Januar eine heftige Debatte über die Affäre. Während die Nationalliberalen und die von ihnen rechtsstehenden Parteien sich nicht mit der Angelegenheit befassen wollten, bis sie »amtlich« geprüft sei, verlangten die Zentrums-Partei und die Sozialdemokraten die Vorlage des gesamten Aktenmaterials und eine unparteiische Untersuchung. Die von den Sozialdemokraten des Weiteren geforderte Haftentlassung der Verurteilten lehnte der Kolonialdirektor Erbprinz von Hohenlohe-Langenburg ebenso ab wie ein Gnadengesuch von Mpundu Akwa.[209] Wegen der großen Öffentlichkeit, die das Urteil erhalten und der Entrüstung, welche es in breiten Kreisen ausgelöst hatte, sah sich der Kolonialdirektor allerdings gezwungen, den Gouverneur mit einer Wiederholung des Prozesses zu beauftragen. Nicht nur, dass die Höhe der Strafen unzulässig war, auch

205 Rüger, ebenda, S. 207.
206 RKA, Akte Nr. 4435, Bl. llf.: Eingabe des Njasam (Mpundu) Akwa vom 28.11.1905.
207 Rüger, ebenda, S. 207f.
208 ebenda, S. 208.
209 RKA, Akte Nr 4435, Bl. 97ff.

hatten den Angeklagten weder Verteidiger noch unabhängige Übersetzer zur Verfügung gestanden.[210]

Hohenlohe-Langenburg ließ den Haftbefehl gegen Mpundu Akwa unter Vorbehalt seiner späteren Ausweisung aus Deutschland aufheben. Die Staatsanwaltschaft Altona hatte bis dahin ohne Erfolg nach Akwa gefahndet.[211]

Im Februar und März 1906 befasste sich die Budgetkommission des Reichstages mit den Eingaben, die von der Petitionskommission an die Regierung überwiesen worden waren. Sie kritisierte die Amtsführung Stuebels und das Urteil und entwarf eine Resolution, die Ende März vom Reichstag angenommen wurde. Sie enthielt erstens die Aufforderung, bessere Rechtsgarantien für die Eingeborenenbevölkerung im Strafrecht zu errichten; zweitens sofort zu bewirken, dass die in Untersuchungshaft befindlichen Angeschuldigten weder gezüchtigt noch Zwangsarbeit oder Kettenhaft ausgesetzt werden; drittens eine Untersuchung durch unabhängige Beamte durchführen zu lassen und das Ergebnis dem Reichstag mitzuteilen; und viertens das Material an die Regierung zu überweisen.[212]

Die Stimmen der Sozialdemokraten reichten jedoch nicht aus, um die erneut von ihren Vertretern Bebel und Ledebour eingebrachte Forderung nach der sofortigen Freilassung der Beschuldigten zu verabschieden. Wie Rüger konstatiert, war es vor allem August Bebel zu verdanken, dass in der Debatte die enorme Grausamkeit und Brutalität der in der Eingabe beschriebenen Taten zur Sprache kamen.[213]

Rüger geht dann darauf ein, dass die Sozialdemokraten die Petitionsbewegung der Afrikaner sowohl auf parlamentarischer als auch publizistischer Ebene unterstützt haben. In zahlreichen Artikeln stellten sie in ihren Zeitungen, darunter der »Vorwärts«, die Dortmunder »Arbeiter Zeitung« und die »Leipziger Volkszeitung«, den »Puttkameruner Kolonialsumpf« bloß. So veröffentlichte die »Leipziger Volkszeitung« am 10. Februar sogar die Beschwerdeschrift der Kameruner Häuptlinge in vollem Wortlaut.[214] Auf die Unterstützung der Afrikaner durch die Sozialdemokraten wird weiter unten, im Abschnitt über die Zeitschrift »Elolombe ya Kamerun« (Sonne über Kamerun), noch einmal eingegangen.

210 Rüger, ebenda, S. 208.
211 ebenda, S. 209.
212 ebenda
213 ebenda
214 ebenda, S. 210.

Im Mai 1906 wurden die Beschuldigten dann vorläufig aus der Haft entlassen, als absehbar wurde, dass mehrere Monate bis zur Neuverhandlung vergehen würden. In den folgenden Monaten kam es zu einer Vielzahl von Aktivitäten der Akwa.

> *»In geheimen Zusammenkünften, die Manga Bell der Obrigkeit anzeigte, besprachen sie die von Mpundu Akwa aus Deutschland übermittelten Nachrichten über die Reichstagsdebatten und die Haltung der Presse und berieten, was weiter zu tun sei.*[215] *Die lange unterdrückte Unzufriedenheit entlud sich in einer Vielzahl von Beschwerden und Klagen gegen Beamte wegen Körperverletzung u.a. Ausschreitungen, die jedoch wie üblich zumeist abgewiesen oder in Strafverfahren gegen die Beschwerdeführer umgemünzt wurden.«*[216]

King Akwa verfasste eine neuerliche Eingabe an den Reichstag, in der er die Erfahrungen aus 22 Jahren deutscher Kolonialherrschaft zusammenfasste. Rüger meint, es ginge ihm dabei hauptsächlich darum, den von Puttkamer aufgeworfenen Verdacht des Hochverrats zu entkräften, indem er seine gutwillige Untertänigkeit in mehreren Punkten belegt.[217] Auch andere Häuptlinge schreiben Beschwerdeschriften, doch alle werden bei Hausdurchsuchungen beschlagnahmt. Sie werden nie berücksichtigt.

In Deutschland verfasst Mpundu Akwa zwei Eingaben, im Januar und im August 1906, darin wiederholt er die Beschwerden einer vorhergehenden Eingabe und macht einige Vorschläge zum Einfuhrverbot von Alkohol, zur Schulpflicht für Kinder, der Errichtung einer Gewerbeschule und für die Anstellung eines Arztes durch die Akwa, das Niederlassungsrecht für Anwälte in Kamerun und die Einführung einer zweijährigen Militärdienstpflicht für die Akwa.[218] Bis auf den letzten Punkt werden alle Vorschläge vom Gouverneur abgelehnt. In der konservativen Presse wird Mpundu Akwa und seine Eingabe verspottet, nur der »Vorwärts« bringt den Text seiner Eingabe und kritisiert die »gewaltsame Niederhaltung der Eingeborenen«.[219] Der

215 RKA, Akte Nr. 4291, Bl. 66f, Akte Nr. 4436, Bl. 93, Akte Nr. 4437, Bl. 5s verschiedene Berichte von Juni und August 1906.
216 ebenda, S. 210.
217 ebenda, S. 211.
218 RKA Nr. 4300, B1.38f: Mpundu Akwa an den Reichskanzler vom 29.8.1906.
219 Rüger, ebenda, S. 213.

zweite Prozess findet dann vom 23. bis 26. Oktober 1906 statt. Die schon feststehende Verurteilung beinhaltet zwar gekürzte, aber immer noch hohe Strafen. Sie beliefen sich auf 18 bis 6 Monate Gefängnis, unter Anrechnung einer Untersuchungshaft von 4 Monaten für die vier Hauptangeklagten und 5 Monate Gefängnis unter Anrechnung einer Untersuchungshaft von 2 Monaten.

In der Urteilsbegründung wurden zwei politische Aspekte angeführt: einmal, die »Anerkennung des Herrenstandpunktes der weißen Rasse gegenüber der schwarzen«, und außerdem wurde ihnen vorgeworfen, »Die Angeklagten haben in erster Linie eine Änderung der Zustände in Duala gewollt.«[220]

Dika Akwa und einige der anderen Häuptlinge wurden ihrer Häuptlingswürde enthoben, bevor sie ins Gefängnis geworfen wurden. Der Reichstagsabgeordnete August Bebel sagt dazu im Namen der sozialdemokratischen Fraktion: »Das ist etwas Ungeheuerliches, etwas Unmenschliches.«[221]

> *»Die Beamten in Duala wollten auch Mpundu Akwa mundtot machen. Der stellvertretende Bezirksamtmann von Duala, Adae, vertrat die Meinung, Mpundu Akwa sei das Grundübel, er müsse ausgeschaltet werden. Asmis (Protokollführer in dem Prozess) war der gleichen Ansicht. In einer für das Gouvernement und die Kolonialabteilung bestimmten Aufzeichnung notierte er, Mpundu Akwa habe »den Angeklagten Namen und Adressen der Empfänger der Beschwerdeschrift mitgeteilt« und die Verbreitung der Beschwerde in der Presse besorgt. Er habe angeordnet, die Korrespondenzen mit Mpundu Akwa zu beschlagnahmen. Nachdem der stellvertretende Gouverneur Gleim nochmals verlangt hatte, gegen Mpundu Akwa wegen der Eingabe keine strafrechtlichen Schritte mehr zu unternehmen, beschloß das Bezirksamt Duala, ihn nicht mehr unter dem alten Vorwand, sondern wegen beständiger, durch die Presse verübter öffentlicher Beleidigung von Beamten und Staatseinrichtungen weiter zu verfolgen.«*[222]

Die in der Beschwerde beschuldigten Beamten wurden wegen der Anschuldigungen nicht bestraft. Zwar wurde Puttkamer von der

220 ebenda
221 Rüger, S. 214.
222 ebenda

Regierung fallengelassen und aus dem Kolonialdienst entlassen, aber verurteilt wurde er lediglich zu einer Geldstrafe wegen Passfälschung. Der andere Hauptbeschuldigte, Dr. Meyer, erhielt eine Bagatellstrafe, weil er die Kolonialabteilung in einem Bericht zur Akwa-Eingabe nicht wahrheitsgemäß informiert hatte. Doch seiner Karriere im Kolonialdienst schadete die Strafe überhaupt nicht. Er wurde nach einiger Zeit in anderen Kolonien in wichtigen Positionen eingesetzt.[223]

Dieser Vorgang zeigt jedoch, welche Bedeutung die Herstellung von Öffentlichkeit für die Durchsetzung von Anliegen und Rechten der Afrikaner hatte. Auch erklärt diese Erfahrung die Haltung der Kolonialabteilung gegenüber den AfrikanerInnen in Deutschland, wenn sich die Behörde immer wieder bemüht, kein Aufsehen entstehen zu lassen.

»Elolombe ya Kamerun« und Mpundu Akwa

Dass die Öffentlichkeit und das Medium Presse von großer Bedeutung sind, diese Erkenntnis der Akwa aus ihrer letzten Auseinandersetzung mit der Kolonialverwaltung mag zum Erscheinen der ersten Kameruner Illustrierten »Elolombe ya Kamerun« (in deutscher Sprache: Sonne von Kamerun)[224] geführt haben im Januar 1908.[225]

Die in Hamburg herausgegebene Zeitschrift umfasste 52 Seiten in deutscher Sprache und in der Duala-Sprache. Der Inhalt setzte sich aus Nachrichten und Unterhaltsamem zusammen, unter anderem ein Artikel zu Wilhelm II., zu Hamburg und dem deutschen Handel, außerdem Auszüge aus Defoes »Robinson« und Hauffs Märchen »Die abgehauene Hand«. Politisch äußerst brisant war der Abdruck von Auszügen aus Briefen eines Duala-Missionslehrers unter dem Titel »Aus den Briefen eines Wilden«. Wie Adolf Rüger schreibt, kam diese Veröffentlichung einer erneuten Beschwerde gleich. Der Kameruner beschrieb in seinen Briefen die Ungerechtigkeiten der Unterdrückung, wie er sie auf seiner Reise von Duala nach Buea beobachtet hatte, und er schrieb von seinen Gefühlen des Stolzes für Afrika.[226]

Das Erscheinen der »Elolombe ya Kamerun« war das Ergebnis des weiteren Wirkens von Mpundu Akwa, der sich weiterhin in

223 ebenda, S. 214f.
224 Ein Exemplar der Zeitschrift befindet sich in RKA, Akte Nr. 4069/1. Als verantwortlicher Redakteur zeichnete Tycho Albrechtsen, als Verleger Hans Mahner-Mons.
225 Rüger, ebenda, S. 216.
226 ebenda, S. 216.

Deutschland aufhielt, und seiner Zusammenarbeit mit unterstützenden Kreisen in Deutschland. Ermöglicht wurde es durch Geldsammlungen unter den Akwa in Kamerun. Bemerkenswert ist die Selbstorganisation und Initiative der Duala. Offensichtlich nutzten sie alle ihnen zur Verfügung stehenden Erkenntnisse und Mittel, um sich in der Metropole sichtbar zu machen und die Wirksamkeit ihrer Forderungen zu verstärken. Die Kolonialmacht war – wie zu erwarten – bestrebt, diese Aktivitäten zu unterbinden und verfügt über die dafür nötigen Machtmittel. Kolonialstaatssekretär Dernburg, der die Zeitschrift als bedenklich einstufte, ordnete Nachforschungen durch die Hamburger Polizei und das Gouvernement in Kamerun an. In der Folge verbot das Bezirksamt Duala weitere Geldsammlungen, daraufhin konnte die Zeitschrift nicht mehr erscheinen. Mpundu Akwa wurde nun von der Polizei überwacht und für den Fall, dass ihm »eine Aufreizung zum Widerstand gegen die Staatgewalt oder zum Landesverrat nachzuweisen« sei, sollte er sofort auf eine Südseeinsel verbannt werden.[227] Wie die Überwachung sich auf die Aktivitäten Mpundu Akwas auswirkte und worin sie im Einzelnen bestand, ist nicht bekannt. Im Juni 1911 fuhr er schließlich nach Duala zurück. Er kehrte mit geschäftlichen Plänen nach Hause zurück und die Bevölkerung setzte große Hoffnungen in den heimkehrenden Häuptlingssohn. Er wollte eine Handelsgesellschaft und ein Kaufhaus mit dem Namen »Bonambela«[228] gründen und wenn möglich dazu Plantagen anlegen. Die Akwa hatten in Form von Geschenken und Einlagen für diese Pläne 10.000 Mark zusammengebracht.

Die Kolonialverwaltung zeigte sich besorgt wegen der euphorischen Stimmung in der Bevölkerung und den Gerüchten über eine bevorstehende Befreiung Kameruns, die die Rückkehr Mpundus begleiteten. Um das Entstehen einer Widerstandsbewegung zu verhindern, wurden Mpundu und Dika Akwa und Muange Mukuri verhaftet. Mpundu Akwa sollte wegen Betruges bei der Geldsammlung verurteilt werden, doch da hierfür die Beweise fehlten, verurteilte man ihn wegen Verbreitung von Gerüchten über die bevorstehende Enteignung der Duala zu 10 Monaten und 3 Wochen Gefängnis mit Zwangsarbeit.[229]

227 ebenda, S. 217.
228 Name des Akwa-Viertels in Duala.
229 Rüger, ebenda, S. 218.

Dika Akwa und Muange Mukuri wurden vom Gouvernement in die Verbannung geschickt. Mpundu Akwa blieb in Haft, da seine Fluchtversuche scheiterten und nur zu weiteren Verurteilungen benutzt wurden. Dies alles geschah unbemerkt von der deutschen Öffentlichkeit. Erst der Kontakt zwischen dem linksbürgerlichen Publizisten Helmut von Gerlach und Rudolf Manga Bell ab Ende 1912 gab den Duala wieder die Möglichkeit, ihre Anliegen in Deutschland zu veröffentlichen.

Die Widerstandsbewegung der Duala unter Rudolf Manga Bell

R.M. Bell[230] übernahm 1908 das Amt seines Vaters, Manga Bell, dem Oberhäuptling der Duala. Dieser hatte ihm so hohe Schulden hinterlassen, dass er auf Grund einer Klage der Firma Woermann gezwungen war, beim deutschen Gouvernement um eine Vergütung seiner Tätigkeit als Oberhäuptling im Sinne der Deutschen Regierung zu bitten.[231]

Die deutsche Kolonialverwaltung plante die völlige Enteignung aller Afrikaner in der Stadt Duala innerhalb von 5 Jahren. Das Hauptmotiv war eine »Rassentrennung«, die Stadt sollte nur von Europäern bewohnt werden.[232]

Der Reichstag stimmte 1911 der Etatvorlage der Kolonialabteilung zu, wobei den Abgeordneten vermittelt wurde, es handle sich lediglich um die Sanierung der Stadt. Obwohl die Häuptlinge sich mehrmals weigerten, einer vertraglichen Regelung ihrer Enteignung, die die völlige Zerstörung ihrer wirtschaftlichen Basis bedeutet hätte, zuzustimmen, entschied der Gouverneur Gleim Ende Oktober 1912 deren Durchführung.[233]

> *»Den ersten formellen Protest erhob Rudolf Manga Bell im Namen der Duala-Häuptlinge am 30. November 1911 in einem Telegramm an den Reichstag.*[234] *In einer schriftlichen Eingabe an den Reichs-*

230 siehe weiter oben S. 33 u. 55.

231 RKA, Akte Nr. 3823, Bl. 114, R.M. Bell an Gouverneuer am 31.12.1908; Rüger, ebenda, S. 220.

232 Es wurde eine hygienische u. medizinische Begründung gegeben. Tatsächlich aber stieg der Wert des Bodens, und die Duala sollten vom Gewinn durch Verkauf ausgeschlossen werden. Außerdem wurden die Duala, die als Händler und Fischer auf den Fluss angewiesen waren, von demselben abgedrängt.

233 Rüger, ebenda, S. 222.

234 Reichstag, Akte Nr. 1076, Bl. 485.

tag vom 8. März 1912[235] *begründeten die Häuptlinge ihren Einspruch ausführlich. Es sei unzumutbar, erklärten sie, »das wertvolle Erbgut unserer Vorfahren (...) um einen geradezu jämmerlichen Preis aufzugeben«.*[236]

Die Petition wurde nach einem halben Jahr vom Petitionsausschuss des Reichstages an die Regierung ohne Debatte »zur Erwägung« überwiesen. Nur ein sozialdemokratischer Abgeordneter sprach sich gegen die Enteignungsmaßnahmen aus.

Der stellvertretende Gouverneur Hansen war aus menschlichen und rechtlichen Erwägungen gegen die Enteignung. Er verschleppte den Vorgang, was den Duala Zeit gab, sich an die deutsche Öffentlichkeit zu wenden. Nach seinem Ausscheiden aus dem Kolonialdienst verfasste Hansen einen Leitartikel im Berliner Tageblatt am 17.2.1914 und einen Artikel am 9.5.1914 mit dem Titel »Die Denkschrift über die Verlegung der Duala«.[237]

Am 15. Januar 1913 schickte R.M. Bell erneut ein Telegramm an den Reichstag, wobei er gleichzeitig auf eine Eingabe vom 8.3.1912, die von den Häuptlingen unterzeichnet war, Bezug nahm. Das Telegramm wurde zurückgehalten und erst am 20. Januar weitergeleitet. Das Bezirksamt stellte Anzeige gegen unbekannt wegen verbotener Einreichung einer Eingabe an den Reichstag.[238] Die Enteignung wurde vorangetrieben und von Kolonialsekretär Solf unterstützt. Auch befürwortete der Kolonialsekretär, R.M. Bell den Entzug des Amtes anzudrohen und bei neuerlicher Zuwiderhandlung dies auf Zeit oder auf Dauer zu veranlassen.

Am 30.1.1913 erhielt R.M. Bell den Enteignungsbeschluss zugestellt und die anderen Häuptlinge am nächsten Tag. Am 7. Februar schickte er einen Protest an den Reichstag.[239]

Petition aus Togo[240]: »Als Solf auf seiner Afrikareise 1913 nach Togo kam, setzten O. Olympio, Theo. Tamakloe, Theodore Assah und John Byll im Namen der afrikanischen Einwohner Lomes eine Petion auf, die sie dem Gouverneur und dem Staatssekretär zur »Erwägung« und »weiterem Veranlassung« übermittelten. In der Petition vom

235 RKA, Akte Nr. 4427, Bl. 82ff, Eingabe der Duala an den Reichstag vom 8.3.1912.
236 Rüger, ebenda, S. 22 3/234.
237 Rüger, ebenda, S. 223.
238 ebenda, S. 227.
239 ebenda, S. 228.
240 ebenda, S. 229.

12.10.1913 begründeten sie folgende Forderungen:

1. Bessere Organisation des Rechtswesens;
2. Beseitigung der Kettenhaft und Prügelstrafe;
3. bessere Gefängnisordnung;
4. Zulassung eines der Eingeborenen in die Gouvernementsratssitzung;
5. Einführung eines allgemeinen Landesgesetzbuches;
6. Ermäßigung der Steuer;
7. Freihandel für die Eingeborenen. [241]

Am 4.8.1913 wird R.M. Bell seines Amtes enthoben, da er sich weigerte, seinen Standpunkt aufzugeben. Dabei standen alle anderen Häuptlinge hinter ihm. Sie stellten ihre Entlassung anheim.[242]

Die Durchführung der Enteignung begann im Dezember 1913, es wurde Gewalt angewendet und mit Militäreinsatz gedroht. Die Bell-Duala aber leisteten weiterhin passiven Widerstand.[243]

> *»Trotz alledem gaben die Duala nicht nach. Als Rohm ihnen am 5. Januar mitteilte, der Reichskanzler lehnte es ab, eine Deputation aus Duala zu empfangen, erklärte Häuptling Tokoto Esme offen heraus: Die Duala seien mit der Enteignung nicht einverstanden.« »Die Eingeborenen gehen nicht nach Neu-Bell und ziehen es vor, anderswohin wegzuziehen.« Rudolf Manga Bell sagte dem Bezirksmann ins Gesicht, »daß sie nach dem Vertrage (1884 d.V.in) beanspruchen, als Menschen behandelt zu werden. Aus dem Bescheide des Reichskanzlers ersehen sie jetzt, daß sie nicht mehr als Menschen behandelt werden. Nachdem sämtliche Regierungsorgane den Antrag abgelehnt hätten, glaubte er, dass die Duala der Regierung nichts mehr wert seien.« Sie bestünden darauf, nach Deutschland zu reisen. Alle anderen Häuptlinge und die anwesenden Stammesmitglieder schlossen sich der Forderung an. Röhm beharrte auf dem Ausreiseverbot und untersagte den Duala außerdem nächtliche Zusammenkünfte, Versammlungen bei Tag erklärte er für genehmigungspflichtig. Rudolf Manga Bell drohte er mit Strafe, falls sich herausstellte, daß sein Sekretär Adolf Ngoso Din, der seit Ende*

241 RKA, Akte Nr. 3940/3, Bl. 80; Veröffentlicht in: M. Nußbaum, Togo – eine Musterkolonie?, Berlin 1962, S. 109ff.

242 Rüger, ebenda, S. 230.

243 ebenda, S. 232.

Dezember spurlos verschwunden war, trotz des allgemeinen Ausreiseverbots für Afrikaner nach Deutschland aufgebrochen sei.«[244]

Der Abbruch der Häuser der Bellfamilien war Ende Januar 1914 abgeschlossen. Erst im März 1914 musste das Enteignungsverfahren auf Verlangen der Reichstagsmehrheit unterbrochen werden, als die nächsten Stadtteile abgerissen werden sollten (Akwa- u. Deido-Familien).

Da die Duala, um die Maßnahmen noch abzuwenden, dringend Verbündete in Deutschland brauchten, schrieb R.M. Bell im Dezember 1913 an den demokratischen Berliner Journalisten Hellmut von Gerlach.[245]

Die Ausreise einer Duala-Deputation nach Deutschland wurde verhindert. Aus dem Gouverneursbericht gehen die Gründe hervor:

»In Wahrheit wollten sie durch das Ausreiseverbot verhindern, daß die Duala durch persönliche Vorstellung bei der deutschen Presse und bei Mitgliedern des Reichstags »Stimmung gegen die angeordnete Verlegung« machen könnten.«[246]

Helmut von Gerlach vermittelte den Duala die Adresse von Dr. Hilpert, den sie im Septemer 1913 als ihren Rechtsvertreter in Deutschland wählten. Auch Hansen unterstützte die Duala von Deutschland aus. Gerlach vermittelte auch eine Verbindung zur sozialdemokratischen Reichstagsfraktion.[247]

Die Duala schickten Bells Sekretär A. Ngoso Din ohne Erlaubnis nach Deutschland. Er sollte den Reichskanzler und die deutsche Öffentlichkeit über die in Duala herrschende Stimmung informieren und mit Dr. Hilpert gemeinsam eine Reiseerlaubnis für Rudolf Manga Bell erwirken. Am 9. Feb. 1914 traf er in Hamburg ein. Dort wurde er sofort verhaftet. Nach 26 Stunden mußte er aus rechtlichen Gründen wieder freigelassen werden und fuhr unverzüglich zu Dr. Hilpert nach Berlin.[248] Hilpert, Gerlach und Din erarbeiteten eine Petition an den Reichstag, wobei sie Hansen beriet. Am 18. März befaßte sich die Budgetkommission des Reichstages mit der Petition. Zentrum und Sozialdemokraten protestierten gegen die Zurückhaltung des Tele-

244 Rüger, ebenda, S. 233.
245 Gelach hatte 1912 die Duala besucht; Rüger, ebenda, S. 2 34.
246 Rüger, ebenda, S. 235.
247 ebenda
248 ebenda, S. 236.

gramms und die Willkür der Behörden. Sie verlangten, die Akten zu überprüfen und das Ausreiseverbot für die Afrikaner aufzuheben. Infolgedessen musste die Regierung die Enteignung vorübergehend einstellen.[249] Dazu Rüger:

> *»Das war ein sensationelles, nie zuvor im parlamentarischen Kampf gegen deutsche Kolonialpraktiken erreichtes Ergebnis. » Die rechtsstehende Presse hetzte gegen die Kommissionsmehrheit: da hieß es »Negrophile im Reichstag« (Hamburger Nachrichten vom 19. 3. 1914) Ähnliches in den alldeutschen Blättern »Deutsche Tageszeitung« und »Königsberger Allgemeine Zeitung« am gleichen Tag. In den Berliner Neusten Nachrichten u.a.m. Im »Vorwärts« und v. Gerlach in die »Welt am Montag« dagegen sprachen von der »Versklavung unserer schwarzen Landsleute« und »Tyrannei der Kolonialregierung«.*[250]

Trotzdem hatte die Kolonialabteilung so viel politischen Rückhalt, dass sie nichts ändern musste. An Rudolf Manga Bell wollte sie nun ein Exempel statuieren. Nach einer Pressekampagne und Verleumdungen wurde ihm ein Prozess wegen Hochverrats gemacht. Die Kolonialabteilung wollte sich durch die Anschuldigung des Verrates an Fremdstaaten, in diesem Fall an England, die Unterstützung des Reichstages sichern.[251]

Solf ließ den Sekretär Bells, Adolf Ngoso Din, verhaften und seine Wohnung durchsuchen. Er wurde im Mai 1914 nach Kamerun ausgeliefert. Seine Rechte wurden nun nicht mehr gewahrt. Das Reichsgericht erklärte sich für nicht zuständig. Auch der Rechtsbeistand durch namhafte Sozialdemokraten und Zentrumsvertreter und der durch sie nachgewiesene Rechtsbruch half nicht.[252]

Am 8.Oktober 1914, kurz vor der Besetzung Dualas durch die Engländer, wurden die beiden Angeklagten zum Tode verurteilt. Das Urteil wurde noch am selben Tag vollstreckt, damit keinerlei Intervention zur Abwendung des Vollzugs der Stafe mehr möglich war.[253] Dies kann nur, wie Adolf Rüger meint, mit der Grundeinstellung des deutschen kolonialen Herrschaftssystems erkärt werden, welches die

249 Rüger, ebenda
250 ebenda, S. 237.
251 ebenda, S. 238ff.
252 ebenda, S. 242 u. 244f.
253 ebenda, S. 253.

Bestrafung für den Widerstand gegen die weiße Herrschaft nicht einmal aus strategischen Gründen zurückzustellen bereit war.

Die politischen Aktivitäten von AfrikanerInnen, die über lange Jahre in Deutschland lebten, bezogen sich, soweit bisher nachvollziehbar, eher indirekt auf die oben geschilderten Widerstandsbewegungen in Afrika. Die Forderungen nach besserer Behandlung von Schwarzen wurde allgemeiner als Forderung nach gleichen Menschenrechten formuliert. Dies geschah zum einen in Anlehnung an sozialistische bis kommunistische Ideen und Organisationen und zum anderen in humanistisch geprägten Einzelinitiativen.

»Die Liga zur Verteidigung der Negerrasse«

Aus einer Aktennotiz vom Dezember 1929[254] geht hervor, dass sich einige Afrikaner in einer Organisation zusammengeschlossen hatten, die »Deutsche Sektion der Liga zur Verteidigung der Negerrasse« hieß. Die Gründung unter dem Vorsitz des Duala Viktor Bell war dem RKA von dem ebenfalls aus Duala stammenden Manga Akwa angezeigt worden.[255] Zur Illustration hatte Akwa einen Zeitungsartikel aus der Neuen Berliner Zeitung vom 13.12.1929 mitgebracht, der als Abschrift in die Akten Eingang fand. In diesem wird unter dem Titel »Die Neger organisieren sich« über die Gründung der Liga berichtet.[256] Akwa charakterisiert die Organisation als kommunistisch und sagt aus, dass er sich deshalb nicht beteiligt habe. Er legt dem RKA eine schriftliche Erklärung vor, die an Viktor Bell als Vorsitzenden der Liga gerichtet ist. In dieser distanziert er sich strikt von der Gruppe.[257] Welche Gründe M.Akwa für sein Verhalten hat, geht aus den Dokumenten nicht hervor. Versprach er sich einen Vorteil oder bewegten ihn Ängste, als kommunistisch angesehen zu werden und dadurch mit den Behörden in Konflikt zu geraten? Immerhin gehörte er zu denjenigen, die regelmäßig Unterstützungszahlungen erhielten.

Rüger erwähnt in seinem Artikel »Imperialismus, Sozialreformismus und antikoloniale demokratische Alternative« [258] die Gründung der Liga durch Viktor Bell und Joseph Bile gemeinsam mit anderen AfrikanerInnen. Sie war die deutsche Sektion der gleichnamigen

254 RKA, Akte Nr. 4457/7, Bl. 196ff.

255 Welche Verbindungen zu den führenden Familien der Akwa und Bell in Kamerun und den hier genannten Personen bestanden bzw., ob welche bestanden, ist nicht erkennbar.

256 RKA, Akte Nr. 4457/7, Bl. 199, Abschrift.

257 RKA, Akte Nr. 4457/7, Bl. 198.

258 Rüger, A., Imperialismus S. 1301.

Stammorganisation in Frankreich und arbeitet ebenso wie diese in enger Verbindung mit der Antiimperialistischen Liga der Kommunistischen Partei und anderen antiimperialistischen demokratischen Kräften zusammen. Das Ziel der Organisation war die Verwirklichung der demokratischen Rechte der afrikanischen Völker.

Über die Arbeitsweise und die Entwicklung des Vereins können hier nur wenige Aussagen gemacht werden. Aus den Unterlagen erfahren wir, dass Martin Dibobe und auch Joseph Bile sich bei verschiedenen Gelegenheiten als politische Redner betätigt hatten. Außerdem verfaßte Dibobe im Namen einiger in Deutschland lebender Afrikaner mehrere Briefe an das RKA.[259]

Daraus läßt sich schließen, dass die Aktivitäten der Organisation darin bestanden, aufklärende Öffentlichkeitsarbeit zu fördern, so in Form von Redebeiträgen auf Kundgebungen oder durch Anregung von Zeitungsartikeln in der deutschen Presse, und außerdem, den Kontakt mit deutschen Behörden aufzunehmen, um die Wünsche der Afrikaner vorzutragen.

Die deutschen Behörden waren für die Anliegen der Afrikaner in keiner Weise offen. Deren Sorge bestand darin, wie die Afrikaner dem Einfluß kommunistischer Organisationen zu entziehen seien. So wurde in Beratungen des RKA mit der Deutschen Gesellschaft für Eingeborenenkunde, der Deutschen Kolonialgesellschaft und dem Verein für das Deutschtum im Ausland Überlegungen angestellt, wie mögliche Schritte gegen die politisch aktiv agierenden Afrikaner aussehen könnten.

Anlass für die Besprechung im RKA war, neben der Anzeige des Manga Akwas, die Rede des Kameruners Joseph Biles auf einer Kundgebung des Sozialischen Schülerbundes (SSB) am 8. Dezember 1929 gegen die »nationalistische Verhetzung« durch den Verein für das Deutschtum im Ausland (VAD), vor allem an den Schulen.[260] Bile war seit 1920 mehrmals durch die Deutsche Gesellschaft für Eingeborenenkunde unterstützt worden. In einem Schreiben an die Deutsche Kolonialgesellschaft wird vom VAD die Ausweisung von Bile und sechs weiteren AfrikanerInnen, die bei der Versammlung anwesend waren, gefordert.[261] Die Deutsche Kolonialgesellschaft unterstützte die Forderung nach Heimschaffung der Afrikaner des VAD gegenüber

259 ebenda, Abdruck der Briefe, S. 1301-8.
260 RKA, Akte Nr. 4457/7, Bl. 203-206 u. 210/211 u. 227-232.
261 ebenda, Bl. 204ff.

dem RKA. Der Präsident der Kolonialgesellschaft Gouverneur a.D. Seitz schreibt:

> »... *Ich bin überzeugt, daß die Eingeborenen, die sich noch in Deutschland befinden, unter den heutigen wirtschaftlichen Verhältnissen rettungslos dem Kommunismus verfallen. Ich habe schon vor Jahren vergebens den Antrag gestellt, die Eingeborenen nach Afrika zurückzubringen und wiederhole diesen Antrag hiermit. Die Kolonialgesellschaft hat eine Menge Zeit und Geld aufgewandt, um den Leuten Arbeit zu verschaffen. Leider vergebens und es ist auch keine Aussicht dafür vorhanden, daß in den nächsten Jahren diesen Leuten dauernde Stellungen verschafft werden könnten. Dagegen wäre es meiner Ansicht nach ein leichtes gewesen, vor Jahren sie in Fernando Po oder im Bezirk Viktoria unterzubringen. Von dort wären sie sicherlich ohne Schwierigkeiten auch in den französischen Teil von Kamerun gekommen.*«[262]

Mit großer Wahrscheinlichkeit ging der Antrag auf Heimschaffung der Afrikaner auch diesmal ins Leere, da, wie im Kapitel 2.2.2 zur Ausreise beschrieben,[263] diesem Anliegen vielfältige Probleme im Weg standen, die sich in der Praxis offensichtlich als unüberbrückbar erwiesen. So blieben auch missliebige Afrikaner in der Regel in Deutschland, nur mussten sie sich dann andere finanzielle Unterstützung als die staatlichen bzw. die kolonialen Institutionen suchen.

Dass die Liga eine gewisse Wirkung gehabt haben muss, zeigt die Anfrage des Journalisten Friedrich Geyers beim RKA. Geyer gibt an, für die Berliner Börsenzeitung zu arbeiten und dass er sich über die Behandlung der Afrikaner aus den früheren Schutzgebieten, die sich jetzt in Deutschland aufhalten, unterrichten wolle, nachdem er zufällig von der »Liga zur Verteidigung der Negerrasse« erfahren habe. Das Gespräch mit dem Jounalisten scheint keine größere Bedeutung oder Folgen gehabt zu haben. Es ist lediglich ein Indiz für die Medienwirksamkeit der Arbeit der »Liga zur Verteidigung der Negerrasse«.

262 ebenda, Bl. 228/229.
263 siehe oben S. 40ff.

Einzelne Initiativen von Afrikanern

Um die Kolonialpropaganda zur Erhaltung und Wiedergewinnung der deutschen Kolonien im In- und Ausland zu unterstützen, versuchte das Auswärtige Amt »Loyalitätsbekundungen« von AfrikanerInnen, die in Deutschland lebten, zu erhalten. Dabei konnten von der Behörde etwa 25 bis 30 Personen, die hierfür in Frage kamen, ermittelt werden.[264] Doch wenige dieser Afrikaner konnten zu einer positiven Stellungnahme für Deutschland als Kolonialmacht bewegt werden. Dies waren der vom Herzog Adolf Friedrich zu Mecklenburg, dem ehemaligen Gouverneur von Togo, mitgebrachte und als Koch bei ihm beschäftigte Bonifatius Folli und zwei seiner Freunde. Sie behaupteten in ihrer Erklärung, die Togoer seien gegen die Ablösung von Deutschland und alle Togoer seien mit der deutschen Regierung zufrieden. Dass dies kaum der Realität entsprach, war den oben besprochenen Petitionen zu entnehmen. Auch war die Aussage des Folli weniger gut verwertbar, da er sich in materieller Abhängigkeit von Herzog zu Mecklenburg befand.[265]

Die anderen angesprochenen Afrikaner[266] entschieden sich, nicht als Einzelpersonen ihre Meinung zu übermitteln, sondern gemeinsam eine Stellungnahme abzugeben. Auf verschiedenen Treffen wurden die Inhalte diskutiert, und Martin Dibobe[267] verfasste im Namen aller einen Brief an das Reichskolonialministerium. In diesem und einigen weiteren Schreiben legten die Afrikaner ihre Vorstellungen und Forderungen dar.[268]

Eines dieser Schreiben war eine Eingabe an die Nationalversammlung. Die jedoch, da sie nicht die gewünschte positive Haltung gegenüber den deutschen Kolonien enthielt – vielmehr vertraten die Afrikaner antikoloniale Ansichten – vor der Weiterleitung an die Nationalversammlung so verändert wurde, dass ihr Protest der Annexion der Kolonien durch die Siegermächte zu gelten schien und die Treue zur »sozialen Republik« erklärt wurde.[269] Dass Dibobe

264 Rüger, ebenda, S. 1294; RKA, Akte Nr. 3930, Bl. 248 und Akte Nr. 7220, Bl. 132.

265 Rüger, ebenda

266 siehe Anhang 6.1 Nr. 4: RKA, Akte Nr. 722 0, Bl. 2 33, Unterzeichner waren: M. Dibobe, V. Bell, N. Scharifu, K. Minger, S. Krama, Th. Michael, M. Same, A. Egiome, M. Akwa, J. Malaga, J. Minga, A. Diok, J. Bille, M. Diek, N. Ngando, H. Janson, Makembe u.a.m.

267 zu M.Dibobe: siehe auch oben S. 32 u. 59.

268 Rüger, ebenda, S. 1295, RKA, Akte Nr. 7220, Bl. 130/131, 231 u. 233 und Akte Nr. 3930, Bl. 226/227.

269 Rüger, ebenda, S. 1296.

sich durchaus positiv zur neuen deutschen Republik stellte – in welche die Afrikaner offenkundig Hoffnungen auf Unterstützung zur Verbesserung der Verhältnisse in Kamerun setzten – wurde von der Behörde so interpretiert, dass er auf einem »deutschen Standpunkt« stünde und daher die Möglichkeit bleibe, ihn für ein der Kolonialproganda dienliches »deutsch-freundliches Zeugnis« zu gewinnen. Jedenfalls wurde entschieden, Dibobe ein Dankschreiben zu schicken, um eventuelle »Verstimmungen zu vermeiden«. Die Afrikaner blieben jedoch bei ihrer Haltung, die eben für eine nichtkoloniale, vielmehr demokratische Beziehung zu Deutschland eintrat. So zeigt A. Rüger in seiner Analyse der Dokumente, dass die Afrikaner

> *»nicht einem beliebigen »Deutschland« die Treue bekundeten, sondern daß sie »in die jetzige soziale Republik das Vertrauen« setzten. Sie wären bereit, mit dem »neuen deutschen Reiche in gutem Einvernehmen zu leben«, vorausgesetzt, daß erstens »die Wünsche der Afrikaner nicht ungehört und nicht unerfüllt bleiben«, zweitens »die Behandlung der Eingeborenen eine andere und bessere ist als unter der gewesenen kaiserlichen Regierung« und drittens die Regierung ihnen die Selbstständigkeit entsprechend dem Vertrag von 1884 gewährleisten würde.«*[270]

Interessant ist auch Rügers Definition dessen, was als die deutsche Seite der Afrikaner bezeichnet werden kann. Die Afrikaner »waren nicht für den deutschen Imperialismus, nicht prodeutsch in dessen Sinne, sondern »deutsch« aufgrund ihrer Entwicklung und ihrer gewachsenen Beziehungen zu Sprache, Kultur, Arbeit und zu den Menschen …«.[271]

Das letzte Beispiel der Initiative eines Afrikaners passt nicht nahtlos zu den politischen Aktivitäten, die bisher beschrieben wurden, und auch seine zeitliche Entstehung 1934 verweist eigentlich schon in das nächste Kapitel zur nationalsozialistischen Periode. Auch geht aus den Akten der Name des Verfassers der Schrift nicht hervor, und seine Identität kann nur im Vergleich von Dokumenten ermittelt werden.

Trotzdem soll dieses Beispiel hier angeführt werden, weil die neun Seiten umfassende Schrift ein außergewöhnliches Dokument

270 Rüger, ebenda, S. 1297.

271 Damit beschreibt Rüger, was auch die gegenwärtige Definition für Menschen afrikanischer Abstammung in Deutschland ist, nämlich die gewachsene Verbindung mit Deutschland, seiner Kultur und seinen Menschen; Dokumente im Anhang.

darstellt, in dem ein Afrikaner, der fast sein ganzes Leben in Deutschland verbrachte, mit eigenen Worten zu uns spricht. Er hat seine Gedanken und Überlegungen niedergeschrieben, aus der Besorgnis heraus, was nun nach der Machtergreifung mit den AfrikanerInnen in Deutschland geschehen würde. Dabei spricht er nicht nur für sich selbst, sondern versucht, auch für seine Landsleute als Fürsprecher aufzutreten. Der Autor hat die Schrift wahrscheinlich gänzlich aus eigener Initiative heraus verfasst und beschreibt daher hauptsächlich seine ganz persönliche Sicht der Lage der Afrikaner in Deutschland. Der Verfasser der Schrift ist vermutlich Kwassi Bruce.

Die Schrift datiert vermutlich vom 7. August 1934, das ist einem internen Rundschreiben des Auswärtigen Amtes vom 7. November 1934 zu entnehmen, dem die einzige vorliegende Kopie der Schrift beilag. Dieses Schreiben befasst sich mit den Schwierigkeiten, wie sie aus der Rassenpolitik des NS-Regimes für die Afrikaner entstehen.[272] In dem Schreiben heißt es, zur Kenntnisnahme beigefügt ist die »Aufzeichnung eines der geistig am höchsten stehenden der hier lebenden Afrikaneger über das Rassenproblem, soweit es sich auf die Neger bezieht«.

Die Art, wie die Schrift des Afrikaners angekündigt wird, verweist darauf, dass die Behörde hoffte, seine Aussagen möglicherweise kolonialpolitisch in ihrem Sinne verwenden zu können. Dass der Verfasser mit großer Wahrscheinlichkeit Kwassi Bruce ist, lässt sich aus einem Schreiben des Auswärtigen Amtes an die deutsche Kolonialgesellschaft schließen, in dem es um eine mögliche Anstellung bei der Kolonialgesellschaft ging. Dem Brief war, wie es dort hieß, »eine von Bruce verfaßte Aufzeichnung über die Lage der aus den früheren deutschen Schutzgebieten stammenden Neger zur gefl. Kenntnisnahme« beigefügt.[273] Wir können davon ausgehen, dass unsere Schrift gemeint ist, da sie sicher als einmaliges Dokument anzusehen ist und weil die Beschreibung genau auf unser Dokument zutrifft.

Ein weiterer Hinweis auf den Verfasser findet sich in einem Schreiben des Auswärtigen Ministeriums an das Kolonialpolitische Amt der NSDAP vom 18. Januar 1935. In diesem heißt es:

»Unter Bezugnahme auf die fernmündliche Rücksprache von gestern Vormittag beehre ich mich in der Anlage mit der Bitte um

272 RKA, Akte Nr. 7562, Bl. 88-90.
273 RKA, Akte Nr. 7540, Bl. 12.

Rückgabe die von Ihnen erbetene Aufzeichnung des Togonegers Bruce zu überreichen.
Ich halte dieselbe inhaltlich für äußerst interessant und beachtenswert und wäre, wie bereits mündlich bemerkt, außerordentlich dankbar, wenn sich Mittel und Wege finden ließen, Bruce hier in Berlin eine einigermaßen gewinnbringende Tätigkeit zu verschaffen.
Inzwischen hat die Deutsche Arbeitsfront auf Ersuchen von hier aus Bruce zu Beginn der kommenden Woche zwecks Rücksprache zu sich bestellt, um ihm gegebenenfalls durch ihre Vermittlung eine fachliche Ausbildung zu erteilen.
Ich werde die dortige Anregung, wegen Bruce nötigenfalls mit dem Reichsministerium hier in Verbindung zu treten, im Auge behalten. Der Reichsminister des Auswärtigen – Im Auftrag gez. v. Strahl«[274]

In der Schrift selbst erwähnt der Verfasser seinen Onkel Amuzu Bruce, der unter deutscher Herrschaft als Steuereinnehmer im Bezirk Anecho/Togo tätig gewesen ist. Später, nach der Übernahme Togos durch die Franzosen, musste dieser Onkel für mehrere Jahre in die Verbannung gehen.[275]

Bruce kann also als Verfasser der Schrift gelten. In dieser beschreibt er sich mit folgenden Worten:

> *»Ich bin ein reinrassiger, in Togo geborener Afrikaner, und in meinem 3. Lebensjahr 1896 nach Deutschland kommend, von einem rein arischen kinderlosen Ehepaar als Pflegesohn angenommen worden. Als solcher habe ich, wie ein jedes hier geborenes Kind arischer Abstammung, eine Erziehung genossen, wie sie Kindern gutbürgerlicher Kreise in der Vorkriegszeit zuteil zu werden pflegte. Ich bin im evangelischen Glauben getauft und konfirmiert. …«*[276]

Bruce reiste als Zwanzigjähriger nach Togo und wurde schließlich Leiter einer Musikkapelle in Deutschland. Weitere Daten zu seinem Werdegang sind nicht vorhanden. In dem Dokument sagt er über sich selbst, er habe sich schon immer auch für seine afrikanische Herkunft

274 RKA, Akte Nr. 7540, Bl. 13.
275 RKA, Akte Nr. 7562, Bl. 99.
276 276 ebenda, Bl. 91.

interessiert und über friedliche Lösungen in der Problematik des »hier schwarz – hier weiß« nachgedacht.

Im Gegensatz zu den zuvor erwähnten AfrikanerInnen war er politisch nicht links orientiert. Er äußerte sich, vor allem auf der sprachlichen Ebene, eher dem Zeitgeist überangepasst. Spricht von weißer und schwarzer Rasse, von nationaler Erhebung und der Neuschöpfung des Dritten Reiches, und er bekundet Verständnis dafür, dass es das Recht einer Nation sei, ihr »Leben wirtschaftlich, politisch und weltanschaulich nach eigenen Sätzen zu gestalten«. Und weiter:

> *»Wenn das neue Deutschland in seiner fast restlosen Mehrheit den Willen hat, sein gesamtes Leben geistiger wie auch materieller Art auf eine neue Basis zu stellen, und zu der Überzeugung gekommen ist, für die nutzvolle Entwicklung seines Eigenlebens, die in seinen Grenzen lebenden andersrassigen an diesem Ausbau des Reiches nicht aktiv teilnehmen zu lassen, so ist das sein gutes Recht.«*[277]

Doch das vorrangige Anliegen der ganzen Schrift gilt der Situation der deutschen »Staatsangehörigen nichtarischer Abkunft«, insbesondere der »Farbigen« und den Auswirkungen, welche die neue »Rassenpolitik« für sie hat.

Sprache und Haltung, wie in der Schrift sichtbar, werden möglicherweise vorrangig von dem Anliegen bestimmt, bei der Institution Gehör zu finden und mögliche Verbesserungen für Afrikaner zu erreichen. Wiederholt bekundet der Autor, er wolle keineswegs kritisieren, und die Afrikaner aus den deutschen Kolonien seien gegenüber Deutschland loyal und engagiert gewesen, doch es flammt im Text auch immer wieder Enttäuschung und Verzweiflung über die Behandlung und Lage der Afrikaner in Deutschland auf.

Nun sollen in Kürze einige Schwerpunkte der Schrift zusammengefasst werden, denn im nächsten Kapitel zur NS-Zeit wird noch einmal auf einzelne Textstellen eingegangen.

Der Verfasser beschreibt aus der Perspektive eines selbst Beteiligten erstaunlich akkurat die Verhältnisse von AfrikanerInnen in Deutschland seit der Jahrhundertwende bis 1934. Seine Einschätzungen der rechtlichen und wirtschaftlichen Lage der Bezugsgruppe stimmen in großen Zügen mit den Ergebnissen der vorliegenden Untersuchung überein.

277 ebenda, Bl. 91/92.

Zu Beginn des Textes stellt sich der Verfasser selbst vor (siehe oben) und erwähnt kurz, dass er mit 17 Jahren eine Reise nach Afrika unternommen habe, die »mit ausdrücklicher Unterstützung Seiner Majestät des Kaisers« stattgefunden habe. Danach beschreibt er den rechtlichen Status der Afrikaner aus den ehemaligen deutschen Kolonien. So heißt es im Text, die Afrikaner, »die zum größten Teil schon viele Jahre vor Kriegsausbruch nach Deutschland gekommen sind und ihren festen Wohnsitz bis zum heutigen Tage dort genommen haben«. Sie waren bis zum Ende der deutschen Kolonialherrschaft »deutsche Schutzbefohlene« oder sie hatten in einigen wenigen Fällen, wie auch der Autor selbst, in einem »vorher beantragten und ordnungsgemäß durchgeführten Einbürgerungsverfahren die deutsche Staatsangehörigkeit« erworben. Der Schreiber geht davon aus, dass die anderen in der Regel deutsche Ausweise besaßen, in denen aber durch Hinzufügungen wie: »Unmittelbarer Reichs-Angehöriger oder deutscher Schutzbefohlener« darauf hingewiesen wurde, dass die Inhaber dieser Ausweise bzw. Pässe »nicht deutsche Staatsangehörige im Sinne der diese Frage behandelnden reichsgesetzlichen Bestimmungen sind«.

Weiter schreibt er, die Afrikaner hätten nach dem I. Weltkrieg ihre deutschen Ausweise nicht zurückgegeben und daher nicht für die jeweiligen Mandatsstaaten optiert. Erst nach der Machtübernahme der NS-Regierung seien die Afrikaner aufgefordert worden, ihre Pässe bzw. Ausweise zur Überprüfung vorzulegen, und die der nicht Eingebürgerten wurden einbehalten und durch »staatenlose« Pässe ersetzt.

Aus diesen Textstellen wird deutlich, dass die Afrikaner über ihre rechtliche Lage gut orientiert waren und dass sie miteinander im Kontakt waren, so dass sie über ihre jeweiligen Angelegenheiten informiert waren. Auch erfahren wir hier, dass die Ausweise der Schutzgebietsangehörigen mit einem zusätzlichen Vermerk gekennzeichnet waren. Die Frage, wie der Status der Afrikaner in der Weimarer Republik behandelt wurde, wird hier erstmalig in den untersuchten Unterlagen erwähnt, nämlich dass die deutschen Papiere einfach im Besitz der Afrikaner verblieben sind. Dieser Aspekt der Realität der Afrikaner dürfte außer in solchen Selbstzeugnissen nur sehr schwer nachvollziehbar sein. Daraus ergibt sich die Bedeutung der vorliegenden Schrift aus der Feder einer Person dieser Gruppe.

Das größte Problem, welches durch die neuen Pässe entsteht, ist die Behinderung bei der Arbeitssuche. Doch auch der Autor, der seinen deutschen Pass noch besitzt, hat fast keine Möglichkeit mehr, Arbeit zu finden, da die Rassenpolitik des Staates die Haltung der potenziellen Arbeitgeber und der jeweiligen Kundschaft beeinflusst.

Um die Ungerechtigkeit dieser Situation hervorzuheben, führt der Verfasser in ausführlicher Weise an, welche Fortschritte die Afrikaner insgesamt in kurzer Zeit gemacht und wie sie damit ihre Tüchtigkeit bewiesen hätten, die ganz im Gegensatz zu der Einschätzung von AfrikanerInnen in Deutschland stehe. Dort würden sie wie »Fabeltiere« angestarrt und müssten herabwürdigende Bemerkungen hinnehmen. So zum Beispiel:

> *»... Mütter ihre Kinder herumreißen, mit dem Finger auf uns zeigen und Bemerkungen machen wie: »Sieh mal den schwarzen Mann da. Der nimmt dich mit, wenn du nicht artig bist«, oder »sieh mal, der hat sich nicht gewaschen« u.a.m. Wenn eine Mutter glaubt, ihr Kind auf uns besonders aufmerksam machen zu müssen, warum spricht sie zu ihrem Kinde nie etwa: »Sieh mal, Kind, der Kakao, den du frühmorgens trinkst, kommt aus der Heimat dieses Mannes ...««*[278]

Danach beschreibt er recht enthusiastisch den freiwilligen Kriegseinsatz der Afrikaner im I. Weltkrieg auf deutscher Seite und wie stark sie in der Zeit der Rheinlandbesetzung unter der Schmähung durch die deutsche Bevölkerung gelitten hätten. Zwar habe sich nach der Freigabe des Rheinlandes ihre Lage wieder gebessert und sie konnten wieder ihrem Erwerb nachgehen, doch »die seelische Unbefangenheit zur weißen deutschen Bevölkerung haben wir seitdem nie wieder so recht erlangt«.

Der Verfasser plädiert für die Rückführung der Afrikaner in ihre ursprünglichen Heimatländer, falls ihnen hier keine Arbeitsmöglichkeit geboten werden kann, und für die Bereitstellung der nötigen Mittel. Des Weiteren bezieht er sich auf die von AfrikanerInnen geleistete Werbung für den Wiedererwerb deutscher Kolonien auf kolonialen Tagungen und Festen, und dass von dieser Stelle immer auf die Treue der Afrikaner in den deutschen Kolonien hingewiesen wird, ohne dass es für die Afrikaner, die hier leben, im praktischen Leben spürbar wird. Und er fragt:

278 ebenda, Bl. 95.

»... Wenn nun deutscherseits auf die Kolonien nicht verzichtet wird, ist es da nicht möglich, durch geeignete Mittel dem Volke ein Bild von den Eingeborenen der ehemaligen deutschen Kolonie zu geben, wie es den Tatsachen entspricht, und nicht unter dem Begriff »Neger« alles in einen Topf zu werfen, in dem nur Schlechtes und Rohes vorhanden ist?! ...[279]

Zusammenfassung:
In diesem Abschnitt zeigte sich, dass die Afrikaner sich innerhalb eines breiten politischen Spektrums, zwischen linkssozialistisch-antikolonial und rechtskonservativ prokolonial, betätigten. Die politischen Aktivitäten im linken Spektrum mit dem Ziel der Gesellschaftsveränderung – in den Kolonien– wurde vom Staat mit Verfolgung und Sanktionen geahndet.

In diesem Zusammenhang hat sich die Situation für die Afrikaner auch nach dem Ende des Kaiserreichs, entgegen ihren Erwartungen, nicht verändert. Im Bezug auf die zuständigen Stellen im Auswärtigen Amt und in den Kolonialvereinigungen ergaben sich weder inhaltlich noch personell größere Veränderungen.

Nicht aufgeführt wurden in diesem Abschnitt die eher privaten gesellschaftlichen Aktivitäten. Ein Beispiel hierfür wäre das Engagement des Mandenga Diek in der Freiwilligen Feuerwehr, von dem seine Töchter berichteten.

Auch Betätigungen von Afrikanern wie Vortragsreisen über die Kolonien – Land und Leute – konnten nicht einbezogen werden. Vor allem nicht, weil kaum Informationen über diese Tätigkeiten vorlagen und auch nicht darüber, wie z.B. die Vorträge inhaltlich ausgestaltet waren und wie die Reaktionen von Publikum und Öffentlichkeit waren.[280]

279 ebenda, Bl. 99.
280 Beispiele für Vortragsreisen geben die Fälle des M. Bakari (S. 6365) und M. Priso (S. 61-63)

3. Die Situation während des Nationalsozialismus und in der Nachkriegszeit

3.1. Die Behandlung der Afrikaner in Deutschland durch die nationalsozialistischen Behörden

3.1.1 Rechtssituation

In diesem Abschnitt wird die rechtliche Situation der Afrikaner in Deutschland für die Zeitperiode des NS-Regimes behandelt. Im Kapitel 2.1.2 zur Schutzgebietsangehörigkeit nach 1918[281] und im vorangehenden Kapitel 2.3.3 zu den politischen Aktivitäten von AfrikanerInnen[282] wurden die Grundzüge des Rechtsstatus der Afrikaner und wie sich dieser veränderte erörtert.

Wie bereits oben angeführt, brachte, bezogen auf ihre Ausweispapiere, erst die Errichtung der NS-Herrschaft praktische Auswirkungen für die Afrikaner und ihre Familien. Denn jetzt erst ging es dem Staat darum, die Rechtslage möglichst genau festzustellen, mit dem Ziel, künftige Handlungen darauf stützen zu können. Auch vorher wurden in den Behörden Diskussionen um den Rechtsstatus von AfrikanerInnen geführt, meistens betrafen die Vorgänge Einbürgerungsanträge oder Ersuchen um Heiratserlaubnis, doch nun wird gleich nach der NS-Machtergreifung eine eindeutige Klärung des Sachverhaltes angestrebt.

In den untersuchten Akten findet sich ein Schreiben des Reichsministeriums des Auswärtigen, in dem dies zum Ausdruck kommt. Da es die Einschätzung der NS-Regierung in knappen Worten wiedergibt, soll es an dieser Stelle komplett zitiert werden. Das Schreiben

281 siehe oben S. 21ff.
282 siehe oben S. 21ff.

ist datiert vom 19. Dezember 1933 und ist ein an eine Privatperson gerichteter Antwortbrief auf eine Anfrage desselben Monats. Darin heißt es wie folgt:

> *»Die Eingeborenen der ehemaligen Schutzgebiete besaßen die Schutzgebietsangehörigkeit. Diese bedeutete lediglich die staatsrechtliche Zugehörigkeit zu einem Schutzgebiet und bestand in einem Verhältnis der Untertanenschaft zum Reich mit den sich daraus ergebenden Pflichten und Rechten. Mit dem Besitz der Schutzgebietsangehörigkeit war der Besitz der Reichsangehörigkeit nicht verbunden. Die für einen Schutzgebietsangehörigen gegebene Möglichkeit des Erwerbs der unmittelbaren Reichsangehörigkeit durch Verleihung (§ 9 des Schutzgebietsgesetzes in der Fassung der Bekanntmachung vom 10. September 1900, § 33 Nr. l des Reichs und Staatsangehörigkeitsgesetzes vom 22. Juli 1913) ist mit dem Aufhören der deutschen Schutzgebietsangehörigkeit als Folge des Verzichts auf unsere überseeischen Besitzungen entfallen. Ein Eingeborener, der die unmittelbare Reichsangehörigkeit durch Verleihung nicht erworben hat, ist infolgedessen, auch wenn er vor dem Verlust der Schutzgebiete seinen Wohnsitz in Deutschland hatte, als Angehöriger des in Frage kommenden Mandatsgebiets anzusehen. Eine Reichsangehörige, die vor dem Kriege in Deutschland mit einem Eingeborenen die Ehe geschlossen hat, dürfte durch die Eheschließung die Reichsangehörigkeit verloren haben, da im Sinne des § 17 Nr. 6 des Reichs und Staatsangehörigkeitsgesetzes ein Schutzgebietsangehöriger als »Ausländer« anzusehen sein wird.*
> *Der Reichsminister des Auswärtigen*
> *Im Auftrag gez. Brückner«*[283]

Tatsächlich wurde wohl entsprechend dieser Einschätzung verfahren. Wie der Schrift des Kwassi Bruce zu entnehmen ist, wurden nach 1933 die deutschen Ausweise der Afrikaner eingezogen und durch Staatenlosenpässe ersetzt. Dadurch, dass die Afrikaner in den dreißiger und vierziger Jahren meistens Staatenlosenpässe hatten, lässt sich rückfolgern, dass sie in der Regel nicht die Staatsangehörigkeit der Mandatsländer angenommen hatten.

Auch der Familie Diek erging es so. Jedoch verlor Mandenga Diek, der ja eingebürgert war und in Danzig lebte, erst 1939 nach

283 RKA, Akte Nr. 5419, Bl. 4.

Kriegsbeginn seine deutschen Ausweispapiere. Dafür gibt es im Moment keine amtlichen Belege, doch seine Töchter berichten in dem Interview, wie es ihnen ergangen ist.[284] Mit M. Diek verloren auch seine Töchter und seine Frau ihre deutsche Staatsangehörigkeit. Als Erika Ngambi und Doris Reiprich über ihr Erleben während der Nazi-Zeit sprechen, erzählen sie:

> *»E.: Und dann war da noch, wie sie Vater die Danziger Staatsangehörigkeit aberkannt haben. Er war nicht würdig.*
> *D.: Ja und uns doch auch. (...)*
> *D.: 1939, wie der Krieg anfing, und Danzig deutsch wurde – nach dem Motto: »Heim ins Reich« – da haben sie uns die Pässe abgenommen. Unsere Danziger Freistaatenpässe. Da haben sie uns erstmal eineinhalb Jahre ohne Paß rumlaufen lassen. (...)*
> *D.: Und dann haben sie uns die Fremdenpässe gegeben. Diese grauen, mit Schrägbalken drüber. Und den hab ich gehabt und der hat mich nachher bei den Russen gerettet.*
> *E. (Sie lebte zu dieser Zeit in Berlin): Und wir sind dann zur französischen Kommandantur gegangen und haben ohne weiteres die französische Staatsangehörigkeit bekommen.(...)*
> *E.: Und dann habe ich meine deutsche Staatsangehörigkeit wieder beantragt, 1947. Und weißt du, wann ich sie gekriegt habe?! 1963. So lange hat das gedauert. Und dann sagten sie auch noch zu mir: »Haben Sie auch eine Quittung, daß sie die deutsche Staatsangehörigkeit verloren haben?« »Quittung? Wie kommen Sie denn darauf?« Und dann mußte ich einen deutschen Aufsatz schreiben, ob ich auch fehlerfrei schreibe. Und ich sage: »Ich habe doch meinen Taufschein da, ich habe doch Papiere hier!« Galt alles nicht. Ich wurde wie eine Fremde wieder eingebürgert. (...)*
> *D.: Und was sie mit meiner Mutter gemacht haben.*
> *Die hat nun gejammert. Die ist immer Deutsche gewesen und nie was anderes. Sie konnte nicht mal ein Wort Französisch oder sonst was. Jedenfalls, nach dem Krieg hier haben wir die deutsche Staatsangehörigkeit wieder für sie beantragt. Und das dauerte Jahre und Jahre. Sie musste hinkommen, ob sie auch einwandfrei Deutsch spricht. Dann war alles möglich. Dann wurde sie schwer krank. Krebs. Da habe ich angerufen beim Amt: »Hören Sie mal, meine Mutter ist schwer krank. Sie hat nicht mehr lange zu leben.*

284 Interview I, 20.4.1985, S. 5/6.

Ihr einziger Wunsch ist noch, sie möchte als Deutsche sterben.«
»Ja, ja, wir machen das.« Wieder angerufen …
»Ja, ja, wir machen das.« Als ich mich fertig machte, zur Beerdigung zu gehen, klingelte das Telefon: »Sie können die deutschen Papiere für Ihre Mutter abholen.« Da sagte ich: »Jetzt danke ich. Meine Mutter ist eben gestorben. Jetzt können Sie sie behalten.« Ich habe sie auch nie abgeholt. Die schmauken da immer noch.[285]

Dieser Auszug aus dem Interview zeigt uns nicht nur mit den Worten der Betroffenen selbst, wie die Bürde der Ausbürgerung sie mit großer Härte traf, sondern auch, welche Schwierigkeit es ihnen bereitete, nach dem Ende des Krieges die durch die NS-Regierung hergestellten Fakten wieder zu korrigieren. Sie sprachen auch über die Probleme, als Opfer des Faschismus anerkannt und dann auch entschädigt zu werden. Sie berichteten auch über die praktischen Probleme im Alltag, wie sie durch den Fremdenpass entstanden. Welche das im Einzelnen waren, wird im nächsten Abschnitt untersucht werden.

3.1.2 Erwerbssituation

Es konnte gezeigt werden, dass sich die NS-Behörden für den Rechtsstatus der Afrikaner aus den ehemaligen Kolonien mit Wohnsitz in Deutschland interessierten. Viel überraschender ist es jedoch festzustellen, dass sich die NS-Behörden und Institutionen in höchst bemühter Weise mit der Arbeitssituation der Afrikaner befassten.

Dem offiziellen Engagement lagen spezifische, vor allem im außenpolitischen Bereich angesiedelte Motive zugrunde, wie sie weiter unten diskutiert werden sollen. Zunächst werden in diesem Abschnitt die in den untersuchten Akten aufgefundenen Dokumente zur Arbeitssituation der Afrikaner betrachtet und dabei die typischen Merkmale derselben in dieser Periode aufgezeigt.

Die weitreichendste praktische Konsequenz, die die Machtergreifung 1933 für die Afrikaner und Afro-Deutschen hatte, war die, dass sie nach und nach ihre Arbeitsstellen und andere Erwerbsmöglichkeiten verloren. Die Hauptursache war, wie vorauszusehen, die »Rassenideologie und Propaganda« des NS-Staates. Zum einen wurden einzelnen AfrikanerInnen die Arbeitserlaubnis auf Grund der neuen Gesetze und Verordnungen entzogen, und zum anderen waren Arbeit-

285 Interview I, 20.4.1985, S. 5/6.

geber verunsichert oder befürchteten negative Reaktionen ihrer Kundschaft und kündigten deshalb den AfrikanerInnen.

In den Akten, in denen verschiedene Beispiele aufgeführt sind, wird diese Situation immer als bedauerlich bezeichnet, da dies nicht im Interesse der Regierung sei. Im Gegenteil, es wird wiederholt vom Auswärtigen Amt und von übergeordneten Regierungsstellen darauf gedrängt, die Afrikaner in Arbeit und Brot zu bringen.

So ist aus einem Schreiben des Auswärtigen Amtes vom 3. August 1934, an den Leiter der Kontingentsteile des Reichsverbandes deutscher Artisten gerichtet, zu erfahren, dass einigen Kamerunern, die wahrscheinlich schaustellerisch oder als Verkäufer in Berlin tätig waren, die Arbeitserlaubnis entzogen wurde. Das Auswärtige Amt bittet um die Aufhebung dieser Entscheidung:

> *»Wie von den Kamerunnegern, welche z.Zt. auf dem Schaubudenplatz in der Potsdamerstraße arbeiten, mitgeteilt wird, soll ihre dortige Tätigkeit auf Veranlassung der Kontingentsteile eingestellt werden. Es soll ihnen nur noch eine Frist von 4 Wochen zur Ausübung ihrer Tätigkeit in der Kastanienallee (ab 3.8.) gegeben werden.*
> *Wenn diese Angaben zutreffen, bittet das Auswärtige Amt, die dortige Entscheidung nochmals zu überprüfen. Es handelt sich hier wohl vornehmlich um Eingeborene aus unseren Schutzgebieten, die zum Teil selbst und deren Väter im deutschen Dienst gestanden und ihre Pflicht getan haben, und deren Betreuung dem Auswärtigen Amt in Zusammenarbeit mit der Deutschen Gesellschaft für Eingeborenenkunde obliegt.*
> *Es wäre bedauerlich, wenn diese Eingeborenen jetzt in Deutschland von jeglicher Beschäftigung ausgeschlossen und damit in eine antideutsche Haltung gedrückt würden.*
> *Der Reichsminister des Auswärtigen*
> *Im Auftrag*
> *gez. Brückner«*[286]

Aus dem Schreiben ist auch zu entnehmen, dass sich die Afrikaner in solchen Fällen an das Auswärtige Amt wandten und sich also von höheren Verwaltungsinstanzen Hilfe erwarteten. Auch wird an dieser Stelle erstmals in den Akten die Zuständigkeit für die Betreuung

286 RKA, Akte Nr. 7562, Bl. 87.

der Afrikaner durch das Auswärtige Amt in Zusammenarbeit mit der Deutschen Gesellschaft für Eingeborenenkunde erwähnt. Ein anderes Beispiel dieser Art findet sich in einer amtsinternen Notiz. In der heißt es:

> *»Aufzeichnung.*
> *Herr Hausmann von der Reichsmusikkammer teilte mir mit, dass es sich bei den liberianischen Staatsangehörigen, denen die Arbeitserlaubnis für den Zuständigkeitsbereich der Reichsmusikkammer entzogen worden ist, insgesamt um drei Brüder handelt, die Negermischlinge sind (Vater Neger, Mutter Deutsche). Die Verfügung zu dieser Maßnahme erging vom Promi (Herr v. Loebell) auf Grund einer Anordnung von Herrn Reichsminister Dr. Goebbels, wonach solche Personen in Zukunft nicht mehr deutsches Kulturgut darstellen dürfen. Die Reichsmusikkammer hat sich bereits mit dem zuständigen Arbeitsamt in Verbindung gesetzt, das den drei Liberianern eine neue Arbeitsmöglichkeit vermittelt wird. Es handelt sich also keinesfalls um eine Entziehung der Existenzgrundlage. Hiermit Herrn GR. Dr. Kolb ergebenst wiedervorgelegt. Berlin, den 15. November 1940.«*[287]

In diesem Dokument wird deutlich, dass die »neue« Staatsangehörigkeit der Afrikaner und Afro-Deutschen von untergeordneter Bedeutung ist. Die in der Aufzeichnung nicht namentlich benannten Personen haben zwar die liberianische Staatsangehörigkeit, doch sie müssen bis zu diesem Jahr eine Arbeitserlaubnis, möglicherweise auch von der Reichsmusikkammer, gehabt haben.[288] In jedem Fall fühlen sich die Behörden zuständig, für eine Erwerbsmöglichkeit dieser Personen zu sorgen, und deshalb wird der Fall amtsintern diskutiert.

War die Erwerblosigkeit in den zwanziger Jahren das Los vieler Afrikaner wegen der wirtschaftlichen Depression, so traf es sie jetzt wegen der NS-Rassenpolitk. Und selbst, wenn sich die Afrikaner um Auswege aus der Arbeitslosigkeit bemühten und dabei sogar auf die Unterstützung der Behörden rechnen konnten, nutzte ihnen das wenig. Zu groß waren die Widersprüche zwischen der Rassenideologie und der Maßgabe, Afrikaner zu beschäftigen. Ob sie nun einen deutschen, einen nichtdeutschen oder einen staatenlosen Pass hatten, macht

287 RKA, Akte Nr. 7540, Bl. 169.
288 Auch K.Bruce war in die Reichsmusikkammer aufgenommen worden. siehe S. 117.

dabei nur einen graduellen Unterschied. Dies wird in dem Bericht des Kwassi Bruce sehr anschaulich beschrieben, deshalb soll hier die entsprechende Passage aus der oben schon angeführten Schrift des Kwassi Bruce zitiert werden.

> *»... Die Afrikaner, welche auf Grund ihrer Einbürgerung ihren deutschen Pass bisher behalten haben, finden hier keine Arbeit, weil sie Nichtarier – nein, was noch schlimmer – weil sie Farbige sind. Bei den anderen (also der Mehrzahl) tritt als weiteres Hindernis der staatenlose Pass hinzu.*
> *Um unsere eigenartige Lage noch verständlicher zu machen, darf ich meine eigene Erfahrung als Beispiel anführen. Ich bin eingebürgerter Reichsdeutscher (mein Paß ist mir bisher nicht abgenommen). Bei der Machtübernahme seitens der nationalen Regierung spielte ich mit meiner Kapelle und als Leiter derselben in einem guten Berliner Weinrestaurant. Ich war in ungekündigtem Verhältnis. Im März des vergangenen Jahres eröffnete mir der Besitzer des Geschäftes, daß er bedauere, mich mit meinem Orchester nicht weiter beschäftigen zu können, da wir Farbige seien. Am 1. April musste ich aufhören und bemühte mich, ein neues Engagement zu finden. Vergebens. Wo ich auch wegen Beschäftigung anfragte, wurde mir geantwortet, daß man bedauere, mich nicht mehr engagieren zu können, da ich eben ein Farbiger sei. Auf meine Abstammung aus dem ehemaligen deutschen Schutzgebiet Togo hinweisend, wurden mir u. a. folgende Antworten zuteil: »Ja, wir haben ja jetzt keine Kolonien mehr«, oder »Es dürfen keine Neger mehr beschäftigt werden«, oder »Das Publikum will keine Neger mehr sehen; wir müssen dem Wunsch der Gäste Rechnung tragen« u. ä. m. Auch meine Teilnahme am Weltkriege auf deutscher Seite als Kriegsfreiwilliger sowie zwei Jahre Kriegsgefangenschaft konnten keinen Chef veranlassen, mich zu engagieren. Die Farbe war eben im Wege.*
>
> *Nach einigen Monaten von der Aussichtslosigkeit meiner Bemühungen überzeugt, verließ ich Deutschland und begab mich nach Spanien, um dort zu versuchen, eine neue Existenz mir aufzubauen. Ich wählte Spanien, weil ich bereits vor Jahren dort war und die Landessprache beherrsche. In Spanien bildete nun meine Farbe und Rasse kein Hindernis für ein evtl. Engagement. Dort*

sah man auf Grund meines Paßes in mir nur den Deutschen, also einen Ausländer, worauf die Musiker Syndikate es beim Arbeitsamt erreichten, mir die Arbeitserlaubnis zu verweigern. Obwohl es mir später dank meiner persönlichen Beziehungen gelang, durch gütige Vermittlung des zuständigen Zivilgouverneurs doch eine Arbeitserlaubnis zu bekommen, war es mir unmöglich, arbeiten zu können, da die Musiker sich weigerten, mit mir zu spielen. Ja, die Musikerschaft ging sogar so weit, den betr. Clubs, die mir einen längeren Vertrag anboten, Boykott anzudrohen. Ich kann den Nachweis erbringen, daß mir diese Schwierigkeiten nicht aus Rassegründen entstanden, sondern einzig und allein, weil ich einen deutschen Paß hatte! Nach dreivierteljährigen fruchtlosem Aufenthalt kehrte ich im Juni ds. Js. nach Deutschland zurück, um noch einmal zu versuchen, hier Arbeit zu finden. Ich beobachtete alle während meiner Abwesenheit erlassenen arbeitsgesetzlichen Bestimmungen, d.h. ich besorgte mir einen Arbeitspaß und wurde auf Antrag in die Fachschaft der Reichsmusikkammer aufgenommen, das Auswärtige Amt hatte die außerordentliche Freundlichkeit, mir eine besondere Empfehlung auszustellen. Trotzdem ist es mir nicht gelungen, hier eine neue dauernde Beschäftigung zu finden. Immer wieder lehnten die Direktionen unter Hinweis auf meine Farbe ab. So wie mir geht es meinen anderen Landsleuten auch. Was soll nun aus uns werden? …«[289]

Die Lage der Afrikaner, wie von Bruce beschrieben, wird in vielen weiteren Dokumenten in den untersuchten Akten von den Behörden in genau gleicher Weise dargestellt.[290] Diese befassen sich, wie es dort heißt, mit der »Beseitigung schädlicher Rückwirkungen der Rassenpolitik auf die in Deutschland lebenden Eingeborenen aus den früheren deutschen Kolonien«.[291]

Immer wieder heißt es, dass die bis zum »Umbruch« in Beschäftigung stehenden AfrikanerInnen bedingt durch die Ablehnung des Publikums aus ihren Arbeitsverhältnissen entlassen wurden und nun der öffentlichen und privaten Wohltätigkeit anheimfallen. Dass diese Sachlage von der NS-Regierung unerwünscht ist, kommt in

289 RKA, Akte Nr. 7562, Bl. 93/94.

290 ebenda, Bl. 72ff (19301940), Akte Nr. 7540, Bl. 310 (1934). 291 RKA, Akte Nr. 7562, Bl. 114 von 1935.

291 RKA, Akte Nr. 7562, Bl. 114 von 1935.

den verschiedenen Schreiben immer wieder zum Ausdruck, zum Beispiel in Sätzen wie den folgenden:

> *»Da aber unter den oben erwähnten 10 Personen 8 Artisten bzw. Musiker sind, würde es d. E. erheblich zur Beseitigung von Schwierigkeiten für die Neger beitragen, wenn durch Vermittlung der NSDAP die jeweils in Frage kommenden Gauleiter das Publikum wie Unternehmer darüber aufklären würden, daß die für das deutsche Volk aufgestellten Rassengrundsätze nicht dazu zuführen brauchen, Neger aus unseren früheren Kolonien, die zu Deutschland gehalten haben, der Erwerbsmöglichkeit zu berauben. Da in nicht zu langer Zeit die Kolonialfrage akut werden dürfte, wäre eine anerkennende Haltung gegenüber arbeitswilligen Farbigen von großem Wert.«*[292]

Und an anderer Stelle in einem Schriftwechsel zwischen Auswärtigem Amt und Ministerium des Innern im September 1935 heißt es:

> *»Das in Frage stehende Problem der Unterbringung oder Beschäftigung der in Deutschland befindlichen arbeitslosen Eingeborenen aus den ehemaligen deutschen Schutzgebieten ist auch hier seit geraumer Zeit Gegenstand verschiedenartigster Erörterung gewesen. Leider sind die Versuche, die sowohl seitens des Auswärtigen Amts als auch seitens der Vereinigung für deutsche Siedlung und Wanderung unternommen worden sind, bisher fast ausnahmslos ohne Ergebnis verlaufen. Der Grund liegt darin, daß die für Negerbeschäftigung vornehmlich in Frage kommenden Betriebe (Gastwirtschaften, kleinere Musikkapellen pp.) sich scheuen, Neger wieder einzustellen, weil sie befürchten, daß aus dem bei ihnen verkehrenden Publikum in lauter Form Anstoß genommen wird.*
>
> *Auch der Gedanke einer Heimschaffung der Neger in ihre ursprüngliche Heimat konnte nicht weiter verfolgt werden, da diese Leute teilweise hier verheiratet und wegen ihrer früheren Tätigkeit für Deutschland vielfach dort nicht willkommen sind, und sie damit rechnen müssen, daß ihnen deshalb erhebliche Unbillen dort bereitet werden.*
>
> *Seitens des Auswärtigen Amts würde es ebenfalls mit besonderem*

292 ebenda, Bl. 113 v. 1935.

Dank begrüßt werden, wenn das Los und insbesondere die Verdienstmöglichkeiten der hier zur Zeit sich aufhaltenden Eingeborenen aus den ehemaligen deutschen Kolonien erleichtert bezw. gebessert werden könnten. Ein großer Teil dieser Neger ist, um die größten Härten zu vermeiden, hier fortlaufend aus hiesigen amtlichen Mitteln notdürftig unterstützt worden, was sich indessen angesichts der Knappheit der hier zur Verfügung stehenden Gelder nicht auf die Dauer durchführen läßt …«[293]

Diese Politik den AfrikanerInnen gegenüber war von der obersten Führung der NS-Hierarchie veranlasst, wie zwei von Bormann unterzeichnete Dokumente belegen, die in Abschrift vorliegen. Das erste ist vom Oktober 1935 datiert und war vom »Stellvertreter des Führers«, wie es im NSDAP-Briefkopf heißt, an das Auswärtige Amt gerichtet. Bei dem zweiten Dokument vom März 1936 handelt es sich um ein als »vertraulich« gekennzeichnetes Rundschreiben »an alle Gauleiter«.

»Betr. Behandlung der in Deutschland lebenden ehemaligen deutschen Kolonialneger.
Mir ist bekannt, daß der Führer nicht wünscht, dass den in Deutschland lebenden ehemaligen deutschen Kolonialnegern, die größtenteils für Deutschland gekämpft haben, bei ihren Bemühungen, in Arbeit und Brot zu kommen, Schwierigkeiten bereitet werden, und daß sie sonst auch nicht belästigt werden. Ich bin auch geneigt, eine entsprechende Anordnung den Parteidienststellen zugehen zu lassen. Dabei ergibt sich aber die Schwierigkeit, daß sich im einzelnen Fall nicht immer gleich feststellen läßt, ob es sich um einen um Deutschland verdienten Kolonialneger handelt oder nicht.
Ich bitte deshalb um Ihre Stellungnahme hierzu, wie am zweckmäßigsten derartige Neger gesondert behandelt werden können.
Heil Hitler
I.V.
gez. Bormann«[294]

Bei dem nächsten Dokument handelt es sich möglicherweise um

293 RKA, Akte Nr. 7562, Bl. 114.
294 RKA, Akte Nr. 7562, Bl. 120.

das hier angekündigte Schreiben an die Parteistellen, in dem der Stand der Diskussion zu diesem Thema zusammengefaßt wird.

> *»Betrifft: Arbeitsverhältnisse der deutschen Kolonialneger.*
> *In Deutschland leben etwa 50 Neger mit ihren Familien, die aus den ehemaligen deutschen Kolonien stammen. Sie haben größtenteils im Krieg auf deutscher Seite gekämpft.*
> *Diese Eingeborenen sind fast sämtlich ohne feste Arbeit und wenn sie Arbeit gefunden haben, so wird der Arbeitgeber angefeindet und zur Entlassung der Neger gezwungen.*
> *Ich weise daraufhin, daß diesen Negern eine Lebensmöglichkeit in Deutschland geboten werden muß. Es muß bei der Entscheidung dieser Frage auch in Betracht gezogen werden, daß die Neger teilweise noch mit ihrer Heimat in Verbindung stehen und über die Verhältnisse in Deutschland und ihre Behandlung dorthin berichten werden.*
> *Ich bin mit dem Reichsaussenminister dahin übereingekommen, daß festgestellt wird, welche Neger wegen ihres Einsatzes für Deutschland unter besonderen Schutz zu stellen sind. Diesen wird dann vom Auswärtigen Amt eine Bescheinigung etwa in dem Sinne ausgestellt, daß gegen ihre Beschäftigung keine Bedenken bestehen. Mit der Herausgabe der Bescheinigung ist jedoch erst in einiger Zeit zu rechnen.*
> *Ich gebe hiervon vertraulich Kenntnis. Von einer allgemeinen Weitergabe an die unteren Parteidienststellen ist abzusehen, da es sich nur um etwa 50 Neger im ganzen deutschen Reichsgebiet handelt und da ich vermeiden will, daß eine Unterstützung dieser Neger falsch aufgefaßt wird. Ich bitte also, nur die örtlichen Parteistellen in geeigneter Form davon in Kenntnis zu setzen, daß gegen eine Beschäftigung der deutschen Kolonialneger keine Bedenken bestehen und daß jede Einzelaktion gegen sie zu unterlassen ist.*
> *gez. Bormann«*[295]

An dieser Stelle soll noch einmal der Fall Bajume bin Husein angeführt werden, der, wie bereits in Kapitel 2.3.1 zu Berufstätigkeit beschrieben, wegen der Anfeindungen einiger Kollegen nach fünfjähriger Tätigkeit als Kellner im Kempinski/Berlin fristlos gekündigt wurde.[296] Von der

295 Bundesarchiv Koblenz
296 siehe oben S. 66.

Entlassung Huseins erfahren wir aus der Klageschrift, die vor dem Arbeitsgericht Berlin Charlottenburg im Dezember 1935 verhandelt wurde, und die sich als Kopie in der Akte des Zentralarchivs Potsdams befindet.[297] Der Teil der Akte, der Bajume Husein betrifft, umfaßt 45 Blatt und schließt den Zeitraum von Mai 1935 bis Juni 1937 ein. Zumeist befassen sich die verschiedenen Vorgänge mit dem Versuch der Behörde, den Afrikaner zu unterstützen. So wird ihm zum Beispiel in einem Schreiben vom November 1935 an das Amtsgericht Berlin/N(ord) ein guter Leumund bestätigt. B. Husein und seine Frau hatten den Gültigkeitsvermerk ihres Fremdenpasses zu spät verlängern lassen, in dem Schreiben wurde nun darauf gedrängt, die Strafe »niederzuschlagen oder wenigstens stark zu verringern«.[298] Und zu seiner Person heißt es da:

> *»(daß) Husein bisher sich tadellos geführt hat und er als Kellner nur notdürftig sein Auskommen findet, so daß die Geldstrafe für ihn schwer aufzubringen wäre. Husein hat als »Askari« den Weltkrieg auf deutscher Seite in Ostafrika mitgemacht und besaß früher in Anerkennung seiner dabei gezeigten Haltung die deutsche Reichsangehörigkeit. Er ist dem Auswärtigen Amt als besonders anständig bekannt....«*[299]

Dieses Aktenmaterial ist für den hier behandelten Zeitraum besonders interessant, weil wir darin die Behandlung eines einfachen Afrikaners durch die Behörde über einige Zeit mitverfolgen können. Wieder zeigt sich ein hohes Engagement der Behörde, das uns angesichts der Rassenpolitik der NS-Zeit und der Behandlung »nichtarischer« Bevölkerungsgruppen als äußerst seltsam anmutet.

Im Oktober 1936 zum Beispiel ist Bajume Husein durch dauernde Arbeitslosigkeit in einen Mietrückstand geraten, der sich bereits auf 500 M beläuft. Beim Auswärtigen Amt ist man bereit, ihm bei der Abzahlung der Mietschulden mit einem Darlehen zu helfen. Des Weiteren wird er an das Orientalische Seminar vermittelt, dort will man ihn wegen seiner Kisuaheli-Kenntnisse für täglich etwa 2 – 3 Stunden fest anstellen. Sein Verdienst sollte dann 150 M im Monat betragen.[300] Tatsächlich wurde Bajume Husein als Lehrgehilfe mit einem Gehalt

297 RKA, Akte Nr. 1105, Bl. 121127.
298 ebenda, Bl. 119.
299 ebenda
300 ebenda, Bl. 133-144.

von 160 Mark monatlich am Seminar für Orientalische Sprachen angestellt, wie einer Bescheinigung vom 14. Januar 1937 zu entnehmen ist.[301] Darin ging es darum, dass der Verdienst nicht ausreiche, um die Familie mit drei Kindern zu versorgen, und ihm deshalb weitere Verdienstmöglichkeiten verschafft werden sollten. Im März 1937 wird er daher für Bibliotheksarbeiten an den Herrn Amtsrat Böhler vermittelt, was ihm etwa 20 M monatlich einbringen soll. Tatsächlich erfolgt seine Einstellung ab dem 1. April des Jahres für 3 Stunden täglich.[302] In den verbleibenden Seiten der Akte geht es um eine Anfrage beim Heeresarchiv, ob die Verleihung des Frontkämpferehrenkeuzes auch an farbige Angehörige der ehemaligen Schutztruppen möglich ist. Vom Ministerium des Inneren und dem Auswärtigen Amt wird dies abschlägig entschieden und der Antrag Huseins abgelehnt.[303]

Ob auch andere Afrikaner so intensiv betreut wurden oder ob es einen besonderen Anlass gab, Bajume zu unterstützen, kann hier nicht entschieden werden. Doch lassen die bisher eingesehenen Akten ersteres vermute. So wurden mehreren Afrikanern Unterstützungszahlungen durch die Gesellschaft für Eingeborenenkunde zuteil. Die Gesellschaft für Eingeborenenkunde erhielt die dafür nötigen Mittel aus einem Haushaltstitel des Reichsministeriums der Finanzen, und diese beliefen sich für das Jahr 1940 auf insgesamt 4.100 M.[304]

Das Auswärtige Amt verfügte über eine von der Gesellschaft für Eingeborenenkunde im September 1935 erstellte Liste über die von der Gesellschaft im Auftrage des Auswärtigen Amtes betreuten Afrikaner und ihrer Familien aus den früheren deutschen Kolonien.[305] In dieser Liste werden insgesamt 34 Personen namentlich und 31 Kinder aufgezählt. Die Rubriken bildeten neben dem Geburtsland und der aktuellen Anschrift noch den Familienstand und »Sonstiges«, wobei unter »Sonstiges« uneinheitlich Angaben zu Beruf, Staatsangehörigkeit, Kinderzahl u.a.m. gemacht werden.[306]

Dies ist bemerkenswerterweise die einzige bekannte, systema tische Erfassung dieser Personengruppe in Deutschland. Es ist wohl gerade als typisch für die deutsche Situation anzusehen, dass es eben keine solchen gesonderten Erfassungen und Zählungen der Schwar-

301 ebenda, Bl. 146.
302 ebenda, Bl. 147/8.
303 ebenda, Bl. 149163.
304 RKA, Akte Nr. 7562, Bl. 118.
305 ebenda, Bl. 114117.
306 ebenda, siehe Anlage 6.1 Nr. 5.

zen Bevölkerung vorher und auch nach dem II. Weltkrieg gab. Für den deutschen Staat und die Statistik sind diese Personen entweder eingebürgerte Deutsche, oder sie haben eine andere Nationalität und werden dann unter dieser in den Statistiken über Ausländer geführt. Nur der NS-Staat hatte ein Interesse daran, diese Bevölkerungsgruppe zu identifizieren und dabei zu kontrollieren. Wobei bei dieser Liste zu beachten ist, dass nur diejenigen hier erscheinen, die einmal Unterstützung erhielten und es ja noch viele andere Afrikaner gab, die sich aus verschiedenen Gründen nicht an die Berliner Behörden wandten.[307]

Eine Lösung, die dann für die Beschäftigung von AfrikanerInnen gefunden wurde, kam der Absicht, diese Personengruppe zu erfassen und zu überwachen, entgegen. Das war die »Deutsche Afrikaschau«. Zwei Dokumenten ist zu entnehmen, dass diese »AfrikaSchau« im September 1937 als Arbeitsbeschaffung ins Leben gerufen wurde und bis ca. August 1940 durch Deutschland gereist ist.[308] In den gesichteten Materialien befanden sich keine konkreten Nachrichten darüber, wie diese »Schau« eingerichtet wurde und wieviele und welche AfrikanerInnen daran teilnahmen. In den Unterlagen befanden sich lediglich die genannten beiden Dokumente, die sich eher indirekt auf die »AfrikaSchau« beziehen. Den Akten ist jedoch zu entnehmen, dass diese aus öffentlichen Mitteln subventioniert wurde.[309] In dem Schreiben vom 28. August 1940 vom Auswärtigen Amt Abt. Politik an das Finanzministerium wird die »AfrikaSchau« und ihre Einstellung beschrieben:

> *»Um den in Deutschland lebenden Eingeborenen aus den ehemaligen deutschen Schutzgebieten und ihren Abkömmlingen, die aus politischen Gründen keine Möglichkeit zur Rückkehr in ihre Herkunftsländer haben, eine gesicherte Arbeitsmöglichkeit zu schaffen, und zugleich durch ihre Zusammenfassung an einer bestimmten Arbeitsstelle, um die aus rassenpolitischen Erwägungen erforderliche Aufsicht über diese Personen zu er leichtern, war s. Zt. auf Veranlassung des Auswärtigen Amts und anderer beteiligter Stellen, insbesondere der Deutschen Arbeitsfront, die*

307 Gründe hierfür könnten sein: a) wenn sich die Afrikaner bei der Behörde aus politischen oder anderen Gründen unbeliebt gemacht hatten, b) wenn sie wegen einer stolzen Haltung versuchten, sich privat durchzuschlagen, c) oder wenn sie von ihrer lokalen Verwaltung unterstützt wurden und sich daher nicht an Berlin wandten.

308 RKA, Akte Nr. 7562, Bl. 118 u. 128.

309 ebenda, Bl. 123

»Deutsche AfrikaSchau« ins Leben gerufen worden. Diese gab auf Reisen durch ganz Deutschland in Vorträgen und durch Zurschaustellung ethnographischer Gegenstände und dergl. einen Einblick in das Leben und Treiben in den ehemaligen deutschen Schutzgebieten, in ihre Kultur, ihre Entwicklungsmöglichkeiten usw. Jetzt ist plötzlich durch Maßnahmen von Parteidienststellen, die die Unterstützung der zuständigen behördlichen Dienststellen fanden, und die das weitere öffentliche Auftreten von Negern in Deutschland untersagten, der Weiterbetrieb der »AfrikaSchau« unterbunden worden. Hierdurch trat die Notwendigkeit ein, die bei der Schau beschäftigten Neger zu entlassen, die damit erwerbslos wurden. Auf Erwerbslosenfürsorge haben sie keinen Anspruch, da sie nur Fremdenpässe besitzen und Staatenlose nicht unter die Fürsorge-Bestimmungen fallen ....«[310]

Im Folgenden wird in dem Schreiben die Höhe der beantragten Mittel für die Unterstützung der Afrikaner aufgestellt und es wird darauf verwiesen, dass es einen Wechsel des Trägers für die Betreuung der Afrikaner gegeben hat.

»Bisher wurden die Eingeborenen aus den ehemaligen deutschen Schutzgebieten, die in Deutschland leben, und von denen sich mehrere im Weltkrieg auf deutscher Seite bewährt haben und sogar ausgezeichnet worden sind, von der Gesellschaft für Eingeborenenkunde betreut. Für diese Zwecke waren dortseits für das Rechnungsjahr 1940 insges. 4100 RM aus Kap.XVI 1.13 Titel.2(f) zugewiesen worden (...) Der Betrag konnte so niedrig gehalten werden, weil eben ein großer Teil der Eingeborenen in der »AfrikaSchau« seine Existenzmöglichkeit gefunden hatte. Er bedarf mit Rücksicht auf die vorstehende geschilderten Umstände der Erhöhung.
Der Mehrbedarf wird sich nach den bisherigen Erfahrungen und unter Berücksichtigung des Umstandes, daß sich der Kreis der zu Betreuenden vergrößert hat, auf rund 5000 RM belaufen. Bisher hatte, wie oben gesagt, die Deutsche Gesellschaft für Eingeborenenkunde die Eingeborenen betreut. Diese hat jetzt die weitere Betreuung abgelehnt. Dankenswerterweise ist von dem Kolonialdank Stiftung Kolonialkriegerdank im Reichskolonial-

310 RKA, Akte Nr. 7562, Bl. 118.

bund übernommen worden.
Es wird gebeten, einen weiteren Betrag in der angegebenen Höhe zur Verfügung zu stellen.
Die Haushaltsabteilung des Auswärtigen Amts ist beteiligt worden.«[311]

Die Idee der »AfrikaSchau« scheint sich aus verschiedenen Überlegungen heraus gebildet zu haben. In einigen wenigen Dokumenten in der gleichen Akte, datiert vom November 1935, werden noch andere Möglichkeiten der Arbeitsbeschaffungen diskutiert. Zum einen die Einrichtung einer »Kolonialnegerkapelle«, die vom Auswärtigen Amt befürwortet wird. Dagegen wurde eine andere Idee wohl aus praktischen Gründen verworfen. Diese Idee, deren Für und Wider erörtert wurde, bestand darin, ein »Negerdorf« zu Schaustellungszwecken einzurichten.[312] Als positiven Aspekt führt der Schreiber an, dass »eine weit bessere Kontrolle, als bisher möglich gewesen, ausgeübt werden« kann und dass sich »auf diese Weise Rassenvergehen leichter unterbinden« lassen.[313] Die Idee eines Dorfes scheint zu Gunsten der »AfrikaSchau« verworfen worden zu sein.

Eine weitere Maßnahme der Behörde zur Unterstützung der Afrikaner war die Ausstellung eines Ausweises, in dem die ehemalige Schutzgebietszugehörigkeit und die Förderungswürdigkeit bestätigt wurde. Dieser Ausweis liegt im Entwurf vor. Der Entwurf wurde zusammen mit einer Liste arbeitsloser Afrikaner (10 Personen), an die der Ausweis ausgegeben werden sollte, am 29. März 1935 vom Auswärtigen Amt an das Kolonialpolitische Amt der NSDAP geschickt, welches die Orginalversion ausstellen sollte.[314]

»... Mit Beziehung auf das dortige Schreiben vom 25. Januar ds.Js. und die telefonische Rücksprache mit Gesandtschaftsrat v. Strahl in der Angelegenheit betr. Arbeitsbeschaffung für eine Anzahl in Berlin befindlicher arbeitsloser Neger wird anliegend der Entwurf für Ausweis überreicht, die an die in Frage kommenden Neger auszuhändigen wären.

311 RKA, Akte Nr. 7562, Bl. 118.
312 RKA, Akte Nr. 7562, Bl. 123.
313 ebenda
314 siehe Anhang 6.1 Nr. 6.

Gleichzeitig wird eine namentliche Liste über die in Berlin befindlichen arbeitslosen Neger beigefügt, aus der auch die berufliche Eignung der Betreffenden ersichtlich ist. (...)
Falls Sie es ermöglichen könnten, für die übrigen beschäftigungslosen Neger, die bisher aus hiesigen amtlichen Mitteln notdürftig unterhalten wurden – die betreffenden Fonds sind jedoch jetzt leider erschöpft – recht bald eine geeignete Tätigkeit ausfindig zu machen, vielleicht durch Rückfrage bei den übrigen größeren Zoologischen Gärten Deutschlands, so wäre ich hierfür außerordentlich dankbar.[315]

Der Ausweis sah folgendermaßen aus:

»Dem
geb in
Angehöriger des heute unter Mandatsverwaltung stehenden Schutzgebietes
wird hierdurch die Erlaubnis erteilt, als (z.B.) Musiker und Artist frei und unbehindert innerhalb des Reiches seinen Beruf auszuüben. Derselbe wird dem besonderen Schutze der zuständigen örtlichen Parteiorganisation wärmstens empfohlen. Nationalsozialistische Deutsche Arbeiterpartei Reichsleitung Kolonialpolitisches Amt Berlin« [316]

3.1.3 Nationalsozialistische Kolonialpolitik

Um die Politik der NS-Regierung gegenüber den AfrikanerInnen in Deutschland zu verstehen, ist es nötig, einen Blick auf die kolonialen Bestrebungen des NS-Staates zu werfen. Welche Pläne der Hitler-Faschismus für Afrika bereithielt, finden wir in der Untersuchung des Historikers Kum'a Ndumbes »Was wollte Hitler in Afrika? – NS-Planungen für eine faschistische Neugestaltung Afrikas« ausführlich dargestellt.[317] Ndumbe hat in seiner umfangreichen Untersuchung die wirtschaftlichen, politischen und militärischen Planungen, Theorien und Umsetzungen zu den Plänen für ein afrikanisches Kolonialreich anhand von Archivmaterial und vor allem der Schriften von

315 RKA, Akte Nr. 7562, Bl. 104.
316 ebenda, Bl. 105.
317 Ndumbe, Kum'a, Was wollte Hitler in Afrika? NS-Planungen für eine faschistische Neugestaltung Afrikas, Frankfurt a.M. 1993.

NS-Theoretikern und anderen Persönlichkeiten der deutschen Wirtschaft und Politk untersucht.

Darin zeigt Ndumbe, dass die NS-Planung ein »Mittelafrikanisches Kolonialreich« als wirtschaftlichen Ergänzungsraum für ein Europa unter deutscher Herrschaft vorgesehen hatte.[318] So zitiert er einen Artikel aus der Zeitschrift Deutscher Kolonialdienst (DKD), in dem diese Zielsetzung deutlich zum Ausdruck kommt.[319]

> *»Erst mit den politischen Veränderungen dieses Krieges und der kommenden Neuordnung der Welt wird Afrika, wenn nicht die einzige, so doch die wichtigste tropische Ergänzung Europas. Seine zukünftige Bedeutung kann daher auch nur mehr im Rahmen einer europäischafrikanischen Ergänzungswirtschaft gesehen werden.«*[320]

Ndumbe führt weiter aus, dass es nach der Niederlage Frankreichs 1940 aus deutscher Sicht nicht mehr darum ging, die Forderung nach Kolonien mit den Bedürfnissen der deutschen Industrie zu rechtfertigen, sondern es sollte gezeigt werden, »ob Afrika imstande war, einem Europa unter deutscher Herrschaft zu dienen«:

> *»Aus diesem Grunde griff der Geopolitiker Erich Obst, der in einem Artikel die koloniale Expansion nach Osten und nach Afrika propagierte, den Slogan wieder auf, der die imperialistischen Absichten treffend zusammenfaßte ‚Burafrika den Europäern!'*[321]*, womit gemeint war, dass eine eurafrikanische Gemeinschaft, wie sie sich die Europäer vorstellten, in erster Linie in deren Diensten stehen sollte. Die Europäer sollten ihre Kräfte nicht mehr in erschöpfenden und wenig rentablen Konkurrenzkämpfen vergeuden, indem sie auf dem afrikanischen Kontinent besondere Einflußgebiete schufen, sie sollten im Gegenteil ihre gesamte Energie um GroßDeutschland sammeln, um gemeinsam und mit größerem Gewinn die afrikanischen Ressourcen auszubeuten.«*[322]

318 Ndumbe, ebenda, S. 68.

319 ebenda; Schmitt, M., Leistung und Potential der afrikanischen Wirtschaft, in: Deutscher Kolonialdienst 1942, Heft 910, S. 91ff.

320 ebenda

321 Obst, E., Ostbewegung und Afrikanische Kolonialisation als Teilaufgaben einer abendländischen Großraumpolitik, in: Zeitschrift für Erdkunde?, 1941, Heft 912, S. 266.

322 Ndumbe, ebenda, S. 68.

Und weiter:

> *»In seiner Denkschrift vom 29. August 1940 drängt J. Rohrbach darauf, dass die Wirtschaft Afrikas als Ganzes auf die europäischen Bedürfnisse abgestimmt wird.*[323]
> *Er spricht sich für eine »Ökonomie großen Stils« aus, da die Neuordnung Europas unter deutscher Hegemonie auch eine analoge Restrukturierung Afrikas erfordere. So würde man Deutschland als der neuen Zentralmacht »die kollektive Verantwortung« nicht nur für Europa, sondern für ganz Eurafrika übertragen. In dieser von Europa geplanten Wirtschaft muß Afrika notwendigerweise als natürliche und historische Einflußzone Europas im Inneren des tropischen Raumes angesehen werden, und folglich müssen die wichtigsten Gebiete unter direkte oder indirekte deutsche Leitung gestellt werden. Diese neue eurafrikanische Gemeinschaft wäre stark genug, um Angriffen eines Amerikas unter der Hegemonie der Vereinigten Staaten zu widerstehen.«*[324]

Die Ausdehnung des anvisierten »Mittelafrikanischen Kolonialreiches« stellte man sich so vor, dass es die Gebiete zwischen Sierra Leone, Südwestafrika und Tanganjika umfasste.[325] Wobei von der Niederlage Frankreichs als auch Großbritanniens ausgegangen wurde. Die Argumentation vor allem des Auswärtigen Amtes – im »Friedensplan« vom November 1940 – betonte, dass die Ressourcen Afrikas nach dem Kriege nicht nur Deutschland, sondern ganz Europa zugute kommen müssten.[326]

In Vorbereitung oder schon im Entwurf vorliegend, erarbeitet durch verschiedene Reichsbehörden, war eine Reichskolonialgesetzgebung, die die wirtschaftlichen und sozialen Gegebenheiten eines solchen Kolonialreiches regeln sollten.[327] Dies unterstreicht die Ernsthaftigkeit und Zielstrebigkeit, mit der die kolonialen Pläne von der NS-Regierung betrieben wurden.

323 Deutsches Wirtschaftsinstitut [DWI], A 26/44, S.10, J. Rohrbach, Das neue deutsche Kolonialreich in Afrika: Umfang, Aufgaben, und Leistungsmöglichkeiten, Berlin, 1940.

324 Ndumbe, ebenda, S. 69.

325 ebenda, S. 50ff.

326 ebenda, S. 69; Ausw. Amt Bonn, UStS, Kolonien 19371942, Bl. D. 52374556, Die territorialen Kolonialforderungen an Frankreich im Rahmen der Gesamtforderungen vom 6. Nov. 1940.

327 ebenda, Kap. 1.4 Die Einbeziehung der afrikanischen Wirtschaft in den Wirtschaftskreislauf des Deutschen Reiches, S. 74ff und Kap. 3.0 Koloniale Verwaltung und Gerichtsbarkeit, S. 113-136.

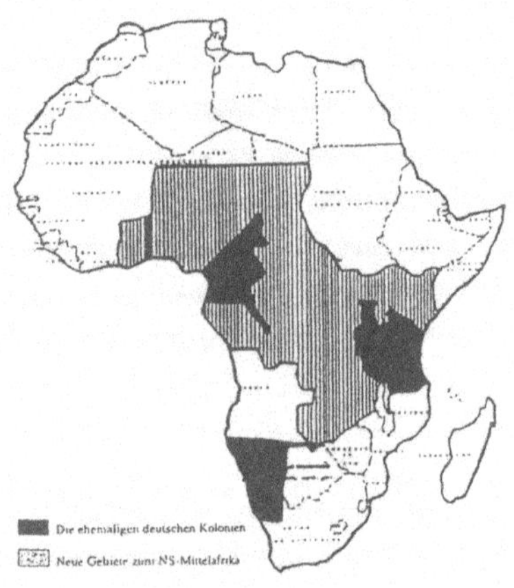

Das Ziel der Errichtung eines »Mittelafrikanischen Kolonialreiches« war, so Ndumbe, vor allem nach 1936 auf deutscher Seite unumstritten, doch es stellte sich die Frage, wie ein neues koloniales Unterfangen politisch und ideologisch zu rechtfertigen sei. Wurden doch im Ausland gegen solche Forderungen verschiedene Stimmen laut, »Die meinten es sei unmoralisch, Nazi-Deutschland Kolonien zu geben. Das geläufigste Argument war, wie soll ein rassistisches Land, das schon innerhalb seiner Grenzen eine antisemitische Politik betrieb, Afrikaner kolonisieren können, die noch nicht einmal der weißen Rasse zugehören?« Die NS-Politiker argumentierten dagegen, »dass die deutschen Forderungen nicht nur ideologisch zu rechtfertigen seien, sondern dass auch die Grundsätze einer zukünftigen Rassenpolitik in den Kolonien den Frieden in der Welt garantieren würden.«[328] Sie analysierten und kritisierten die Politik der wichtigsten beiden großen Kolonialmächte Europas, die Frankreichs und die Großbritanniens, hauptsächlich unter dem Aspekt der Rassenpolitik und stellten sich dann die Frage, wie NS-Deutschland mit Afrika umgehen sollte. Ndumbe führt weiter aus, dass die verschiedenen Experten auf der Ausarbeitung einer klaren Theorie bestanden, die eine kohärente Verbindung zwischen Ideologie und praktischer Politik festlegen sollte. Dies bedeutete, dass eine Afrikapolitik Deutschlands den

328 Ndumbe, ebenda, S. 81ff.

NS-Theorien angepasst sein musste. Das zeigte sich auch an einer Reihe von Publikationen von Afrikanisten und Rassentheoretikern, die der Autor dann anführt, z.B. »Kolonialprobleme und nationalsozialistischer Rassenstandpunkt«, »Koloniales Problem und Rassenproblem«, »Rassenhygiene und Kolonialpolitik«[329] und »Die zukünftige deutsche Rassenpolitik in Afrika« u.a.m. ...[330] Dort hieß es dann zum Beispiel:

> *»Es ist notwendig, daß wir ein Programm unserer zukünftigen Kolonialpolitik aufstellen können, das den Anspruch erhebt, besser zu sein als die bisherige Praxis der anderen.*[331]

Den kolonialisierten Völkern sollte eine solche Politik angeblich Eigenständigkeit garantieren.

> *»(So) gibt gerade der Rassenstandpunkt des deutschen Volkes die Gewähr für eine Achtung auch der andersrassigen Werte und ist fern jeglicher Diskriminierung und jeglichen Rassenhasses.*[332]

Dieser deutsche »Rassenstandpunkt« der NS-Ära, soweit er Schwarze und Weiße betraf, läßt sich in Kürze folgendermaßen darstellen. Im entsprechenden Kapitel bei Kum'a Ndumbe heißt es:

> *»Der gesamte Menschheitsbegriff sollte durch den neuen Begriff der »Rassen« ersetzt werden. Nach diesen Anschauungen könnte man nicht von einer rein abstrakten Menschheit sprechen, nur weil man Wesen mit menschlichem Angesicht sähe.«*[333]

Und der Direktor des Rassenpolitischen Amtes Walter Groß schrieb zu den unterschiedlichen Charakteristika, in denen sich die verschiedenen Menschengruppen unterscheiden würden:

> *»Der Grund für diese Verschiedenheit der Menschen ist nicht das Klima oder die Ernährung oder die Entwicklung der Kultur oder äußere Umstände, sondern der fundamentale Grund für die Ver-*

329 Rodenwaldt, E., Rassenhygiene und Kolonialpolitik, in DKD, Heft 1939, S. 180.
330 Ndumbe, ebenda, S. 88f.
331 Rassenpolitische Feststellungen zum deutschen Kolonialprogramm, in: RAK, Heft 2, 1939, S. 1.
332 Schöckel, P. , Kolonien bedeuten Frieden in Europa, in: RAK, Heft 2, 1936, S.2.
333 Ndumbe, ebenda, Kap. 2.2 Eigenart und Stellung der »Rassen« aus Nazisicht, S. 91 113.

schiedenheit in der Menschheit auf dieser Welt liegt im Rassischen, liegt in den erblichen Anlagen. […] Wir sehen heute die Vielgestaltigkeit und Vielheit der Menschenformen auf dieser Erde, die sich äußerlich unterscheiden in Wuchs oder Farbe, im Bau des Kopfes, der Gliedmaßen, und die sich innerlich unterscheiden in ihren letzten wesentlichsten seelischen Zügen; sie sind verschieden, einfach aus erblichen Gründen, und die Anerkennung der Verschiedenheit ist ein Gebot der Sachlichkeit und Objektivität.«[334]

Jedoch sollte dies nach Meinung des Autors nicht bedeuten, dass es eine Rangordnung der Wertigkeit der Menschen gäbe. Dazu der gleiche Autor:

»... ob das eine besser ist als das andere, mehr wert ist als das andere, ist eine gänzlich abwegige Frage. Genau so sehen wir vom Standpunkt der deutschen Rassenpolitik aus diese Dinge an. Wir werten auch nicht, wir sagen auch nicht, daß die eine Rasse mehr wert wäre als die andere, oder daß eine Rasse absolut nichts wert wäre gegenüber anderen, sondern wir sagen: Die Rassen dieser Erde sind verschieden.[335]

So behauptete Groß, der Respekt vor anderen Rassen sei also nicht nur zwingend geboten, sondern entspringe der Logik der NS-Rassenkonzeption selbst.[336] Bei Ndumbe wird Groß hierzu ein letztes Mal zitiert:

»Wir haben nicht aus propagandistischen Gründen, sondern aus innerer ehrlicher Überzeugung gesagt, dass Rassenpolitik und rassisches Denken ein Fundament einer künftigen Weltfriedenspolitik sein könnte, weil im Grunde rassisches Denken nichts weiter heißt, als auf seine eigene Art stolz zu sein und deshalb auch die eigene Art aller anderen zu achten und zu schätzen. [337]

In dem Rechtfertigungssystem der NS-Ideologie sollte der »Rassegedanke« den Frieden garantieren, indem er die Völker an ihrem

334 Ndumbe, ebenda, S. 92; Groß, W., Der deutsche Rassegedanke und die Welt, in: RAK, Heft 78, 1936, S. 6.
335 ebenda, S. 6.
336 ebenda, S. 93.
337 Groß, ebenda, S. 6.

ihren Erbanlagen entsprechenden Platz hielt. Das drückten sie dann so aus, dass dieser, »da er die Besonderheit der eingeborenen Völker und Stämme erhalten und aus ihnen, unter strenger Achtung ihrer rassischen Anlagen, produktive Mitglieder der großen Völkerfamilie dieser Erde machen werde«.[338]

Diese Argumentation war jedoch ein halbherziger Versuch, die geplante Unterwerfung euphemistisch einzukleiden, wie sich bei weiterer Betrachtung der NS-Argumentation zeigt. Denn die Definition der jeweiligen Volkscharakteristika in der NS-Rassentheorie wurde dann so behauptet, dass den Schwarzen unterstellt wurde, ihr Schicksal sei das von Sklaven und das der Weißen entsprechend das der Herren. »Die Herrenvölker haben aufgrund ihrer Erbfaktoren das Urrecht, Herrenvölker zu sein.«[339]

Aus dem soeben Dargestellten ergaben sich die Widersprüche in der Behandlung der in Deutschland lebenden Afrikaner. Denn man hoffte, sie im Sinne der eigenen Kolonialpläne noch einsetzen zu können und nahm daher in gewissem Maße auf die Befindlichkeit der Afrikaner Rücksicht. Jedoch konnte nicht verhindert werden, dass große Teile die Bevölkerung die von den Nazis proklamierte Rassenideologie auch umsetzten und gegen die Afrikaner im Einzelnen vorgingen.

Dazu noch einmal ein Beispiel aus den Akten von 1934:

> *»Die Entwicklung des Rassenproblems in Deutschland hat für die hier lebenden, aus unseren ehemaligen afrikanischen Schutzgebieten stammenden Neger sehr nachträgliche Folgen gehabt.*
> *Die Schwierigkeiten, denen die Neger in der praktischen Auswirkung der Rassenfrage begegnen, sind weniger auf behördliche Maßnahmen zurückzuführen als vielmehr auf die allgemeine Stimmung der Bevölkerung.*
> *An behördlichen Maßnahmen hat sich nach Angabe der Betroffenen in der Hauptsache nur die Entziehung der deutschen Pässe und ihr Ersatz durch Fremdenpässe nachteilig ausgewirkt. Reisen ins Ausland seien den Negern dadurch fast unmöglich gemacht. Dies bedeutet für die hier lebenden Neger, von denen eine verhältnismäßig große Zahl in Musikkapellen mitwirkt, die Unmög-*

338 Ndumbe, ebenda, S.93.
339 Ndumbe, ebenda, S. 98; Hecht, G., Die Bedeutung des Rassegedankens in der Kolonialpolitik, Berlin 1937, S. 2.

lichkeit, Verdienst im Ausland zu finden. Die allgemeine Stimmung der Bevölkerung in der Rassenfrage wirkt sich dahin aus, daß die Neger häufig persönlichen Beleidigungen und Zurücksetzungen ausgesetzt sind, vor allem aber darin, daß mit Rücksicht auf die Stimmung des Publikums kein Unternehmer es wagt, Neger einzustellen. Auf diese Weise ist den Negern praktisch auch im Inland die Möglichkeit eines Verdienstes genommen. Dadurch werden gerade die anständigen Elemente unter ihnen auf das schwerste getroffen.

Daß bei dieser Sachlage eine Mißstimmung unter den Negern entsteht, ist selbstverständlich. Diese Mißstimmung ist deswegen für uns besonders unangenehm, weil sie nicht auf die hier lebenden Neger beschränkt bleibt, sondern sich durch die Beziehungen, die sie selbstverständlicherweise nach Afrika haben, auch in Afrika auswirkt. Der ungünstige Einfluß dieser Mißstimmung ist deshalb besonders stark, weil diese Neger infolge ihres langjährigen Aufenthalts in Europa und ihrer dadurch gegenüber ihren afrikanischen Stammesgenossen stark erweiterten Kenntnisse auf diese erklärlicherweise einen besonders großen Einfluß ausüben. Sollte die Frage der Mandatserteilung an Deutschland in Afrika einmal akut werden, kann dieser Umstand für Deutschland höchst unangenehme Rückwirkungen haben. Die einer deutschen kolonialen Betätigung feindlich gegenüberstehenden Auslandskreise würden sicherlich versuchen, daraus Kapital zu schlagen, teils durch die Aufstachelung der Negerbevölkerung des betreffenden Gebiets, teils durch Presse und andere Propaganda in den europäischen Ländern.

Es sollte daher versucht werden, die Gründe für die Mißstimmung der hier lebenden Neger nach Möglichkeit zu beseitigen.«[340]

Dieses Schreiben begleitete die Kopien der Schrift des Kwassi Bruce, die von der Kolonialabteilung des Auswärtigen Amtes an verschiedene Stellen gesandt wurde. Möglicherweise stellt dieser Rundbrief den Beginn der oben angeführten Diskussion innerhalb der Behörden und den Institutionen der NS-Zeit zur Lage der Afrikaner dar.

Wie die Politik ihnen gegenüber weitergegangen wäre, nachdem die kolonialen Pläne durchgesetzt worden wären, ist noch kaum einschätzbar. Hatte doch die Verfolgung der verschiedenen Gruppen

340 RKA, Akte Nr. 7562, Bl. 88/89.

von Opfern analog zu den Erfolgen bzw. der Dauer des NS-Regimes stattgefunden. Und so fragten sich die Afrikaner, wie aus dem Interview mit Doris Reiprich und Erika Ngambi, den Töchtern der Dieks, zu erfahren ist, wann denn sie, die Afrikaner, an die Reihe kämen.

3.1.4 Verfolgung durch den NS-Staat

Hauptbestandteile der Verfolgung von Afro-Deutschen in der Zeit des Nazi-Faschismus war die Sterilisation und die Verschleppung zu Zwangsarbeit. Hinzu kam noch die Verfolgung von Mischehen und außerehelichen Verbindungen zwischen als arisch und nicht-arisch definierten PartnerInnen, der Verstoß gegen das Gebot zur »Reinhaltung des deutschen Blutes« wurde mit Zuchthaus bestraft.[341] Der Text dieses Gesetzes benannte zunächst nur Juden, doch wurde es dann in den Kommentaren und Runderlassen auch auf »Zigeuner« und Schwarze Mischlinge bezogen. Dabei wurde in einem Runderlass von 1936 davon ausgegangen, dass das »Negerblut« so stark wirkt, dass es noch bis in die 7. und 8. Generation äußerlich in Erscheinung tritt und daher bei der Eheschließung zwischen einer deutschen Person und einer Person mit einem Viertel oder noch weniger Schwarzem Anteil eine strenge Prüfung veranlasst ist. In Zweifelsfällen sei gar eine Entscheidung des Reichsministeriums des Inneren einzuholen.[342]

Die Diskussion um die Sterilisation Afro-Deutscher und anderer bi-ethnischer Personen und Kinder reicht schon vor die Zeit des Hitler-Faschismus, in die Weimarer Republik zurück.[343]Diese Personen waren deutsche Staatsbürger und konnten daher ohne weiteres andere Deutsche heiraten, das beunruhigte die überzeugten Rassenfanatiker auch vor 1933.[344]

341 Gesetz zum Schutze des deutschen Blutes und der deutschen Ehre vom 15.9.1935, in: Verfolgung, Vertreibung, Vernichtung, Dokumente des faschistischen Antisemitismus 1933 bis 1942, Pätzold, Kurt (Hg.), Frankfurt a.M., 1984.

342 Runderlaß des Reichsministers des Innern an die Landesregierung, die Standesbeamten in Preußen u.a. vom 3. Januar 1936. betr. die Durchführung des »Blutschutzgesetzes«, Absatz 3, in: Pätzold, ebenda, S. 121-123.

343 Pommerin, R., »Sterilisierung der Rheinlandbastarde«. Das Schicksal einer farbigen deutschen Minderheit 1918-1937,Düsseldorf 1979, S. 29, 34ff; Opitz, M., Afro Deutsche. Ihre Kultur und Sozialgeschichte auf dem Hintergrund gesellschaftlicher Veränderungen, in Oguntoye/Opitz/Schultz, Farbe bekennen. AfroDeutsche Frauen auf den Spuren ihrer Geschichte, S. 52f.

344 Unterschied zum großen Teil der Untersuchungsgruppe, die zunächst Schutzgebietsangehörigenausweise und später Fremdenpässe hatten.

Als am 1. April 1933, nur neun Wochen nach der »Machtergreifung«, der neue preußische Innenminister Hermann Göring die Erstellung einer Statisik »über die Anzahl und das Alter der von farbigen Soldaten der früheren Besatzungstruppen im Rheinland mit deutschen Frauen und Mädchen gezeugten Mischlinge« forderte, konnten die örtlichen Stellen zum Teil auf bereits bestehende Listen zurückgreifen.[345] Diese Statistiken mussten sehr unvollständig bleiben, da einerseits oft nicht feststellbar war, ob die Kinder schwarze oder weiße, französische oder belgische Väter hatten, und die Mütter dazu keine oder auch falsche Angaben machten. Die Zahl der 1934 zwischen 4 und 15 Jahre alten Kinder, die nachweislich von »farbigen« Soldaten gezeugt war, betrug in Preußen insgesamt 145.[346] Die spätere Schätzung lag bei ca. 500-600 Kindern und Jugendlichen. Da die reinen Zahlen eher unbefriedigend waren, beauftragte das Ministerium des Inneren den Anthropologen Dr. W. Abel mit der Durchführung einer Untersuchung dieser Gruppe. Da in Wiesbaden mit 89 Kindern die größte Gruppe angegeben worden war und als einzige sie namentlich aufführte, sollte die Untersuchung hier stattfinden. Abel untersuchte 27 Kinder marokkanischer und 6 Kinder asiatischer Abstammung. Er bescheinigte ersteren geringere schulische Leistungsfähigkeit, Neigung zu Frühpsychosen, Unerziehbarkeit, Liederlichkeit und Jähzorn u.a.m. Diese Untersuchungsergebnisse bildeten die Grundlage für die weitere Erörterung und die Beschlüsse zur »Lösung« dieser Frage.[347]

Die von Reiner Pommerin untersuchte Gruppe ist nicht deckungsgleich mit der hier in Frage stehenden Personengruppe. Einmal sind die bi-ethnischen Kinder aus dem Rheinland wegen der marokkanischen Herkunft ihrer Väter mehrheitlich nicht als afrikanisch zu erkennen, und zum anderen besaßen sie alle, wie schon erwähnt, die deutsche Staatsangehörigkeit. Es werden in den von Pommerin angeführten Zählungen nur 3 Kinder genannt, die von schwarzen Zivilisten abstammen.

Dies hatte wohl zu bedeuten, dass die Gruppe der aus den ehemaligen Schutzgebieten stammenden AfrikanerInnen bzw. ihre Kinder von diesen Statistiken zunächst nicht betroffen waren, sondern nur, wenn sie eher zufällig in sie einbezogen bzw. durch sie erfasst wurden.

345 Pommerin, ebenda, S. 45f.
346 ebenda
347 Pommerin, ebenda

Die Diskussionen und Untersuchungen führten in jedem Fall nicht gleich zur angestrebten Unfruchtbarmachung der Kinder und Jugendlichen bi-ethnischer Herkunft. Zu groß waren die außenpolitischen Bedenken. Im November 1933 kam es auf Veranlassung des Auswärtigen Amtes zu einer sogenannten Chefbesprechung zur ,Rassenfrage«. Die Nachricht über die deutsche Rassenpolitik hatte in verschiedenen Ländern, darunter Ceylon, Japan und Indien zu äußerst negativen Auswirkungen auf die Beziehung mit Deutschland geführt. Pommerin fasst zusammen:

> *»Der Handel erlitte schweren Schaden und die Auslandsdeutschen verlören möglicherweise ihre Existenz. Die beteiligten Ressorts müssen sich nunmehr darüber klar werden, ob diese Opfer in Kauf genommen werden sollten oder Wege gefunden werden könnten, die das Ziel der «rassischen Erneuerung des deutschen Volkes« ohne Schädigung der außenpolitischen Interessen ermögliche. Die Behandlung dieser Frage sei eilig: «wir dürfen auch nicht vergessen, daß wir, nachdem jetzt die Hetze gegen Deutschland wegen der Judenfrage doch etwas abzuflauen beginnt, der feindlichen Propaganda nicht durch die Farbigen-Frage neuen Stoff für die Bekämpfung des neuen Deutschland liefern«.«*[348]

Im Außenministerium schlug man vor, die »Ariergesetzgebung« so zu ändern, dass sie ausschließlich auf die jüdische Bevölkerung angewendet würde, aber Japaner, Chinesen, Südamerikaner und andere ausgespart bleiben. Sollte eine Änderung des Gesetzes nicht infrage kommen, »wollte das Auswärtige Amt auf eine den lokalen Behörden und Parteistellen zu erteilenden Weisung hin arbeiten bei bestimmten Gelegenheiten, wenn es außenpolitisch zweckmäßig erschien beispielsweise einen afrikanischen Neger gleichberechtigt zu behandeln.«[349] So könnten kolonialpolitische Vorteile erreicht werden. Das kolonialpolitische Amt der NSDAP und das Reichs-Innenministerium lehnten dieses Ansinnen mit dem Verweis auf die Grundsätze der NS-Politik ab.

Im März 1935 wurden in der Arbeitsgemeinschaft II des Sachverständigenbeirats für Bevölkerungs und Rassenpolitik vom Leiter des Rassenpolitischen Amtes der NSDAP, Dr. Groß, die verschiedenen

348 ebenda, S. 55.
349 Pommerin, ebenda, S. 66.

Möglichkeiten zur Sterilisierung der Nachkommen schwarzer Soldaten dargelegt.[350] Klar war, dass eine legale Möglichkeit zur Sterilisation nicht bestand. Unter das Gesetz zum Schutze des deutschen Blutes fielen diese Kinder nur, wenn sie unter den darin aufgeführten Erbkrankheiten litten. Das würde in der Regel bedeuten, dass die zuständigen Organe wie Kreisarzt, Gesundheitsamt und Gesundheitsobergericht diese gesetzliche Indikation in stillschweigender Übereinkunft konstruierten. Groß ging davon aus, dass eine geeignete Haltung jedoch bisher nicht vorhanden sei. Die zweite Möglichkeit eines neuen Gesetzes zur Sterilisierung von schwarzen Deutschen würde außenpolitisch zu viele Belastungen bringen und wird deshalb verworfen. Letzte Möglichkeit wäre die illegale Sterilisation durch ein geheimes autorisiertes Sonderorgan. Voraussetzung seien präzise Unterlagen über die Abstammung und die schriftliche Einwilligung der Mütter.[351] Im Sommer 1937 wurde die letzte Überlegung der illegalen Sterilisation grausame Realität. Bei der Gestapo in der Prinz-Albert-Str. wurde die »Sonderkommission 3« gebildet und mit der unauffälligen Durchführung der Aktion beauftragt. Im Laufe des Jahres erfolgten dann zahlreiche Sterilisationen an den hierzu verhafteten oder herbei zitierten Kindern und Jugendlichen. Ihre Familien versuchten sie in der Regel zu beschützen, doch wurde die »freiwillige« Zustimmung der Mütter mit den im NS-Regime üblichen Mitteln herbeigeführt. So steht in den Aufzeichnungen des Legationsrats Rademacher vom Auswärtigen Amt:

> *»Durch interne Verwaltungsmaßnahmen ist die Möglichkeit gegeben, die Mischlinge an einer Fortpflanzung zu hindern. Die Mutter kann durch Zwangserziehung im Konzentrationslager für die deutsche Gemeinschaft zurückgewonnen werden.«*[352]

Durch die Berichte von Überlebenden dieser Zeit erfahren wir, wie die Zwangssterilisation auf die einzelnen und ihr Leben wirkte. So berichtet Hans Haug, Jahrgang 1920, in einer Dokumentar-Sendung des Saarländischen Rundfunks[353], wie er 1937 von drei Beamten aus der Wohnung seiner Großmutter, bei der er lebte, abgeholt wurde

350 ebenda, S. 72.
351 ebenda, S. 74.
352 Pommerin, ebenda, S. 83.
353 »Deutsche sind weiß, Neger können keine Deutschen sein« Eine Dokumentation von Christel Primer, Saarländischer Rundfunk 1986.

und in ein Krankenhaus in Saarbrücken gebracht wurde. Dort wurden er und andere Leidensgenossen sofort sterilisiert.

Hans Haug machte später einen Selbstmordversuch, weil er wie die anderen betroffenen Jungen nicht mehr als wehrwürdig angesehen wurde und er zu dieser Zeit das Dasein als Soldat als eine Ehre auffasste.

Ein anderer Augenzeugenbericht ist der der Schwestern der Familie Diek. Darin wird deutlich, dass nicht nur Kinder und Jugendliche sterilisiert wurden, sondern auch Erwachsene, auch wenn in der Literatur und den Akten bisher keine Belege dafür ausfindig gemacht wurden.

Sie berichten von einem guten Bekannten, der nur mit dem Vornamen Peter genannt wird. Er hatte bereits eine Frau und drei Kinder, als er sterilisiert wurde. Zwar wurde ihnen nicht gestattet zu heiraten, aber das hatte sie nicht gehindert, eine Familie zu gründen. Später schickte er seine Frau und die Kinder in die Schweiz, um sie vor dem Zugriff der Nazis zu schützen.[354]

> *»Erika Ng.: (...) und dann kam er nach Berlin zur Sterilisation und hat sich bei mir gemeldet. Und dann sagte er noch, sie haben ihn sterilisiert und gleich nach Hause geschickt. Nicht irgendwie noch ruhen lassen. Die haben diesen kranken Mann gleich weggeschickt.*
> *Doris R.: Andere haben sie ja auch sterilisiert: Fatima, Gerda, Hanna Peters, Herrn Wessel u.a.m.*
> *Erika Ng.: Dich wollten sie ja auch sterilisieren! Doris R.: Warum sie mich haben laufen lassen, ich weiß es nicht. Ich habe natürlich fürchterlich geheult, wie wir da rausgefahren sind, und der eine, der hat mich dann noch trösten wollen. Er hat mich nach meinem Vater gefragt.*
> *K.Ogun..: Kannte er dich?*
> *Doris R.: Ja, unser Vater war doch stadtbekannt.*[355]

Wahrscheinlich hat sie die persönliche Sentimentalität des Beamten und die Bekanntheit der Familie in Danzig vor der Sterilisation bewahrt, doch das war wohl eine Ausnahme. In der weiteren Erzählung erfahren wir dann weiter, dass auch weiße Mütter mit ihren Kindern ste-

354 Interview vom 20.4.85, S. 23.
355 Interview vom 20.4.85, S. 23.

rilisiert wurden und/oder sie mit ihnen ins KZ gebracht wurden. Dazu fanden sich weder in der Literatur noch in den Akten Belege. Um hier wissenschaftlich verwertbares Material zu finden, muss eine eigene Fragestellung entwickelt werden, die zu geeignetem Material führt. Das gleiche gilt für den Leidensweg von AfrikanerInnen, Afro-Deutschen und ihren Familienangehörigen ins und im Konzentrationslager. Die Befragung von in verschiedenen Gedenkstätten Forschenden blieb bisher ergebnislos. Höchstwahrscheinlich wurden schwarze Menschen unter ganz verschiedenen Aspekten von NS-Schergen verfolgt oder ins KZ verbracht, zum Beispiel wegen Tätigkeit in einer sozialistischen Organisation oder unter der Angabe »asozial« u.a.m.

Das Beispiel von Doris Reiprich, die im Dezember 1944 von SS-Männern, sogenannten Kettenhunden, auf der Straße angehalten und, weil sie nur einen Fremdenpass hatte, von ihnen zur Zwangsarbeit im Freien auf die Danziger Werft verschleppt wurde, zeigt uns, wie schwierig es sein dürfte, an solcherlei Information heranzukommen. Frau Reiprich und ihr Mann bewahrten glücklicherweise ihre Unterlagen sorgfältig auf und waren so freundlich, sie für die Forschung zur Verfügung zu stellen. So liegt vom November 1948 eine Bescheinigung als Opfer des Faschismus vor. Ausgestellt wurde die Urkunde vom Magistrat der Stadt Berlin, Hauptausschuss »Opfer des Faschismus«, Tempelhof. Für das hier besprochene Thema weiterhin interessant ist die beglaubigte Erklärung des Holländers Cornelis J. von der Want vom 15. Juli 1964. Hier erfahren wir von den gesundheitlichen Schäden, die Frau Reiprich erlitten hatte, und von dem KZ-Aufenthalt seiner afro-deutschen Ehefrau und von ihm selbst.[356]

Erklärung:
Frau Dorothea Reiprich, geb. Diek, ist mir seit ca. 30 Jahren bestens bekannt. Sie ist eine Cousine meiner früheren Ehefrau, Josepha v.d. Want, geb. Boholle, welche im Jahre 1955 an einem Leiden verstorben ist, das sie sich im KZ zugezogen hatte, meine verstorbene Ehefrau war auch Mulattin.
1943 wurden meine Frau, meine Schwiegermutter und ich von der Bromberger Gestapo verhaftet
Anfang Februar 1945 gelang mir zusammen mit einem polnischen Gefährten während eines Umtransportes in der Nähe von Danzig

356 siehe Anhang 6.1 Dok. Nr. 7.

die Flucht. Frau Diek, die Mutter der Frau Reiprich, nahm uns auf, versteckte und pflegte uns in ihrer Wohnung in Danzig, Pfefferstad Fräulein Diek, die jetzige Frau Reiprich, lag zu dieser Zeit in einer abgelegenen Dachkammer mit heftigem Fieber zu Bett.
Wie Frau Diek uns sagte, (und Fräulein Diek es uns später auch selbst erzählte) war ihre Tochter Mitte Dezember 44 als Mulattin von einer Streife auf der Straße angehalten und nach den Papieren gefragt worden. Da Fräulein Diek nur über einen staatenlosen Pass verfügte, wurde sie zusammen mit mehreren Personen zur Werft geführt, wo sie schwere Röhren verladen mußten.
Da die Dieks als einzige Farbigen in Danzig sehr bekannt waren, erfuhr Frau Diek durch zufällige Passanten davon. Während eines Bombenangriffes gelang es mehreren Personen – darunter auch Fräulein Diek – zuflüchten. Sie hatte sich jedoch bei der schweren ungewohnten Arbeit im Freien stark erkältet und fieberte sehr.
Einen Arzt konnte Frau Diek nicht holen, da ihre Tochter einmal ausgerückt war und zum Anderen schon lange zur Sterilisierung gesucht wurde.
Nach Kriegsende kamen Frau Diek und ihre Tochter, die in Danzig total ausgebombt waren (in den letzten Kriegstagen) mit mir nach Bromberg.
Fräulein Diek war immer noch sehr angegriffen. Sie hustete viel und konnte also nicht erholen.
Nachdem meine Frau sich in Bromberg eingefunden hatte, sie hatte lange Zeit bei Zoppot krank gelegen gingen wir im November 1945 nach Berlin.

3.2 Afrikaner und Afro-Deutsche in deutschen Spielfilmen

Das Thema Afrikaner und Afro-Deutsche in deutschen Spielfilmen ist von verschiedenen Aspekten her interessant für die vorliegende Untersuchung zu den Lebensverhältnissen von Afrikanern und Afro-Deutschen in Deutschland. Es kann in diesem Kapitel nur im Ansatz besprochen werden, weil es hierzu bislang keine Literatur in Form von Zusammenstellungen oder Untersuchungen gibt. Die Berichte und die in der persönlichen Materialsammlung der Familie Reiprich bewahrten Informationen ermöglichen jedoch eine kurze Darstellung der Verknüpfung von AfrikanerInnen und Afro-Deutschen mit dem Thema Film.[357]

Die in diesem Kapitel zu behandelnden Aspekte sind:

a) Wie waren die Beschäftigungsmöglichkeiten für einen Teil der Afrikaner und Afro-Deutschen im deutschen Film?
b) Wie waren die Filme, in denen AfrikanerInnen und Afro-Deutsche mitwirkten, und wie waren ihre Rollen gestaltet?
c) Wie waren die Rückwirkungen all dessen für ihr Selbstverständnis und ihre Lebenssituation?

Auf diese Fragen wird in der Folge nicht der Reihe nach, sondern im Zusammenhang eingegangen.

Schon seit den zwanziger Jahren lassen sich afrikanische Statisten in deutschen Filmen finden. Warum auch sollte ein solches Medium auf Darsteller verzichten, wenn sie in einer Großstadt wie Berlin in großer Zahl zur Verfügung standen. Aber diese Schlussfolgerung funktioniert auch anders herum, denn wenn wir schwarze Darsteller/Statisten in den frühen Filmen finden, so belegt dies auch ihre Präsenz in Deutschland. Von diesem Gesichtspunkt aus war es sehr spannend, in einer Dokumentation über den Berliner Regisseur Ernst Lubitsch,[358] in dem seine Schaffenszeit in Deutschland zwischen

357 siehe Anhang 6, Dok. Nr. 8.
358 »Lubitsch aus Berlin«. Eine Fernsehdokumentation von Enno Patalas, WDR 1992.

1919 und 1924 behandelt wurde, mehrere afrikanische Statisten zu entdecken. In zwei Filmen sind schwarze Statisten zu sehen, nämlich in »Die Austernprinzessin« (1919)[359] und in »Sumurum« (1920).[360]

Es ist anzunehmen, dass Ernst Lubitsch nicht der einzige Regisseur war, der sich der Möglichkeit, afrikanische Darsteller einzusetzen, bediente. Hier ist jedoch nur wichtig, dass die Berichte über die Betätigung von AfrikanerInnen im deutschen Film in den dreißiger und vierziger Jahren durch diese Beispiele Vorgänger finden, also nicht als isolierte Erfahrungen zu sehen sind.

Immer wieder kommt in der Erzählung der Schwestern Doris Reiprich und Erika Ngambi die Sprache auf ihre Zeit im Filmgeschäft. Die ältere Schwester ehelichte 1938 den Afrikaner Louis Mbebe Mpessa (Künstlername Louis Brody Alcolson), der viele Jahre immer wieder in Filmen der UFA und der Bavaria Filmstudios beschäftigt wurde. Louis Brody spielte die schwarze »Hauptrolle« in den Kolonialfilmen der dreißiger und vierziger Jahre, d.h. die Häuptlinge und Könige. Zwar waren das keine großen Sprechrollen, doch es waren auch keine reinen Statistenrollen, und L. Brody wurde regelmäßig engagiert, was ihm einen guten und sicheren Verdienst einbrachte. Filmtitel, an die sich die Zeitzeugen noch erinnern konnten, waren: »Carl Peters« (mit Hans Albers in der Titelrolle), »Quax in Afrika«(mit Heinz Rühmann als Quax), »Wasser für Kanitoga«, »Zwischen Hamburg und Tahiti«, »Der Stern von Rio« (mit Harry Piehl), »Ohm Krüger« (mit Emil Jannings), »Gesprengte Gitter« und »Germanin«(ein Spielfilm über die Bekämpfung der Schlafkrankheit).

Alle diese Filme und noch viele mehr wurden in der Absicht gedreht, für die Idee deutscher Kolonien in Afrika zu werben. Die Menschen sollten durch die in das Genre des Abenteuerfilms eingekleidete Kolonialpropaganda begeistert werden.[361] Die Darstellung der Afrikaner selbst war die der hilflosen »Wilden«, die auf die Hilfe der »Herrenmenschen« warteten. Sie sind in der Regel Beiwerk und Hintergrund für die heldenhafte Geschichte der weißen Figuren in der Filmhandlung.

359 Darin stellen vier schwarze Männer Bedienstete des reichen Herrn Ouaker dar. Die Handlung spielt an einem unbekannten Ort, der US-amerikanischen Verhältnissen nachempfunden ist, die allerdings in überzogener Form portraitiert werden.

360 In der orientalischen Pantomime im Stile Reinhardts tanzt ein Derwisch, in fantastische Gewänder gekleidet, vor einer lachenden und jubelnden Menschenmenge. In der Menge sind vier Afrikaner und Afro-Deutsche zu sehen.

361 Drewniak, Boguslaw, Der deutsche Film 1938-1945. Ein Gesamtüberblick, Düsseldorf 1987.

Die Afrikaner haben diese simple Darstellung ihrer selbst scheinbar ganz ausgeblendet bzw. ihnen erschien sie aus damaliger Sicht als normal.

> *Doris R.: Das sieht man jetzt etwas happig, ja. Zu der Zeit hat man das gar nicht happig gesehen, da war das ganz normal. [...] So ging man eben in den Kolonien vor.*[362]

Durch ihren Schwager bekam auch Doris Reiprich häufig Angebote, als Statistin in Filmen mitzuwirken. Die Reisen nach Berlin und das Zusammensein mit vielen anderen schwarzen Menschen waren für sie großartige Erlebnisse. Nicht nur, dass die Afrikaner beim Film gut verdienten, sie trafen auch viele berühmte Leute, etwas, das sie aus der Alltagswelt hervortreten ließ und sie mit positivem Gefühl erfüllte.

> *Doris R.: 1938, nachdem meine Schwester geheiratet hatte. Da bin ich dann – mein Schwager hat viel gefilmt, und wenn so kleine Statistenrollen waren, dann bin ich auch nach Berlin gekommen und habe mitgemacht. Und da habe ich dann die ganzen Landsleute kennengelernt. Und es war sehr schön. Wenn Pause war, haben sich alle vor das Atelier gesetzt, hatten sie Gitarren, Trommeln, und dann haben die Afrikaner gesungen. Der Hannes Heesters, der war hell begeistert. Er drehte damals den »Zigeunerbaron«. Der ist gar nicht mehr zum Drehen [zurück] gegangen, weil es so interessant war. Es war sehr schön. Da waren alte Afrikaner und jüngere.*[363]

Doris Reiprich, die eine Anstellung bei Danzig hatte, bekam für die Dreharbeiten frei. Sie verdienten zwischen 15 und 35 Mark pro Drehtag bei einer Anzahl garantierter Drehtage. Das war ein sehr hoher Betrag gemessen an ihren Einkünften als Angestellte oder sonstigen Beschäftigungen. Zu bemerken ist, dass sie als Statisten behandelt wurden und nicht zwangsverpflichtet waren oder die Rollen von Kriegsgefangenen AfrikanerInnen gespielt wurden. Diese Kriegsgefangenen afrikanischer Herkunft hat es beim Film auch gegeben. So berichteten sie von einem Film, bei dem für Massenszenen ca. zweihundert Schwarze Kriegsgefangene benutzt wurden.

362 aus Interview vom 24.10.1985, S. 36.
363 aus Interview vom 24.10.1985, S. 3.

Erika Ngambi: Farbige, also ganz schwarze, Kriegsgefangene. – Amerikaner, und die armen Kerle waren froh, daß sie bei uns waren. Da kriegten sie Tabak, da kriegten sie Rauchwaren. Da kriegten sie Essen. Wir haben natürlich gut verdient und sofort wurde ein großer Topf [geholt] – da kam Geld rein.
Und da wurde für die Leute gekauft. Sie hatten es gut, sie konnten Fußball spielen und waren dort im Lager und wurden gut behandelt. Also für sie war es ein Segen.«[364]

An dieser Stelle des Interviews wird die Anspannung deutlich, unter der die AfrikanerInnen an den Drehorten auch gestanden haben müssen, in der Erinnerung finden sich jedoch nur die positiven Momente. Diese Tätigkeit brachte ihnen in einer Zeit der Verknappung immerhin den Zugang zu Lebensmitteln und Verdienst. Trotzdem erzählten sie an anderer Stelle, dass sie manchmal scherzhaft zueinander sagten: »Wenn die Nazis uns nun kriegen wollten, hätten sie uns jetzt alle auf einem Haufen«.

Zu den Filmen »Carl Peters«, »Germanin« und »Ohm Krüger«, in denen Louis Brody mitwirkte, liegen Zeitungsausschnitte mit Standfotos von den Dreharbeiten vor.[365] Auf ihnen ist Brody in Großaufnahmen zu sehen, was seine Stellung in diesen Filmen als schwarze Hauptfigur bestätigt. In anderen Aufnahmen sind viele schwarze Menschen als Dorfbevölkerung oder Träger zu sehen, was die Berichte über die großen Gruppen von AfrikanerInnen am Set bestätigt.[366] Dies waren alles Menschen, die in ihrer Mehrzahl schon seit Jahren in Deutschland lebten. In diesen Filmfotos treten sie uns als Gruppe erstmals in Abbildungen entgegen.

Warum gestattete man ihnen diese Form des Überlebens in Nazi-Deutschland, in dem Juden und Sinti und Roma und auch teilweise Afrikaner und Schwarze Deutsche verfolgt und in Vernichtunglager verschleppt wurden? Neben den außenpolitischen Interessen, die weiter oben beschrieben wurden, war wohl die Situation in der Weltstadt Berlin hierfür ausschlaggebend. Berlin sollte für NS-Deutschland als Aushängeschild dienen, es sollte weltoffene

364 aus Interview vom 24.10.1985, S. 37.

365 Anhang Nr. 8, aus Privatbesitz Herbert Reiprich; L. Brody und Mohammed Husen sind namentlich in der Darstellerliste der Filme »Carl Peters« und »Ohm Krüger« aufgeführt, in: D. Hollstein, Antisemitische Filmpropaganda. Darstellung des Juden im nationalsozialistischen Spielfilmen, MünchenPullach/Berlin 1971.

366 Interview, ebenda

Normalität vorspiegeln, die in anderen Teilen Deutschlands bereits untergegangen war.

Wie viele dieser Filme mit AfrikanerInnen gedreht wurden und was ihnen oder auch den Kriegsgefangenen in den folgenden Jahren wiederfuhr, ist hier nicht festzustellen gewesen. Es wäre jedoch sehr interessant für das gewählte Thema, mehr über die Afrikaner in deutschen Filmen zu erfahren, möglicherweise ließen sich auch Spuren zu Lebensläufen einzelner Afrikaner in Deutschland auffinden.

Nach dem Krieg

Der Bedarf für schwarze Nebendarsteller und Statisten endete nicht mit dem Ende des NS-Regimes. Nur war es nun ein neues Thema, das im deutschen Film verarbeitet wurde. Die fünfziger Jahre brachten die Exotikwelle. Die Deutschen, die in den zwölf Jahren des HitlerFaschismus vom kulturellen Weltgeschehen abgeschnitten waren, sehnten sich nach den Hunger- und Aufbaujahren danach, nun endlich etwas zu erleben. Dieser Hunger nach Neuem und Interessantem spiegelte sich auch in einer Vielzahl von Filmen dieser Zeit wieder. So zum Beispiel »Tante Wanda aus Uganda«, »Zehn kleine Negerlein«(1956) und »Liane im Urwald«. In den beiden erstgenannten spielten die beiden Schwestern wieder mit.[367]

In den sechziger Jahren versuchte Doris Reiprich für einige Jahre beim Theater und Fernsehen Fuß zu fassen. Sie spielte Nebenrollen in Stücken wie »Die kleinen Füchse« (1961), »Süden« (1962), in »Endstation Sehnsucht« (1963) und in »The Miracle Worker (Der Weg ins Licht)« (1963).

Mitte der Sechziger Jahre gab sie dann die Schauspielerei auf, da ihre gesundheitliche Verfassung die Doppelbelastung durch Familie (mit zwei Kindern) und die unregelmäßige Schauspielarbeit nicht zuließ.

Zusammenfassung:

Zusammenfassend kann festgestellt werden, dass für Afrikaner und AfroDeutsche in Deutschland ihre Beziehung zum Film eine markante Rolle für ihre Lebenssituation darstellte. Das Filmgeschäft stellte für sie die Möglichkeit einer überdurchschnittlichen Verdienstquelle dar. Die Tätigkeit beim Film bot ihnen die Flucht aus einem eher durchschnittlichen Alltag und den Schutzraum durch das Besondere und

367 siehe Anhang 6, Dok. Nr 8.

die Bekanntschaft mit Prominenten der Branche. Für die Lebenssituation einer kleinen schwarzen Minderheit in der weißen deutschen Gesellschaft waren diese Aspekte insofern von Interesse, als das Moment des Auffälligseins noch einmal betont und gleichzeitig im Kontext des Medium Films legitimiert wurde. Für ein gefestigtes Selbstbild und die Darstellung nach außen wurden diese Aspekte von den Menschen afrikanischer Herkunft genutzt und als positiv empfunden, wie die Berichte der Zeitzeugen belegen.

4. Die Familie Diek

In diesem letzten Kapitel soll die Geschichte der afrikanisch-deutschen Familie Diek im Zusammenhang beschrieben werden, so wie sie aus den Interviews mit den Zeitzeugen einerseits und aus den Akten andererseits zu rekonstruieren ist. Es wird die Familie porträtiert, die den Ausgangspunkt für diese Untersuchung bildete und es werden Details aufgeführt, die bisher noch nicht erwähnt worden sind.

Gleichzeitig werden in diesem Kapitel die Untersuchungsergebnisse der Arbeit zusammengefasst, indem sie an entsprechender Stelle in die Interpretation der Diekschen Familiengeschichte eingearbeitet werden. Dieses Vorgehen wurde aus folgenden Gründen gewählt: erstens konnte in der Untersuchung festgestellt werden, dass die Familie Diek als ein typisches Beispiel für die Untersuchungsgruppe angesehen werden kann, d.h. sie weist viele Ereignisse und Umstände in ihrer Biographie auf, die sich auch in denen anderer Afrikaner und ihrer Familien in Deutschland wiederfinden. Und zweitens werden die Aussagen der Interviews durch die Untersuchungsergebnisse bestätigt und kontextualisieren. Die Aussagen der Interviews werden mittels eines unterschiedlichen Schriftbildes von den Interpretationen und der Auswertung der Akten unterschieden.

4.1 Ankunft des Mandenga Diek in Deutschland

Mandenga Diek, ein Angehöriger der Duala aus Kamerun, war 1891 mit der Woermann Linie nach Deutschland/Hamburg gekommen. Seine Töchter sagten im Interview am 20.04.1985, er sei gemeinsam mit zwei weiteren Jugendlichen aus der oberen Schicht der Kameruner Gesellschaft gereist. Sie sollten ausgebildet werden. M. Diek wurde in eine Schusterlehre gegeben und ein anderer Jugendlicher in eine Schneiderlehre.[368]

Die Töchter Diek besaßen zum Zeitpunkt des Interviews keine Dokumente von und über ihren Vater mehr[369], so dass es der Nachforschungen bedurfte, um belegte Daten ausfindig zu machen und damit die Interviewaussagen zu verifizieren und zu ergänzen. Es gelang innerhalb dieser Untersuchung, die Melde- und die Einbürgerungsunterlagen des M. Diek aufzufinden. Aus diesen geht hervor, dass M. Diek am 15. September 1871 in Belltown, Kamerun geboren wurde und am 16. Mai 1891 nach Hamburg kam, wo er sofort eine Schusterlehre begann. Er schloss die Lehre, während er die Fachschule der Schusterinnung besuchte, nach dreieinhalb Jahren mit »gutem Erfolg« ab.[370] Am 10. Dezember 1894 bestand er die Gesellenprüfung und arbeitete weiter bei seinem Ausbilder, dem Schustermeister Fischer. 1893 erhielt Mandenga Diek auf der Ausstellung der Schuhmacherlehrlingsarbeiten in Berlin den 3. Preis.[371]

Über die beiden anderen jungen Afrikaner konnten keine Informationen ermittelt werden. Doch wie weiter oben in den Kapiteln zur Einreise und zur Ausbildung gezeigt werden konnte, war der Wunsch nach einer Ausbildung einer der wichtigsten Gründe für die

368 Interview vom 20.04.1985, S. 2; der Schrifttypus zeigt an, dass diese Information direkt aus dem Interview stammen.

369 außer einigen Fotografien, siehe Anhang.

370 Staatsarchiv Hamburg, Akte Nr. D I i 7.

371 ebenda

Einreise von AfrikanerInnen nach Deutschland.[372] So ist es durchaus möglich, dass M. Diek in Begleitung anderer afrikanischer Jugendlicher einreiste. Jedenfalls konnte gezeigt werden, dass der Grund für seine Einreise die Ausbildung war und er damit keinen gesonderten Fall darstellte, er vielmehr ein typischer Vertreter der Probandengruppe ist.

An dieser Stelle konnte nicht belegt werden, dass M. Diek im Rahmen eines Ausbildungsprogramms für Afrikaner aus den Kolonien nach Deutschland gekommen war; nur dass er offenbar schon vor seiner Ankunft die Lehrstelle hatte[373], weist auf solch eine Möglichkeit hin. Er hatte außerdem höchstwahrscheinlich schon in Kamerun eine deutsche Schule besucht, denn er musste sicherlich Vorkenntnisse in Deutsch und auf schulischem Gebiet gehabt haben, um so gute Ergebnisse auf der Fachschule in Deutschland zu erzielen. Dass es solche Programme gegeben haben könnte, um den Bedarf an Fachkräften in den Kolonien zu decken, wurde im Kapitel zur Ausbildung aufgezeigt. Einem Briefwechsel mit dem Auswärtigen Amt vom Juni 1898 entnehmen wir, dass M. Diek in Kamerun bereits viereinhalb Jahre bei der »Kamerun Land und Plantagen Gesellschaft (V)Fictoria« tätig war.[374]

Im Interview sagten die Töchter Diek, ihr Vater sei auf Veranlassung des Kaisers nach Deutschland gekommen.[375] Dies mag im übertragenen Sinne zu verstehen sein, nämlich dass er auf offizielle Veranlassung hin die Reise nach Deutschland angetreten hat. Die Aussage im Interview entspricht der Tradierung in der Familienerzählung. Informationen werden über Jahre weitergegeben, indem bestimmte Details immer wiederholt werden, auch wenn die erzählende Person die ursprünglichen, der Geschichte zugrunde liegenden Tatsachen nicht mehr kennt. Der in der Geschichte enthaltene Wahrheitskern weist dann auf bestimmte Zusammenhänge hin.

Mandenga Diek lebte bis 1914 in Hamburg. 1896 heiratete er die Hamburgerin Hermine F.D. Schöning, die Tochter eines Polizeioffizianten. Zu diesem Zwecke beantragte er am 25. August 1895 die Naturalisation, die ihm am 23. November 1896 auch gewährt

372 siehe u.a. S. 51f, Martin Aku.
373 Staatsarchiv Hamburg, Akte D I i 7.
374 ebenda; Bei seiner Ankunft in Deutschland war Diek bereits zwanzig Jahre alt.
375 Interview v. 20.4.1985, S. 2.

wurde.[376] *Schon im November 1895 kam ihr gemeinsames Kind Erika Mandenga Diek zur Welt.*

In dieser Untersuchung konnte festgestellen werden, dass dies ein typischer Vorgang für die Probandengruppe war, nämlich dass die Afrikaner, weil sie sich in Deutschland verheiraten wollten, um die Einbürgerung oder um die Ausstellung einer Bescheinigung baten, die ihren Status belegte, da diese zu den erforderlichen Heiratsunterlagen gehörten. Daraus läßt sich schließen, dass sie über ein solches Papier zuvor nicht verfügten und auch ohne ein solches in Deutschland leben und arbeiten konnten. In der Akte des M. Diek findet sich eine Bemerkung über die Ausstellung eines Meldescheins.[377] Dies war möglicherweise das wichtigste Ausweisdokument bis 1918. Erst im Falle der Eheschließung wurde nach einem Dokument über die Staatsangehörigkeit verlangt. Die überwiegende Mehrzahl der in den Akten des Reichskolonialamtes aufgefundenen Fälle bezieht sich auf die Ausstellung eines Dokuments, seltener wird der Antrag auf eine solche Bescheinigung gestellt, um ins Ausland reisen zu können.

Indes bleibt das Beispiel des M. Diek einmalig in Bezug auf die schnelle Bearbeitung und Bewilligung seines Anliegens. In keinem anderen Beispiel konnte eine Naturalisation anhand von schriftlichen Dokumenten belegt werden, vielmehr enthalten die eingesehenen Akten zahlreiche Ablehnungen solcher Anträge. (Lediglich in drei weiteren Fällen wird in den Akten die Einbürgerung angenommen.) Eine Begründung für die besondere Behandlung dieses Falles ist aus den Unterlagen nicht ersichtlich. Der einzige Unterschied zu anderen Gesuchen ist, dass das Gesuch des M. Diek das früheste Beispiel ist und deshalb möglicherweise das Auswärtige Amt sich noch nicht mit der Eheschließung von AfrikanerInnen in Deutschland beschäftigt hatte und es deshalb noch keine internen Handlungsanweisungen dazu gab.[378]

Die interviewten Zeitzeugen machten die Angabe, dass ihr Vater nach Kamerun zurückgekehrt und als Stewart bei der Woermann-Linie wieder zurück nach Deutschland gereist sei. Sie hatten über diese Reise bzw. Reisen keine genauen Erinnerungen, da diese in

376 siehe Anhang 6.1, Dok. Nr. 1.
377 Staatsarchiv Hamburg, Einwohnermeldebestände Nr 7706/03.
378 vgl. Kap. 2.1.1, S. 17/18.

der Zeit vor der zweiten Ehe des M. Diek mit ihrer Mutter stattgefunden hatten.[379]

Dass Mandenga Diek zumindest einmal nach Kamerun reiste, ist den Meldeunterlagen zu entnehmen. Diese enthalten mehrere Vermerke darüber, dass er am 10. Oktober 1906 mit der »Lucie Woermann« nach Kamerun zu Besuch abgereist ist.

Die Akte des Staatsarchivs Hamburg über M. Diek besagt, dass er versucht hat, mit seiner Familie nach Kamerun zurück zukehren.[380] In der Akte befindet sich ein Antwortschreiben des Auswärtigen Amtes vom 17. Juni 1898 auf eine Anfrage Dieks mit der Bitte, ihm einen Vorschuß (bzw. ein Darlehen) für ihn und seine Familie für die Reise nach Kamerun zu Verfügung zu stellen. Der Antrag wird ablehnend beschieden. M. Diek hatte die Rückwanderung nach Kamerun geplant. Er wollte sich dort als Schuhmacher niederlassen.

Wie auch in anderen Fällen, zum Beispiel dem oben besprochenen Fall des Motoro Bakari, wird auch hier die Rückreise mit einer weißen Ehefrau ablehnend bewertet. Als Diek sich im März 1899 beim Gouvernement in Kamerun um eine Anstellung als Dolmetscher bewirbt, wird dies vom Auswärtigen Amt abgelehnt, und in einer vertraulichen Mitteilung wird darauf verwiesen, dass die Rückkehr Dieks nicht gewünscht wird, weil er mit seiner Ehefrau ausreisen will. Es wurde M. Diek und seiner Frau dann mitgeteilt, dass ihnen die Reise nach Kamerun nicht gestattet wird, weil damit zu rechnen ist, dass die Familie ausgewiesen und zwangsweise nach Deutschland zurückbefördert würde.[381] Diek gibt daraufhin den Plan auf, seine Familie mitzunehmen, möchte aber noch im Oktober 1899 zu Besuch nach Kamerun reisen und sich nach einer Anstellung umsehen.[382] Deshalb bemüht er sich um die kostenlose Mitnahme auf einem Ablösedampfer der Marine. Diese wird ihm auch in Aussicht gestellt.[383] Es wird positiv in der Akte angemerkt, dass Diek sich bemüht, genügend Geld zu leihen, um den Unterhalt seine Familie während seiner Abwesenheit zu sichern.[384] Leider erfahren wir nicht, ob M. Diek diese Reise angetreten hat, da die Akte hier abbricht, auch aus dem Melde-

379 Interview vom v. 20.4.1985, S. 3.
380 Staatsarchiv Hamburg, Akte Nr. D I i 7.
381 ebenda
382 ebenda
383 Staatsarchiv Hamburg, Akte Nr. DI i 7.
384 ebenda

register geht nichts Konkretes hervor. Jedoch gibt es darin für den betreffenden Zeitraum vom Herbst 1899 bis Frühjahr 1900 keine Eintragung.

> *Die Töchter Diek gingen davon aus, daß ihr Vater die Schusterlehre frühzeitig beendet habe, weil es ihm nicht gefiel, wie er behandelt wurde. So habe er im Fenster des Schuhmacherbetriebes arbeiten müssen, und die Leute haben ihn dort angestarrt. Sie kannten ihren Vater als Handelsreisenden.*[385]

Die Erinnerung an schwierige Zeiten in seinen ersten Jahren in Hamburg prägte wohl Dieks Wunsch, sich seiner zweiten Frau und Familie in Danzig als möglichst respektabel darzustellen. Daher hat er ihr nicht so viel über seine Hamburger Zeit erzählt. Was durch die Erzählungen seiner Töchter durchscheint ist, dass er einen Widerspruch zwischen seiner angesehenen Herkunft in Kamerun und der einfachen Stellung in Deutschland empfunden haben muss.

Allerdings ist diese Vermutung nicht aus den Akten zu ersehen. Durchgehend wird M. Diek ein guter Leumund bescheinigt und sein Auftreten als angenehm und gebildet beschrieben.[386] Auch verfügte er über einen auskömmlichen Verdienst, der sich 1895 auf jährlich 1.040 Mark und 1899 auf 1.200 Mark belief.[387] 1896 arbeitete er noch als Schuhmachergeselle und 1898 als »Commis« in einem Schuhwarengeschäft. Für seine Zeit in Hamburg 1914 sind als Berufsangaben neben Schumachergeselle noch Kaufmann und Reisender eingetragen. Mögliche Gründe für seinen späteren Berufswechsel sind die Notwendigkeit, mehr zu verdienen und dass ihm die kaufmännische Tätigkeit mehr entsprochen hat. Dafür spricht, dass er, wie seine Töchter sagten, gerne mit Leuten umging und bei den Leuten auch beliebt war.

Aus der Liste der Berufe der Afrikaner (S. 60), in der alle bisher bekannten Tätigkeiten der Afrikaner aufgeführt sind, ist zu ersehen, dass der Beruf des Reisenden nach Artist und Arbeiter die häufigste Erwerbstätigkeit der Afrikaner war. Somit ist M. Diek auch hierin ein typischer Vertreter der Untersuchungsgruppe. In dem obigen Kapitel zur Erwerbstätigkeit wird auch gezeigt, dass die Afrikaner in

385 Interview v. 20.4.1985, S. 1: »Mein Vater war Großhandelsvertreter und er hat wirklich gute Umsätze gemacht.«

386 Staatsarchiv Hamburg, Akte Nr. D I i 7.

387 ebenda

Deutschland die Möglichkeit hatten, ein ausreichendes Einkommen zu erwirtschaften, sie dabei von ihrer Umwelt akzeptiert und teilweise auch unterstützt wurden.

Entstanden andererseits Probleme mit Kollegen und mit dem Umfeld, wie in einigen Fällen gezeigt, so gab es dafür hauptsächlich zwei Gründe: entweder wurde die Ehe mit einer weißen deutschen Frau nicht akzeptiert und es folgten negative Reaktionen (Beispiel des Suaheli-Lehrers M. Bakari), oder es kam zur Konkurrenzsituation mit den deutschen Kollegen, die dann gegen den Afrikaner vorgingen (Beispiele des M. Priso u. Bajume Hussein).

4.2 Familiengründung in Danzig

Mandenga Diek wurde schließlich Großhandelsvertreter bei einer Export-Import Firma und übersiedelte nach Danzig. In zweiter Ehe heiratete er 1919 Emilie Wiedelinski (geb. 16.4.1888, gest. 5. 11. 1958) und die gemeinsamen Töchter Erika (1919) und Doris (1920) wurden geboren.
Die Ehe war glücklich und von Dauer, was nach Auffassung seiner Töchter daran lag, daß M. Diek nun reifer war und er seine wilden Jahre schon hinter sich hatte. Sein Hauptinteresse galt nun der Familie. Sie beschreiben ihn als fürsorglichen und liebevollen Ehemann und Vater.[388]
Die Töchter Diek berichten auch, daß ihr Vater in Danzig als angesehener und respektierter Bürger galt. Er hatte sich eingegliedert und nahm am gesellschaftlichen Leben in Danzig teil, unteranderem war er Mitglied bei der Freiwilligen Feuerwehr. Seine Einstellung bezeichnen sie als kaisertreu und deutsch.
M. Diek war in seinem Beruf als Kaufmann erfolgreich und konnte seiner Familie einen guten Lebensstandard ermöglichen. So lebte die Familie bis zur Machtergreifung in einer geräumigen 5 Zimmerwohnung in der Nähe des Rathauses und die Töchter Diek erhielten eine gutbürgerliche Schulausbildung.[389]

Auch in anderen Beispielen aus den Akten kann eine gelungene Integration in das Leben in Deutschland festgestellt werden. Trotz der aufgrund von Rassismus entstehenden widrigen Umstände gelang es doch vielen der in Deutschland verbliebenen Afrikaner, sich in das Alltagsleben hier einzufinden und über große Zeiträume ein einfaches und zufriedenes Leben zuführen.

Um allerdings etwas über die Innenverhältnisse der afrikanisch-deutschen Familien zu erfahren, werden die Befragungen der Zeitzeugen die wichtigste Quelle bilden.

388 Interview vom 24.10.1985, S. 25f.
389 Interview vom 20.04.1985, S. 3f.

Die Familie der Emilie Wiedelinski reagierte unterschiedlich auf ihre Ehe mit einem Afrikaner. Während der Bruder ganz positiv eingestellt war, hat sich die Schwester zwar zunächst mit der Situation abgefunden. In der NS-Zeit erklärt sie dann aber, sie sei bereit, ihre Schwester zu sich einzuladen, nicht jedoch deren Ehemann und Kinder. Doris R. dazu: »Natürlich ist meine Mutter da nicht mehr hingegangen.«
Die Schwiegermutter wohnte in einem kleinen Dorf in Ostpreußen und war zu Beginn strikt gegen die Verbindung. Erst als das erste Enkelkind geboren wird, besucht sie die Familie Diek und ist von da an gänzlich für ihren afrikanischen Schwiegersohn eingenommen. Sie bleibt den Dieks eng verbunden und lebt später auch bei ihnen.[390]

Auch der Fall des Motoro Bakari gibt ein Beispiel für die Solidarität der deutschen Familie, insbesondere der Schwiegermutter für den afrikanischen Schwiegersohn. In der Akte ist belegt, dass Frau Hilske ihre Tochter zum Leiter des Orientalischen Seminars begleitet, um gegen die ungerechte Behandlung des Suahelilehrers zu protestieren.[391]

M. Diek pflegte regelmäßigen Kontakt mit anderen AfrikanerInnen. Diese nannten einander »Landsleute«, und bezogen dies auf die gemeinsame afrikanische Herkunft. In dem Bericht der Töchter stellen sie es so dar, daß gelegentlich afrikanische Zirkusleute per Schiff nach Danzig oder afrikanische Freunde aus Berlin zu Besuch kamen. Sie hatten dann im Hause Diek gesellige Zusammenkünfte mit obligatorischen gemeinsamen Essen. Es wurde dann im afrikanischen Stil gekocht, was in etwa Gulasch mit Reis entsprach.[392]

Im Rahmen dieser Untersuchung konnten mehrere Beispiele für Kontakte unter den AfrikanerInnen in Deutschland und für ihre Aktivitäten und Vereinigungen nachgewiesen werden. (siehe Kap 2.3.3, S. 77ff.) Der Austausch untereinander bot emotionalen Halt und kulturelle und soziale Bestärkung für einen ansonsten eher von Vereinzelung geprägten Alltag. Manchmal führten diese Zusammenkünfte

390 Interview vom 24.10.1985, S. 9f.
391 RKA, Akte Nr. 5422, Bl. 11.
392 Interview vom 20.04.1985, S. 3f.

zu politischem Handeln. Dies war bei der Eingabe der Fall, die Martin Dibobe im Namen von mehreren AfrikanerInnen aus ganz Deutschland verfaßt hatte. Zu den Unterzeichnenden gehörte auch Mandenga Diek aus Danzig (siehe Anhang 6.1, Dok. Nr. 4)

Die verschiedenen politischen Aktivitäten und die sozialen Kontakte untereinander weisen daraufhin, dass die Afrikaner in Deutschland als eine sehr kleine Minderheit in der Regel sehr vereinzelt lebten, sie aber gleichzeitig nicht isoliert von ihren »Landsleuten« waren. So kannten sie sich fast alle und hatten auch Kontakt miteinander. Ein Beispiel für die sozialen Interaktionen sind die Ehen zwischen schwarzen Deutschen, wofür die Familie Diek zwei Beispiele gibt. So heiratete die Tochter M. Dieks aus erster Ehe den Togoer Bonifacius Folli, und eine Tochter aus der zweiten Ehe ehelichte den Ghanaer Brody. Es ist zu vermuten, dass dies nicht die einzigen Ehen zwischen schwarzen Deutschen waren, die durch die engen Verbindungen untereinander entstanden.

4.3 »Das war die schlimmste Zeit, danach ging es uns besser« – die NS-Zeit

Nach 1933 verschlechterte sich die Lage der Familie Diek drastisch. Sie verloren ihr sicheres Einkommen, da zunächst die Bestellungen bei dem Großhandelsvertreter Diek zurückgingen, denn die Kunden hatten Angst, weiterhin bei ihm zu ordern. Später wurde die russische Firma, bei der er angestellt war, enteignet und von einem SS-Mann übernommen. Dieser zahlte einige Wochen die Provisionen der Stammkunden an M. Diek aus, was der Familie zunächst weiterhalf. Erika Ngambi dazu: »... der war anständig, der hat meinem Vater jede Woche Provisionen ausgezahlt.«[393]
Bald darauf mußten die Dieks ihre große Wohnung im Zentrum aufgeben, um etwas günstigeres zu finden. Frau Diek mußte die Wohnungssuche übernehmen und erfuhr viel Ablehnung, sobald die Vermieter von ihrem afrikanischen Mann erfuhren.
Die Ausgrenzung im sozialen Bereich traf vor allem die Kinder hart. Zu den schmerzhaftesten Erfahrungen dieser Zeit gehörte, dass sich ehemals gute Freunde und Nachbarn abwendeten, auch wenn es glücklicherweise Menschen gab, die zu ihnen hielten. Doris Reiprich berichtet davon, wie ihre Busenfreundin sie nun plötzlich nicht mehr kannte. Doris wurde schriftlich mitgeteilt, dass sie nicht mehr zur Turngruppe beim Deutschen Turnerbund kommen sollte. Auch der Mädchen-Bibelkreis, an dem sie regelmäßig teilnahm, sandte ihr ein solches Schreiben. Und später beim Schreibmaschinenkurs bei der Arbeitsfront erhielt sie ein ebensolches Schreiben.[394]

Es fällt auf, dass sie trotz der Ablehnungen immer wieder versuchte, für sich eine Nische zu finden. Das spiegelt ihren Mut und Lebens-

393 Interview vom 20.04.1985, S. 1 und vom 24.10.1985, S. 47.
394 Interview vom 24.10.1985, S. 47.

willen, aber auch den verzweifelten Versuch, weiterhin am sozialen Leben teilzuhaben. Das Leben im Spannungsfeld der Gegensätze, einerseits als » lebensunwert« ausgegrenzt und geächtet zu werden und andererseits die Möglichkeit zu haben, das eigene Leben weiterzuleben, ist das typischste Merkmal für die Situation der Afrikaner und Afro-Deutschen in Deutschland in der NS-Zeit.

> *Herr Diek wurde in die Schule bestellt und aufgefordert, seine Töchter von der Schule zu nehmen. Erika, die ältere, war jetzt 17 Jahre alt. Sie ging von der Schule und versuchte eine Lehrstelle oder eine Anstellung zu finden. 1938 heiratet sie den Schauspieler Brody und ging nach Berlin. 1942 wurde ihre Tochter Beryl geboren. Das Filmgeschäft bot gute Beschäftigung, und Erika fand eine Anstellung in einer Berliner Buchbinderei; so war ihr Auskommen gesichert.*[395] *Erika N. berichtete, dass sie sich wegen ihres Fremdenpasses wöchentlich bei der Polizei melden mußte, sie nun eine Arbeitserlaubnis haben mußte und sie bei Erwerbslosigkeit kein Stempelgeld mehr erhielt.*[396]
> *Doris ist 1933 13 Jahre alt. Sie besuchte 3 Jahre eine Mittelschule, wo sie viel Diskrimminierungen erlebt. Die traumatischen Erfahrungen prägten die Jugendliche.*[397]
> *Doris R.: »... Manchmal kam ich nach Hause, und meine Mutter hat gleich gemerkt, dass irgendwas nicht stimmt. Dann hat sie mich gefragt; »Was ist denn passiert?« Dann hab ich geheult, dann hat sie geheult, dann haben wir uns festgehalten, und haben beide geheult. Ach, die Menschen sind roh! Mit einem 14jährigen Kind so etwas zu machen, das gerade dabei ist zu erwachen, in der Pubertät, ist eine Sauerei!«*[398]

Sie konnte weiterhin zur Schule gehen. Möglicherweise lag das daran, dass Danzig erst 1939 dem Deutschen Reich eingegliedert wurde.

Der Vater bemühte sich, eine andere Schule zu finden. Doris besuchte dann für einige Wochen eine polnische Handelsschule. Mit 17 Jahren bemühte sich Doris um eine Arbeitsstelle, doch es gab keine für eine Schwarze. Schließlich sollte sie als Kindermädchen auf dem Lande arbeiten.

395 Interview vom 20.04.1985, S. 5.
396 ebenda, S. 6.
397 siehe Kapitel 2.3.1, S. 55f.
398 ebenda, S. 1.

Doris R.: »... Da haben sie mich gleich wieder nach Hause geschickt. Der Bürgermeister ist fast verrückt geworden, wie er mich gesehen hat.«[399]

1939 herrschte Arbeitskräftemangel, und Doris bekam eine Anstellung als Lagerarbeiterin.[400] Als die Bürodame sich zur Waffen-SS meldet, bekam Doris R. die Chance einzuspringen und blieb dann im Büro. Der Erfolg stärkte ihr Selbstbewußtsein. Da überall Arbeitskräfte gesucht wurden, bewarb sie sich auf Stellenanzeigen, um sich zu verbessern. Sie erhielt eine Bürostelle in einer Rohrleitungsfirma bei doppeltem Gehalt.

Doris R.: »... das hat er mir dann viel später erzählt, er dachte ich, ich wäre im Urlaub gewesen und wäre so sonnenverbrannt. Weil ich nun ganz glatte Haare hatte, ich hatte sie hinten eingerollt. Und dann habe ich da auch gearbeitet, und die haben mich gegen alles in Schutz genommen! Das war ganz fantastisch. (...) Und der Chef hatte eine Halbjüdin zur Frau. Die hat er schnell nach Luxemburg geschickt. Und ich wurde sein Liebling. Ich kriegte alles, was ich haben wollte, kriegte Sonderprozente, kriegte alles mögliche.«[401]

Das Leben ging weiter zwischen Normalität und Ausnahmezustand. So hat Doris zwischenzeitlich einen Verehrer, der sie täglich vom Dienst abholte, obwohl sie ihm davon abriet. Er vertrat öffentlich seine Meinung: »Ich tue meine Pflicht, mein Privatleben geht keinen etwas an.«[402] Selbst nachdem er drei Tage im Gefängnis eingesperrt war, kam der junge Mann wieder zu den Dieks, um Doris zu besuchen.

Abwechslung und Spannung bringen die Engagements beim Film in Berlin und München, die Doris R. durch ihren Schwager erhält. Hier lernt sie viele »Landsleute« kennen und trifft bekannte Schauspieler.

Auf der anderen Seite verlieren die Dieks 1939 ihre Danziger Ausweise. Nach dem Tod des Vaters 1943 mußte Doris R. sich

399 ebenda, S. 3.
400 ebenda, S. 4.
401 ebenda
402 Interview 24.10.1985, S. 30.

regelmäßig beim rassenpolitischen Amt melden.[403] Und sie entgeht nur knapp der Sterilisierung.

Sie lebten wie viele Afro-Deutsche, deren Mütter und Partner, die von dem Nazi-Regime verfolgt wurden. Zum Beispiel wurden ihre afrodeutsche Cousine Josepha und deren holländischer Ehemann Corry wegen »Rassenschande« eingesperrt. Corry konnte gegen Kriegsende bei der Verlegung vom KZ Bromberg nach Stutthof bei Danzig fliehen und meldete sich bei Emilie und Doris Diek, die ihn in der Folgezeit gesundpflegten. Josephas Mutter wurde auch ins KZ verschleppt, wo sie starb. Josepha zog sich im KZ ein Nierenleiden zu, an dem sie 1953 verstarb.[404]

Im Januar 1945 wurde Doris auf dem Nachhauseweg von der Arbeit von SS-Leuten, sogenannten Kettenhunden, zur Zwangsarbeit auf die Danziger Werft verschleppt.

> *Doris R.: »… meine Mutter wußte nicht, wo ich abgeblieben bin. Die (Bekannte der Familie) sind zu ihr hingekommen, haben gesagt, ja, die Doris haben die Kettenhunde mitgenommen. Ja, was das hieß, wußte sie nicht – bringen sie mich um, sperren sie mich ein, was ist?«*[405]

Bei einem Bombenangriff kann sie fliehen und versteckt sich in einer Dachkammer der mütterlichen Wohnung. Die Befreiung erlebten sie dann in Bromberg durch die russische Armee. Da Emilie Diek ihre Papiere in den Kriegswirren verloren hatte, rettete ihr ein Familienfoto mit ihrem Ehemann und Kindern darauf ihr Leben.

> *Doris R.: »… die (Russen wollten nicht glauben, dass das meine Mutter ist. Sie sprach nur Deutsch das ist eine Deutsche, weg mit ihr, so ungefähr.*
> *(Da) habe ich kämpfen müssen um meine Mutter. Da fiel mir das Bild ein und ich sag: ‚Hier, das ist meine Mutter, da auf dem Bild, gucken Sie hin. (…) ich habe mich geweigert. Ich sag(te) : »Wenn meine Mutter ins Lager kommt, gehe ich mit. Das kommt nicht in Frage.«*[406]

403 ebenda
404 ebenda, S. 1216.
405 ebenda, S. 19.
406 ebenda, S. 24/25.

Abschließend für den Abschnitt über die NS-Zeit gehe ich noch einmal zu dem alten Herrn Diek zurück. Dabei wird gezeigt werden, wie schwierig, wenn nicht sogar unmöglich es nach 1933 für die Afrikaner war, Deutschland jetzt noch zu verlassen. Obwohl ihnen jetzt das Leben in Deutschland erschwert wurde, waren sie nun Gefangene ihrer Lebensumstände. Sie waren kulturell und sozial Deutsche geworden und sie verfügten nicht über die Mittel, ausreisen zu können. Auch gab es keine Organisationen in oder außerhalb Deutschlands, die sich ihrer angenommen hätten. In einfachen Worten: sie saßen in Deutschland fest.

So muss es auch Mandenga Diek erlebt haben. 1933 war er 62 Jahre alt und alles, was er sich aufgebaut hatte, zerbrach vor seinen Augen. Seine letzten zehn Lebensjahre waren geprägt von schweren Enttäuschungen und alptraumhaften Erfahrungen. Er war über seine Lage verzweifelt und wollte unbedingt nach Kamerun zurück.[407] Jedoch verweigerten ihm die Nazibehörden die Ausreisegenehmigung. Zuerst wurde gefordert, er müsse seine Tropentauglichkeit nachweisen, und als die Papiere dafür vorlagen, wurde die Ausreisemöglichkeit mit der Bedingung verknüpft, M. Diek solle in Afrika für das NS-Regime Propaganda machen.

> *Doris R.: »Da hat mein Vater geguckt – das haben sie uns nachher erzählt – und da hat er gesagt: »Aber meine Herren, wie stellen Sie sich das vor? Ich kann doch nicht Reklame machen für ein Land, das meine Farbe mißachtet«.*[408]

Was daraufhin geschah, wußten die Zeitzeugen nicht zu berichten. Sie vermuten, dass ihr Vater angeschrien und bedroht wurde und er als Folge auf dem Heimweg einen Schlaganfall erlitt.

> *Doris R.: »Er hat sich noch einmal etwas erholt. (...) (als), die vielen Leute alle gelaufen gekommen sind. Einer brachte zwei Eier, einer ein Stückchen Speck, oder was sie entbehren konnten, weil sie alle dachten, mein Vater ist aus Hunger umgefallen. Es hatte sich rumgesprochen, daß wir die Polen-Lebensmittelkarten bekamen, und da war so gut wie nichts zum Leben drauf. (...).«*[409]

407 ebenda, S. 10/11.
408 ebenda, S. 11.
409 ebenda

Durch die Auswertung der Akten und Literatur zur NS-Zeit wird der Familienbericht der Dieks bestätigt, und durch den Vergleich der Materialien werden verschiedene Details erst verständlich.

Ein Ergebnis der Untersuchung ist die Feststellung der zwiespältigen Umgehensweise des NS-Staates mit dem schwarzen Bevölkerungsteil in Deutschland. Es konnte gezeigt werden, dass einerseits rassistische Diskriminierung und Ausgrenzung der Bürger afrikanischer Herkunft und ihrer Familien stattfand, andererseits aber ihre Bewegungsmöglichkeiten und Erwerbsmöglichkeiten nicht völlig beschränkt wurden.

Allerdings konnten nicht alle Personen dieser Gruppe in einem relativen Freiraum leben, viele von ihnen wurden in Lager und Gefängnisse verschleppt. Allen wurden die deutschen Ausweispapiere entzogen, viele wurden zur Sterilisation gezwungen und zur Zwangsarbeit verschleppt, während andere Afro-Deutsche Anstellungen finden konnten und von Arbeitgebern geschützt wurden, oder im Film und Schaugeschäft ein leidliches Auskommen finden konnten.

Die widersprüchliche Behandlung ist auf die kolonialen Bestrebungen der deutschen NS-Regierung zurückzuführen, die im Widerstreit mit den rassistischen Vorgaben der NS-Ideologie standen. Die außenpolitischen Rücksichten retteten vielen AfrikanerInnen und Afro-Deutschen in der Terrorzeit Hitler-Deutschlands das Leben.

4.4 Nach dem Krieg

Die Zeitzeugen berichteten, dass die russischen Allierten den AfrikanerInnen und Afro-Deutschen Freifahrtscheine für die Passage nach Afrika anboten. Sie sagten, dass viele das Angebot wahrgenommen haben und weggegangen sind. Doch die Dieks blieben. Nicht nur, dass ihnen das Geld zum Auswandern fehlte, es erschien ihnen auch zu merkwürdig, in die Fremde zu gehen – von Bromberg in Polen nach Afrika.[410] Stattdessen gingen sie illegal nach Westberlin. Dort trafen sich die Schwestern wieder. Die Erleichterung war groß, nachdem sie nicht wussten, wie die andere das Kriegsende überstanden hatte.

> *Erika Ng.: »Da sind wir uns auf der Straße entgegengelaufen. Da kam so eine Kleine und hat gesagt: »Tante Erika, Deine Schwester kommt!« Und ich, raus auf die Straße in Hausschuhen, so wie ich war. Und dann sind wir uns um den Hals und umgefallen.«*[411]

Noch in Bromberg hatten sie mit ihren Verwandten Corry und Josepha van der Wandt eine Showtruppe aufgezogen. Sie nannten die Show »Südseezauber«, die Musik, Tanz und Akrobatik beinhaltete. Die Truppe bot die Möglichkeit, in dieser Zeit des Zusammenbruchs irgendwie Essen zu organisieren. Die Truppe spielte auch in Berlin weiter und hatte teilweise fünfzig Mitglieder verschiedener Nationalitäten, Schwarze und Weiße zusammen. Doris lernte in der Truppe ihren Mann Herbert Reiprich kennen, der als Musiker in der Show teilnahm. Als sie 1948 schwanger wurde, hörte sie bei der Show auf (siehe Fotoanhang). Beide Schwestern und zum Teil auch ihre Kinder waren auch nach dem Krieg immer wieder im deutschen Filmgeschäft tätig (siehe Kap. 3.2).

410 Interview vom 20.04.1985, S. 7.
411 ebenda

5. Schlußbemerkung

Für diese Arbeit hätten noch die Umstände der Anerkennung als Opfer und die Frage der Entschädigung einbezogen werden sollen. Doch die wenigen Informationen, die zu diesem Zeitpunkt zur Verfügung stehen, sind bereits in Kapitel 3.1.4 aufgeführt. Der Bereich der Verfolgung und der Rehabilitierung muss noch untersucht werden. Die Forschung ist erst ganz am Anfang, aber mir ist bekannt, dass Paulette Reed Anderson über erste Erkenntnisse zu schwarzen Menschen in NS-Lagern, über Kriegsgefangene afrikanischer Herkunft und Angaben zur Grabstelle eines in einem KZ-Lager ermordeten Afrikaners verfügt. Es werden mehr Beispiele benötigt werden, um Aussagen über das Ausmaß und die Formen der Verfolgung von Menschen afrikanischer Herkunft durch das NS-Regime machen zu können.

Für die weitergehende Forschung zur Lebenssituation von Menschen afrikanischer Herkunft in Deutschland werden in den nächsten Jahren weitere Primärquellen erschlossen und ausgewertet werden müssen. Zu diesen gehören die bereits oben genannten Archive deutscher Städte, der in Frage kommenden Behörden, Institutionen und Organisationen und möglicherweise Archive in afrikanischen Ländern und in deutschsprachigen Ländern sowie in den Archiven der Missionen und Kolonialbehörden anderer Länder.

Eine weitere wichtige Quelle sind die Aussagen der wenigen noch lebenden Zeitzeugen und ihrer Familien und ihre häufig sehr reichhaltigen privaten Sammlungen von Fotografien und Dokumenten. Diese vielfältigen Stimmen der Bezugsgruppe gilt es für die Erforschung der Geschichte der Afrikaner und Afro-Deutschen in Deutschland zu sammeln und für die Zukunft zu bewahren.

Mit der vorliegenden Arbeit konnte gezeigt werden, dass die Geschichte der Afrikaner und Afro-Deutschen in Deutschland mit der des deutschen Kolonialismus verbunden ist. Die Einreise nach Deutschland erfolgte überwiegend aus afrikanischen Gebieten, in denen Deutschland Kolonien beansprucht hatte.

Afrikaner kamen nach Deutschland zum Zwecke der Ausbildung für die Kolonien, als Angestellte oder Gehilfen von Kaufleuten, Kolonialbeamten, Missionaren, Forschungsreisenden und Sprachforschern, im Rahmen von Ausstellungen zum Zwecke der Kolonialpropaganda und als ehemalige Soldaten, die im Dienste Deutschlands gestanden hatten.

Es wurde auch gezeigt, wie die Behandlung der Afrikaner und ihrer Familien in Deutschland von den kolonialen Bestrebungen Deutschlands bestimmt wurde. Den Untersuchungsergebnissen ist weiterhin zu entnehmen, dass die Frage nach der Integration bzw. Ausgrenzung der Afrikaner in Deutschland nicht einfach beantwortet werden kann. Die Lebenssituation der Afrikaner und Afro-Deutschen war von Fall zu Fall sehr unterschiedlich, so lebten einige in ökonomisch gesichterten und sozial stabilen Verhältnissen, während andere unter unwürdigen Bedingungen arbeiten und leben mußten. Die Lebensverhältnisse änderten sich in vielen Fällen nach langen Perioden der Stabilität, was einerseits auf die veränderte politische Lage in Deutschland und den afrikanischen Herkunftsländern zurück zuführen war, oder aber die Veränderung der Lebenssituation wurde durch die spezifische Lage als Schwarzer Mensch in einer von Rassismus geprägten Umwelt erzeugt.

6. Anhang

6.1 Dokumente

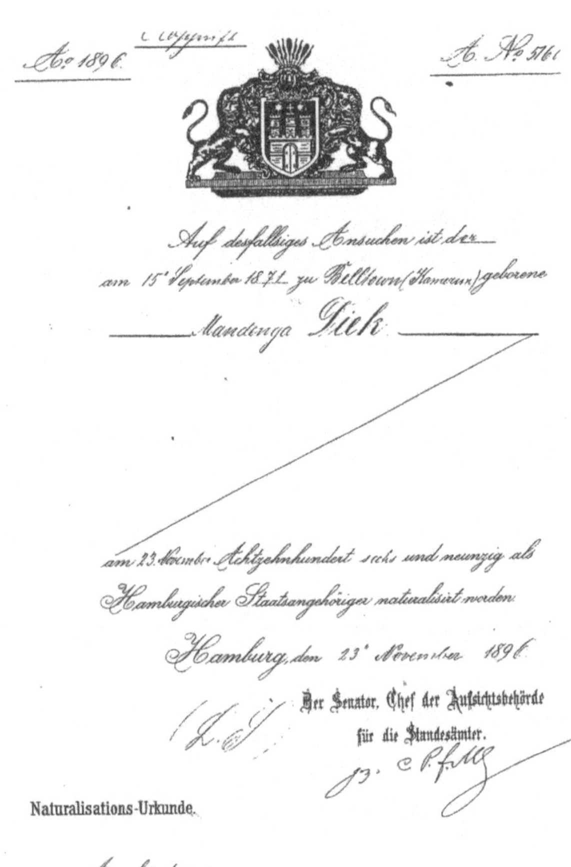

Ao 1896. Abschrift A. No 5161

Auf desfallsiges Ansuchen ist der am 15' September 1871 zu Belltown (Kamerun) geborene

Mandenga Diek

am 23. November Achtzehnhundert sechs und neunzig als Hamburgischer Staatsangehöriger naturalisirt worden.

Hamburg, den 23' November 1896.

(L. S.)

Der Senator, Chef der Aufsichtsbehörde für die Standesämter.

gez. [illegible]

Naturalisations-Urkunde.

Ausgehändigt d.

Dokument Nr. 1

Abschriftkopie der Naturalisationsurkunde des Mandenga Diek von 1896; in: Staatsarchiv Hamburg, Staatsangehörigkeitsaufsicht Hamburg Akten Nr. 51606.

Reichs-Gesetzblatt.

№ 40.

Inhalt: Gesetz, betreffend Aenderungen des Gesetzes über die Rechtsverhältnisse der deutschen Schutzgebiete (Reichs-Gesetzbl. 1888 S. 75, Reichs-Gesetzbl. 1899 S. 365). S. 809. — Bekanntmachung wegen Redaktion des Schutzgebietsgesetzes. S. 812.

(Nr. 2711.) Gesetz, betreffend Aenderungen des Gesetzes über die Rechtsverhältnisse der deutschen Schutzgebiete (Reichs-Gesetzbl. 1888 S. 75, Reichs-Gesetzbl. 1899 S. 365). Vom 25. Juli 1900.

Wir Wilhelm, von Gottes Gnaden Deutscher Kaiser, König von Preußen rc.

verordnen im Namen des Reichs, nach erfolgter Zustimmung des Bundesraths und des Reichstags, was folgt:

Artikel 1.

Das Gesetz, betreffend die Rechtsverhältnisse der deutschen Schutzgebiete (Reichs-Gesetzbl. 1888 S. 75, Reichs-Gesetzbl. 1899 S. 365), erhält die Ueberschrift „Schutzgebietsgesetz" und wird geändert, wie folgt:

§. 9.

Ausländern, welche in den Schutzgebieten sich niederlassen, sowie Eingeborenen kann durch Naturalisation die Reichsangehörigkeit von dem Reichskanzler verliehen werden. Der Reichskanzler ist ermächtigt, diese Befugniß einem anderen Kaiserlichen Beamten zu übertragen.

Auf die Naturalisation und das durch dieselbe begründete Verhältniß der Reichsangehörigkeit finden die Bestimmungen des Gesetzes über die Erwerbung und den Verlust der Bundes- und Staatsangehörigkeit vom 1. Juni 1870 (Bundes-Gesetzbl. S. 355, Reichs-Gesetzbl. 1896 S. 615) sowie Artikel 3 der Reichsverfassung und §. 4 des Wahlgesetzes für den Deutschen Reichstag vom 31. Mai 1869 (Bundes-Gesetzbl. S. 145) entsprechende Anwendung.

Im Sinne des §. 21 des bezeichneten Gesetzes sowie bei Anwendung des Gesetzes wegen Beseitigung der Doppelbesteuerung vom 13. Mai 1870 (Bundes-Gesetzbl. S. 119) gelten die Schutzgebiete als Inland.

Dokument Nr. 2

§9 des Schutzgebietsgesetzes; aus: Reichsgesetzblatt Nr. 40, ausgegeben zu Berlin am 13. September 1900, das Schutzgebietsgesetz, S. 813–817.

Bio-Bibliography No. 142
Africans at the "Ewe school" at Westheim, Germany, 1890—1900

(1) *Benjamin Onipayeue*, son of a notable catechist, at Westheim 1890—1894. He was later accidentally shot at Keta.

(2) *Albert Binder* was a middle-aged man, already married, and personally attached to the former missionary, the Rev. Joh. C. Binder. He was at Westheim 1890—1892. After his return, he worked at Peki-Blengo, Ghana. He was ordained to the ministry in 1916 and died at an advanced age in 1934.

(3) *Samuel Quist* came from a trader family, having connections with the Danish period, and was partly of Danish descent. He stayed at Westheim 1890—1894. He was ordained in 1915.

(4) *Isaak Kwadzo*, in Westheim 1891—1895, later a catechist at Peki.

(5) *Elisa Kende*, in Westheim 1892—1894. Later teacher at Kpenoe, then dismissed from Mission service. Government interpreter, Lome.

(6) *Theodor Martin Sedode Bebli*, brother of Christian Aliwodzi Sedode (B-B No. 140), in Westheim 1892—1896. Ordained 1911. Worked at Amedzofe. Died in 1921 at Lome.

(7) *Zacharias Deku*, at Westheim 1893—1896. Teacher at Keta, where he died as early as 1897 (from tuberculosis?).

(8) *Nathaniel Kwami*, Westheim 1893—1896. Later at Mission — Tove.

(9) *Ludwig Medenu*, Westheim 1894—1897. Teacher at Ho. Later dismissed.

(10) *Elia Awuma*, Westheim 1894—1897, worked at Ho and Tsito, ordained 1912.

(11) *Robert Kwami*, Westheim 1894—1897, worked later at Amedzofe, ordained 1911, later eminent Church leader, died in 1945.
Biographies of Robert Kwami: E. Reinke: ***Ein afrikanischer Zeuge Jesu Christi***, Bremen, 1932.
P. Wiegräbe: *Pastor Robert Kwami*, Bremen, 1948.

(12) *Theophil Asieni*, Westheim 1895—1899, worked as teacher at Ho.

(13) *Christoph Gebhard Mensa*, Westheim 1895—1899, worked as teacher at Akpafo.

(14) *Timotheo Malley*, son of the first Ewe pastor of the Bremen Mission Church, at Westheim 1897—1900, later catechist at Agu.

(15) *Timotheo Ametowobla*, Westheim 1897—1900, later at Amedzofe, ordained 1916, died in 1921.

(16) *Robert Baeta*, descendant of a great slave trader, Westheim 1897—1900, later a very notable Church leader, father of Prof. Christian Baeta, notable ecumenical leader. In Westheim 1897—1900, pastor 1917. He wrote together with Sedode (No. 6): Robert Baeta and Theodor M. Sedode: ***Reste heidnischer Anschauungen in den Christengemeinden Togos***, Bremen, 1911. An autobiography of Robert Baeta is included in the pamphlet: ***Pastor Baetas Besuch in Europa in 1924***. Bremen, 1925.
The biographical data have been taken from:
A. W. Schreiber: ***Bausteine zur Geschichte der Norddeutschen Missions-Gesellschaft***, Bremen, Norddeutsche Missions-Gesellschaft, 1936, p. 252-253, and
Bericht über die Ewhe-Schule und das letzte Negermissionsfest in Westheim, 23 p., illustrated, Bremen, Norddeutsche Missions-Gesellschaft, 1900, and
H. Debrunner: ***A Church between Colonial Powers***, London, Lutterworth, 1965 (Index under the names of the persons).

Bio-Bibliography No. 141
Four Ewes trained at Ochsenbach, Germany, 1884—1887

(1) *Andreas Aku*. He became a notable Church leader in Lome. He travelled in 1911 to Bremen to speak at the 75th anniversary celebrations of the Mission. He died in 1931.
R. Baeta: *Pastor Andreas Aku, Bremen, 1934.*

(2) *Hermann Yoyo*. After his return to the Coast he defended polygamy on biblical and general grounds. He was therefore dismissed from Mission service.

(3) *Reinhard Kowu*. After his return to the coast, he was also dismissed from Mission service.

(4) ***Ernst Winand Kwaku***, carpenter apprentice in Ochsenbach, 1886. On these four consult: H. Debrunner: ***A Church between Colonial Powers***, London, Lutterworth, 1965.

Dokument Nr. 3

aus: Debrunner, Hans Werner, Presence and Prestige: Africans in Europe. A History of Africans in Europe before 1918, Basel 1979, Chapter 1o.3, Africans in Germany and Switzerland 189o1918, page 351367. Durch die Norddeutsche Mission Bremen wurden Afrikaner in Deutschland ausgebildet, die von Debrunner in seinen BioBibliographien Nr. 141 und 142 namentlich aufgelistet werden. (S. 355/356)

[EINGABE DER IN DEUTSCHLAND LEBENDEN AFRIKANER AN DIE NATIONALVERSAMMLUNG]

Berlin, den 19. Juni 1919

An die Nationalversammlung zu Weimar.[2]

Wir Unterzeichneter, als berufener Vertreter der Duala Leute aus Kamerun, erlaubt sich der deutschen sozialen Republik vor Abschluß des Friedensvertrages auf Folgendes hinzuweisen:

Als Sohn des Unterhäuptlings Dewids Jost (Dibobe) seit dem Jhr. 1896 zu Berlin, erhebe ich mit sämtlichen unterzeichneten Landsleuten den schärfsten Protest gegen die Vergewaltigung der Kolonien.

Wir erklären der wohllöblichen deutschen Regierung mit sämtlichen Häuptlingen in Kamerun, daß der Vertrag vom Jhr. 1884 anerkannt wird, welcher uns unsere Selbständigkeit gewährleistet.

Wir akzeptieren unter Vorbehalt, daß die Wünsche der Afrikaner nicht ungehört und unerfüllt bleiben, ebenso setzen wir in die jetzige soziale Republik das Vertrauen, daß die Behandlung der Eingeborenen eine andere und bessere ist, als unter der gewesenen kaiserl. Regierung. Wir ! ben der sozialen Republik unverbrüchliche Treue und werden Alles daransetzen, wenn der Vertrag von 1884 von der deutschen Regierung erfüllt wird, mit dem neuen deutschen Reiche in gutem Einvernehmen zu leben. Unsere Wünsche werde ich der Regierung im Besonderen klarlegen.

Ich bitte, in den Zeitungen dieses Schreiben zu veröffentlichen, damit die Bevölkerung weiß, wir sind reichstreu.

Mit vorzüglicher Hochachtung
ergebenst *Martin Dibobe*, Z[ug]f.[ührer] d.
Hoch- u. Untergrundbahn z. Berlin

[Umseitig die Namen der anderen Landsleute:]
Martin Dibobe, Danziger Str. 98 II
Viktor Bell, Berlin, Drieseners‍tr. 4
Ludwig Akwa
Ndachi bin Scharifu
Kola Minger
Stali di Krama
Theo Michael
Max Same
Anton Egiome
Manga Akwa, SO 46 Wienerstr. 14, Gartenhaus II Et. r.
Joseph Malaga
Joseph Minga
Anjo Diok
Joseph Bille
Madenga Diek, Danzig
Nachtigall Ngando, Leipzig
Heibold Janson, Zossen
Makembe, Hamburg
usw.

Ebenda, Bl. 233, Handschriftl. Orig.

Dokument Nr. 4

aus: Rüger, A., Imperialismus, Sozialreformismus und antikoloniale demokratische Alternative. Zielvorstellungen von Afrikanern in Deutschland im Jahre 1919, in: Zeitschrift für Geschichtswissenschaft, Berlin (O) 1975, 23.Jg., S. 1293–1308. (S. 1302–3: RKA, Akte Nr. 7220, Bl. 233)

115

Name	Geburtsland	Aufenthaltsort in Deutschland.	Familienstand und Sonstiges.
iktor Bell	Kamerun	Berlin N 4 Driesenerstr.4	verheiratet, 1 Kind
Bessam	Kamerun	Essen	
eph Bobolle	Kamerun	Bln.-Karlshorst, Walkürenstr.3a	verheiratet, 3 erwachsene Kinder, davon ein Sohn in Egypten, Tochter Josepha (verheiratet), arbeitete in einer Bar, Kurfürstendamm. Sohn Rudolf, Karlshorst, Hendrichstr.24, verh., 2 Kinder. Preuß.Staatsangehörige durch Einbürgerung.
ssei Bruce	Togo	Euphrosinental, Post Greiffenberg-Land, b.Döring	ausgebildeter Musiker. Hat den Krieg in Togo in der Polizeitruppe mitgemacht. Preußischer Staatsangehöriger(Einbürgerungsurkunde vom 3.11.1925).
ka Diek		Hamburg.	Mulattin. Hat noch 2 Geschwister. stammt u.W. von einem Kamerunneger.
nga Egioume	Kamerun	Berlin O.112. Blumenthalstr.	verh.,3 Kinder, Schuster, arbeitslos.
Ekamby	Kamerun	Berlin, Luitpoldstr.42	Ist unterwegs mit kleinem Auto und verkauft Erdnüsse, Kola usw.
ifazius Polli	Togo	Berlin, Pfalzburgerstr.72 verzogen. Jetzt: Charlottenburg, Wilmersdorferstr. 66a	verheiratet, arbeitet im Orientalischen Seminar.
se Probel	Mulattin	Berlin N 54. Auguststr.26b b/Heidelmeyer	
edikt Gambe	Kamerun	Berlin W 50 Augsburgerstr.7 b/Sachs	War kurze Zeit im Leipziger Zoo beschäftigt. Soll jetzt beim Film tätig sein. Derzeitige Anschrift unbekannt. Während des Krieges Boy bei einem Offizier.
Garber	Togo	Bln.-Neukölln, Elbestr.9	Militärschneider, verh., 3 Kinder. Alle erwachsen u.unterwegs, davon Käthe Garber, z.Zt. Italien bei Josephine Baker.

Dokument Nr. 5

Eine Liste von Afrikanern und Afro-deutschen, die zuvor von der Gesellschaft für Eingeborenenkunde betreut wurden. Sie war einem Schreiben des Auswärtigen Amtes Abt. III.K. an das Reichs- und Preußische Ministerium des Innern vom 18. September 1935 beigefügt. Im Betreff wird der zu behandelnde Sachverhalt wie folgt beschrieben: Beseitigung schädlicher Rückwirkungen des Rassepolitik auf die in Deutschland lebenden Eingeborenen aus den früheren deutschen Kolonien.

in: RKA, Akte Nr. 7562, Bl. 114–117.

116

N a m e	Geburts-land	Aufenthaltsort in Deutschland.	Familäänstand und Sonstiges.
seph K a s a f	D.O.A.	?	Ringer im Zirkus Busch.
fred K ö h l e r	Kamerun	Berlin,Kantstr.132, verzieht jetzt in die Ansbacherstr.?	verheir., 5 Kinder,davon 1 Tochter erwachsen, sie arbeitet z.Zt.in der Osse Potsdamerstr. Köhler selbst war zuletzt im Berliner Zoo beschäftigt,hat jetzt Arbeit(Bar Grill Oberbini,Uhlandstr).
gor K o t t o k o t	Kamerun	Berlin W 30, Passauerstr.22 b/Zielske	
ef M a m b o	?	Berlin.Luckenwalderstr.11 bei Jenicke	9 Jahre in Deutschld.gedient,Frontkämpfer,kriegsbeschädigt,Ost-u.West-front.
ef M a s s o	?	Dresden.Nähere Anschrift unbek.	Frontkämpfer ?
lla M i s s i p	Kamerun	Frankfurt/M.	schlechter Ruf.
ja Z u a n k e	Kamerun	Frankfurt/M. Vilbelerstr.32	
rmann N g a n g e	Kamerun	Berlin W 50, Augsburgerstr.7	oft sehr krank
nfred P r i s o	Kamerun	Berlin W, Potsdamerstr.63a	hat jetzt einen Bananenstand.
rl.R e t t i c h	Mulattin	Berlin W 50, Augsburgerstr.7	Tänzerin,Braut des Benedikt Gambe
uis B r o d e	Kamerun	Bln.-Neukölln, Kaiser Friedrichstr.232 b.Dahne	3 uneheliche Kinder
R a m s e s	Kamerun?	Dresden	
to K i n g e r	Kamerun	Berlin SW 68, Simonstr.4	Arbeitet z.Zt.im Berliner Zoo. Für den Winter noch keine neue Stellung.
lm.J a p e n d e	Togo	Wattenscheid/Westf.	früher Pferdepfleger bei Herzog Adold-Friedrich zu Mecklbg.,Invalide.
osef M a m d e n g o	Kamerun	Düsseldorf, Reusätherstr.12	
dolf N g a n g e	Kamerun	Berlin.Ziegelstr. 31,I	arbeitet z.Zt.in einem Zirkus,daher nicht in Berlin.
inr.D i b o n g o	Kamerun	Hamburg,Bellealliancestr.46 k	verheiratet
rm.K e s s e r n	Kamerun	Kreislheim/Württbg. Hitschstr.7	Artist
tthias N d o n g e	Kamerun	Hamburg,Hartenslebenerstr.4	verh.,1 Kind, arbeitet z.Zt.in einer Fabrik
kob M a n d e n g e	Kamerun	Würzburg Weingartenstr.7	verh.,2 Kinder,angeblich z.Zt.in Polen

117

N a m e	Geburts-land	Aufenthaltsort in Deutschland	Familienstand und Sonstiges.
omas T o i	Kamerun	München,Kreilmeyerstraße 12	verh.,4 Kinder, Artist.
hamed u s s e i n	D.O.A.	Berlin ?	verheiratet, 2 Kinder, Musiker im Haus Vaterland, im Kriege Askari.

106

Namentliche Liste

der in Berlin befindlichen arbeitslosen Neger.

Name	bisheriger Beruf	Eignung (bezw. Bemerkungen)
1. B o h o l l e, Josef	ursprünglich von Beruf Tischler	Derselbe ist jedoch zu alt, seinen erlernten Beruf noch weiter auszuüben und bittet um Nachweis einer Anstellung als Portier od. dergl.
2. G a m b e, Benedikt	Artist	hat den Wunsch, in seinem Artistenberuf bleiben zu dürfen.
3. B e l l, Victor	desgl.	desgl.
4. M p e s s a, Ludwig	desgl.	desgl.
5. K i n g e r, Gottfried	desgl.	bittet um Unterbringung in einen bürgerlichen Beruf als Antedi ner o.dgl. Würde sich auch eignen zwecks Anstellung im Zoo.
6. N g a n g e, Hermann	berufslos	ist herzkrank und hat den Wunsch um Heimbeförderung nach Duala geäußert. Die Rückbeförderung könnte erst im Laufe der warmen Jahreszeit erfolgen.
7. K o t t o, Gregor	Artist u. Arbeiter	bittet um irgendwelche Arbeitsgelegenheit.
8. Mangundo-K ö h l e r	Musiker und Artist	soll sich im hiesigen Zool. Garten bei Herrn Direktor Dr. Heck Anfang nächster Woche melden.
9. P r i s o, Manfred	Arbeiter	ist z.Zt. mit Bananenverkauf beschäftigt. Da diese Tätigkeit nur vorübergehender Natur ist, käme er für jede andere Arbeitsleistung auch in Frage. Möglichst grobe Arbeit und strenge Aufsicht dürften angezeigt sein.
10. B r u c e, Kwassi	Musiker	überragt die vorgenannten Eingeborenen in geistiger Beziehung bei weitem und eignet sich in erster Linie für jeglichen Bürodienst. Er wird als durchaus zuverlässig und gebildet wärmstens empfohlen

K.1.997/35.

Dokument Nr. 6

Liste arbeitsloser Afrikaner, die das Auswärtige Amt bei der Arbeitssuche durch einen spezielles Ausweis unterstützen möchte. Dieser Ausweis würde die Herkunft der Afrikaner aus den ehemaligen deutschen Schutzgebieten bestätigen und die örtlichen Parteitellen ausweisen die Afrikaner bei der Arbeitsuche zu unterstützen. Die Liste ist einem Schreiben des Auswärtigen Amtes vom 29. März 1935 beigefügt und an das Kolonialpolitische Amt der NSDAP-Verbindungsstelle Berlin adressiert.
in: RKA, Akte Nr. 7562, Bl. 104–106.

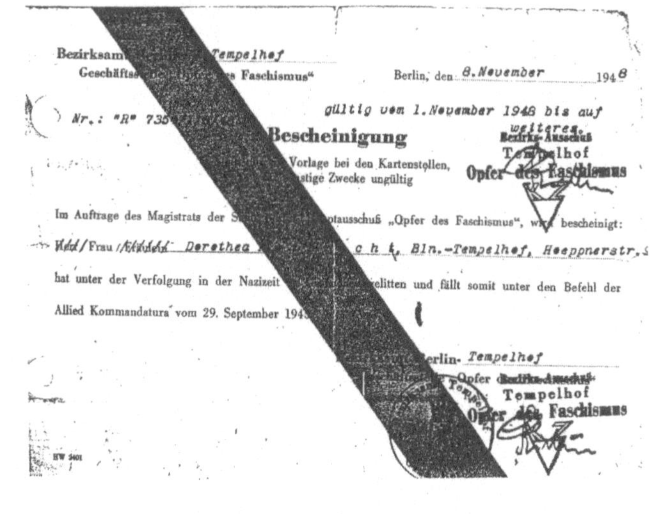

Bezirksam[...] Tempelhof
Geschäfts[...]s Faschismus" Berlin, den 8.November 1948

Nr.: "R" 735[...] gültig vom 1.November 1948 bis auf weiteres.

Bescheinigung

[...] Vorlage bei den Kartenstellen,
[...]stige Zwecke ungültig

Bezirks-Ausschuß
Tempelhof
Opfer des Faschismus

Im Auftrage des Magistrats der S[...]ptausschuß „Opfer des Faschismus", wi[...] bescheinigt:

Frau Dorothea [...] cht, Bln.-Tempelhof, Hoeppnerstr.

hat unter der Verfolgung in der Nazizeit [...]elitten und fällt somit unter den Befehl der Allied Kommandatura vom 29. September 194[...]

[...]erlin- Tempelhof
[...]Opfer d[...]
Bezirks-Ausschuß
Tempelhof
Opfer des Faschismus

HW 3401

Dokument Nr. 7

Die Bescheinigung vom Magistrat der Stadt Berlin, Bezirk Tempelhof, Hauptausschuß "Opfer des Faschismus" für Frau Dorothea Reipricht als Opfer des Faschismus vom 8.11.1948.

Ohm Krüger (Emil Jannings in seiner neuest en Rolle) im Gespräch mit dem scheinheiligen Kaffernkönig (Louis Brody)

Ein großer Tag im Negerdorf — alle Männer des Stammes sind zum Empfang des weißen Herrn versammelt

Aus dem Film „Carl Peters" Aufnahmen Bavaria/Reißner

Dokument Nr. 8

Zeitungsausschnitte zuz Kolonialfilmen der NS-Zeit und zu Filmen der Nachkriegszeit, in denen Afrikaner und Afro-Deutsche mitwirkten.
aus dem Privatbesitz von Doris und Herbert Reiprich.

Münchner Illustrierte Presse

Carl Peters

Ein Hans-Albers-Film der Bavaria-Filmkunst

„Ein Weißer kommt!" kündet der laute Ruf des Spähers dem Stamm, zu dessen Dorf Dr. Carl Peters, der junge deutsche Kolonialpionier, von Sansibar her unterwegs ist

Das Schicksal Carl Peters, der auf eigene Faust für Deutschland koloniale Erwerbungen in Ostafrika sicherte, gestaltet ein unter Regie von Herbert Selpin gedrehter Bavaria-Film mit Hans Albers in der Titelrolle

*

Eile tut not – denn mit List und Gewalt sucht England die Expedition des Deutschen zu hindern, aber seine rastlose Energie zwingt alle Gefahren und spornt auch seine treuen schwarzen Begleiter zu höchsten Anstrengungen an

Aufnahmen: Albers-Produktion der Bavaria-Filmkunst — A. Madl

„Zehn kleine Negerlein" – zehn echte Berliner

Es war schon fast eine fixe Idee, mit der sich Emil Surmann in den Stoff von den „Zehn kleinen Negerlein" verbissen hatte. Eine Geschichte von Inka Köhler-Rechnitz baute er zum Drehbuch aus. Das Ergebnis ist ein reizendes Märchen „in Schwarz", das jetzt von der Berliner Delos-Filmgesellschaft für den Jugendfilm-Verleih verfilmt wird.

Die zehn kleinen Negerlein führen im Negerdorf ein Leben, das paradiesisch sein könnte, gäbe es nicht den bösen Häuptling Rom-Rom-Rom. Dieser hat einen Zauberring und mißbraucht ihn nach Lust und Laune. Der böse Häuptling verzaubert nacheinander die Kinder, acht in kleine Dackel, das neunte in eine Schildkröte, und nur der kleinste Bub, „Hm-ta-ta" genannt, entgeht dem Zauber. Als Rom-Rom-Rom später einmal beim Naseputzen den Zauberring aus der Nase nimmt, wird er von Hm-ta-ta stibitzt und der böse Häuptling, seiner Macht beraubt, aus dem Dorf gejagt.

Wo anders hätten die Filmleute ihr Negerdorf aufbauen können als in der Nähe von „Onkel Toms Hütte"? Spaziergänger schauen verblüfft, wenn sie am Rande des Riemeister-Fenns plötzlich unter Palmen wandeln. Aber die Palmen sind aus Papier und Holz. Die zehn jugendlichen Hauptdarsteller kennen Afrika nur vom Hörensagen. Sie sind in Berlin geboren und aufgewachsen. Die „erwachsenen" Neger dagegen sind alte Vorkriegsberliner und echte Schwarze, sie brauchen deshalb nicht geschminkt zu werden wie die Mischlingskinder.

Auch „Totempfähle" stehen in diesem Pseudonegerdorf. Im Stil uralter primitiver Eingeborenenkunst stellen sie einen weinenden Negerbuben, der sich wegen heftiger Bauchschmerzen den gefüllten Leib reibt, und eine überlebensgroße Fliege mit schreckeinflößenden Augen und Beinen dar. Dann gibt es noch ein Podest, auf dem der Dorfpolizist den Straßenverkehr im Busch regelt, einen Papagei und ein Hündchen, mit dem sich die Negerlein amüsieren.

Rolf von Sydow, der junge Regisseur, ist bisher noch mit ihnen fertig geworden. Doch wird er nach Abschluß des Films dringend verreisen müssen, um sich zu erholen. Gleichgültig, wohin. Nur nicht nach Afrika. Benno Weger

Im Riemeisterfenn traf der Photograph diese Berliner Negerjungen — kleine Mulatten —, die in dem Märchenspielfilm „Zehn kleine Negerlein" der Delos-Filmgesellschaft mitwirken. Ein vollständiges Negerdorf wurde dafür an der Krummen Lanke errichtet. Photo: Keystone

6.2 Personenlisten

Lfd. Nr.	*Name*
Nr. 1	Ajama, Martin
Nr. 2	Akwa, Manga
Nr. 3	Akwa, Mpundu
Nr. 4	Ali, Hoseni ben
Nr. 5	Allen, James
Nr. 6	Anumu, Ernst
Nr. 7	Assiambo, Theodor (Friedrich Akapo)
Nr. 8	Bakari, Mtoro
Nr. 9	Baumann, Ludwig
Nr. 10	Bell, Bismarck
Nr. 11	Bell, Hans
Nr. 12	Bell, Lobe
	Bell, Ekwe (Brüder des Duala Oberhäuptl. Manga Bell)
Nr. 13	Bessam (Essen)
Nr. 14	Bell, Manga
Nr. 15	Bell, Viktor
Nr. 16	Bilé-Mbule, Josef
Nr. 17	Bismarck, David
Nr. 18	Boholle, Joseph
Nr. 19	Boholle, Josepha
Nr. 20	Boholle, Rudolf
Nr. 21	Bower, Tom J.
Nr. 22	Brode, Louis (= Mpessa, Mbebe) (= Nr. 24)
Nr. 23	Brodi
Nr. 24	Brody, Ludwig Mpesa (= Nr. 22)
Nr. 25	Bruce, J.C.
Nr. 26	Bruce, Kwassi
Nr. 27	Bruce, Amuzu
Nr. 28	Byll, (EweHäuptling)
Nr. 30	Byll, Joseph
Nr. 31	Dibobbe, Martin

Nr. 32 Diek, Erika (verh. Folli)
Nr. 33 Diek, Mandenga
Nr. 34 Dinn, Richard
Nr. 35 Diok, Anjo (mögl.weise M. Dieks Bruder)
Nr. 36 Diponge, Sam Heinr.
Nr. 37 Dipongo, David I.
Nr. 38 Egiome, Anton
Nr. 39 Egioume, Manga
Nr. 40 Elong, Fumbi
Nr. 41 Ekamby, Richard
Nr. 42 Epanya, Petrus
Nr. 43 Essaf, Joseph
Nr. 44 EwaneNgange, Adolf (=Adolf Mensa)
Nr. 45 Ewame, August
Nr. 46 Foli, Bonifazius (= Bonifacius Folli)
Nr. 47 Frobel, Lise
Nr. 48 Gambe, Benedikt (alias James Diekson)
Nr. 49 Garwa, Joseph
Nr. 50 George, Thomas
Nr. 51 Gräber, Walter H.
Nr. 52 Hassani
Nr. 53 Hussein, Mohamed (gleiche Person wie Nr. 54)
Nr. 54 Hussein, Bajume bin Mohamed (gleiche Person wie Nr. 53)
Nr. 55 Ipuabato, Daniel
Nr. 56 Jansen
Nr. 57 Janson, Heibold
Nr. 58 Japende, Wilhelm
Nr. 59 Jeck, Wilhelm
Nr. 60 Juma, Mano bin
Nr. 61 Juma, Mohamed bin
Nr. 62 Kachala, Ibrahim (= O.M. Nengami)
Nr. 63 Kesse, Herman Muna
Nr. 64 Kessern, Hermann
Nr. 65 Kinger, Gottfried
Nr. 66 Kinger, Otto
Nr. 67 Kohl, Johannes
Nr. 68 Kohler, Alfred
Nr. 69 Kottokot, Gregor
Nr. 70 Krama, Stalti di

Nr. 71 Larsen, Alfred
Nr. 72 Lutunda bin Barogu
Nr. 73 Makembe, Mukuri
Nr. 74 Makube, Otto
Nr. 75 Malaga, Joseph
Nr. 76 Mambo, Josef
Nr. 77 Mamdengo, Josef
Nr. 78 MandengeEkoto, Jakob
Nr. 79 Manga, Domenikus
Nr. 80 Manga, P.T.
Nr. 81 MangundoKöhler,Alfred (siehe auch Köhler, Alfred)
Nr. 82 Manu, Charlie
Nr. 83 Masso, Josef
Nr. 84 Mbida, Johannes (= Ubeta, Joh.)
Nr. 85 Mbili, Pesa
Nr. 86 Mbongo, Dikonge La
Nr. 87 Menz a,Georg
Nr. 88 Mfauma, Edi
Nr. 89 Mhallo, Mkondo bin
Nr. 90 Michael, Theodor Wonja (Theophil)
Nr. 91 Mierzwick, Paul
Nr. 92 Minga, Joseph
Nr. 93 Minger, Kola
Nr. 94 Missip (_alla)
Nr. 95 Muange, Joe S.(Sohn des DualaHäuptling H. Muange)
Nr. 96 Muange, Soppo Josef (= Muange, Joe S.?)
Nr. 97 Mukumbulan, Lobe
Nr. 98 Munumö, Wilhelm
Nr. 99 Mussole, Albert
Nr. 100 Naue, Bello
Nr. 101 Ndanke (ja)
Nr. 102 Ndoki, Jonas
Nr. 103 Ndonge, Hans
Nr. 104 Ndonge, Matthias
Nr. 105 Ngange, Adolf
Nr. 106 Ngange, Hermann
Nr. 107 Ngando, Nachtigall
Nr. 108 Olympio, Peter
Nr. 109 Owame, Eduard

Nr. 110 Priso, Manfred
Nr. 111 Quaschi, Josef
Nr. 112 Ramses
Nr. 113 Rettich, Charlotte
Nr. 114 Sambo
Nr. 115 Same, Max Bebe
Nr. 116 Scharifu, Ndachi bin
Nr. 117 Schulte, Josepha
Nr. 118 Sommer, Theodor (alias Thomas Atoy)
Nr. 119 Sowieja, Peter P.
Nr. 120 Souza, Ambrosius de (Suza, Ambrosios)
Nr. 121 Tio, Michael
Nr. 122 Toi, Thomas (mögl.weise = Atoy = Sommer)
Nr. 123 Wilson
Nr. 124 3 AfrikanerInnen (ohne Namen) (1929, Aug.; 2 Männer und 1 Frau)
Nr. 125 3 (Liberianer) (ohne Namen) (1940; sind Afro-Deutsche)
Nr. 126 2 Kameruner (ohne Namen)
Nr. 127 2 afrodt. Deutsch-Südwestafrikaner (ohne Namen)
Nr. 128 3 afrik. Kinder (ohne Namen) aus DSWA

Personenliste

Zur Magisterarbeit von Katharina Oguntoye: Die Lebenssituation von Afrikanern und Afro-Deutschen von 1884 - 1950.

Alphabetische Namensliste der Afrikaner und Afro-Deutschen, die bis Dezember 1995 in der Untersuchung festgestellt werden konnten.

Lfd. Nr.	Name	Datum i.Akte	Vorgang	Akten-Nr. u. S.in Inhalt-verzeichnis
1.	Ajama, Martin	1920	kein Heimatschein Rothkreuz/Ch b.Frhr. v. Kleist (Koch) Einreise: 1893, 15 jähr. m. Kaufmann u. behördl. Erlaubnis ab 1911 in Schweiz	5150
2.	Akwa, Manga	1927, Febr.	kann nicht ausreisen, Einreise 1910, Maschinenbauer/ Motorschlosser/Chauffeur, verh., 1 Kind, 1921 n. Afrika	4457/7, S.1
			Abschiebung aus Afrika durch franz. Regierung	4457/7, S.3
		1926, März	finanz. Unterstützung	4457/6, Bl.198ff
3.	Akwa, Mpundu	1905/6	Prinz, Ausweisung u. Rückbeförderung	4457/6, Bl.4-6
4.	Ali, Hoseni ben	1935, März	Einreise: 1934 m. Expedition Ausreise: 1935?; Berlin brit. Paß	1105, S.2
5.	Allen, James	1908	Artikel in "Berliner Illustrierte Zeitung": verh., Kinder, Studium in Garfort abgebrochen, Klavierspieler in Café	Dokum. 2 (b. Autorin)
6.	Anumu, Ernst	?	Hamburg, Antrag auf Ausweis	5150, S.2
7.	Assiambo, Theodor (Friedrich Akapo)	1897, 1902, 1904	Kellner in Manheim	5428, S.1
8.	Bakari, Mtoro	1904-1923	Einreise: 1900, Berlin, Suaheli-Lehrer v. 1900-1905 verh., Probleme deswegen	5422, S.1-3
9.	Baumann, Ludwig	1913	Artikel: Studierte in Dt., DSWA, wird in einem Prozeß zum Eingeborenen erklärt	5424, S.2 5424, S.3
10.	Bell, Bismarck	1925, Nov.	brachte 1896 eine Truppe zur Kolonialausstellung nach Berlin	4457/6, Bl.188
11.	Bell, Hans	1907, Juni	Bitte um Reisepaß Einreise: 1907	4457/6,S.1

Lfd. Nr.	Name	Datum i.Akte	Vorgang	Akten-Nr.u. S.in Inhalt-verzeichnis
12.	Bell, Lobe Bell, Ekwe (Brüder d. Duala Ober-häuptl. Manga Bell)	1913	Dr. Semler Eingabe wegen Vorauszahlung für die Ausbildungskosten	4457/6, Bl.83
13.	Bessam (Essen)	1935, Sept.	Liste d.RKA v. Afrik. u. Afro-Dt., darin 34 Erwachs. u. 31 Kinder, Liste mit Angaben zu Beruf u. Familie.	7562, S.5
14.	Bell, Manga	1916, Juni	Einreise: 1910 od. 1912 Antrag a. Ausweis wegen Heirat	4457/6, Bl.121f
15.	Bell, Viktor	1925, Nov.	Vollmacht f. Mansfeld v. dt. Gesell. f. Eingeb. Kunde/ Berlin; Vorsitz d. Liga zur Verteildigung der Negerrasse	7562, S.1 4457, Bl.196
16.	Bilé-Mbule, Josef	1920 1929	Leipzig, Ausreise Rede auf Kundgebung	4457/6, S.2 4457/7, S.4
17.	Bismarck, David	1912, Jan.	Antw. RKA auf Anfrage der F.H. Schule GmbH Masch....btr.Heirat d. Arbeiters David Bismarcks. geb.1887, in Dt.seit 1897, 1 Kind, Wohnort: Hamburg; Antrag auf Ausstell. eines Geburtsschein wegen Heirat.	5428, Bl.3-7
18.	Boholle, Joseph	1925, März 1927, Nov. 1935, Aug.	Einbürgerungsantrag, seit 1899 in Berlin gemeldet Einbürgerungs abgelehnt Einbürgerung wird angenommen	4457/6, S.3 4457/7, S.2 7540, S.2
19.	Boholle, Josepha	1935, Sept.	List. d. RKA v. Afrikanern und Afro-Deutschen, Berlin	7562, S.5
20.	Boholle, Rudolf	1935, Sept.	List. d. RKA v. Afr. u. Afro-Dt., Karlshost, verh., 2 Kinder, Vater: J. Boholle	7562, S.5
21.	Bower, Tom J.	1913, Juni	Einweis. i. Pflegeanst. weg.psych.Störungen mit Personalbogen	4457/6, S.2
22.	Brode, Louis (= Mpessa, Mbebe) (= Nr. 24)	1935, Sept.	List. d. RKA v. Afrikanern und Afro-Deutschen, Berlin, 3 Kinder	7562, S.5
23.	Brodi	1930	Revue mit Afrikanern Artikel zu Afrikner-Verein	4457/7, S.4
24.	Brody, Ludwig Mpesa (= Nr. 22)	1925, Nov.	Vollmacht f. Mansfeld v. dt. Gesell. f. Eingeborenenkunde	7562, S.1

Lfd. Nr.	Name	Datum i.Akte	Vorgang	Akten-Nr. u. S.in Inhalt-verzeichnis
25.	Bruce, J.C.	1898-1901	Kolonialausstellung 1896	4457/5, S.1 4457/8
26.	Bruce, Kwassi	1927-1934 1935, Aug. 1934	lange in Deutschland, Einbürgerung wird angenommen, Schrift zur Lage der Afrikner in Deutschland	4457/5, S. 7540, S.2 7562, Bl.88-100
27.	Bruce, Amuzu	1934	In Brief v. Kwassi Bruce	7562, Bl.99
28.	Byll, Ewe-Häuptling	1938, Juni	Aktennotiz: im Krankenhaus in Hamburg	7540, S.4
30.	Byll, Joseph	1908	Kunstmaler, Retoucher in Fotoatellier	Dokum. 2
31.	Dibobbe, Martin	1919	Sohn d.Häuptl.Dewids Joos (Jost)(dieser unterschr. Vertrag 1884) Einreise:1896/Berlin/Kol.-Ausst.; Zugführer b.H.u.U-Bahn s.1902 Briefwechsel m. National-versamml., verh. u. Kinder	Dok.1, A.Rüger; Dokum.2
32.	Diek, Erika (verh. Folli)	1935, Sept. 1921	List. d. RKA v. Afrikanern und Afro-Deutschen, Hamburg, Reichsangeh.Folli	7562, S.5 5150, S.2
33.	Diek, Mandenga	1916 1919	Text zu Afrikaner in Dt., Unterschriftenliste, verh., 3 Kinder	4457/6, S.2 Dok.1, Rüger Staataarchiv Hamburg, Akte DI i 7
34.	Dinn, Richard	1927, Febr.	Polizeibericht: Artist; Wohnorte: Erfurt, Düsseldorf, ab 1923 Berlin; geboren Dez. 1905 in Duala/Kamerun	4457/7, S.1
35.	Diok, Anjo (mögl.weise M. Dieks Bruder)	1919	Unterschriftenliste, Artist	Dok.1, Rüger
36.	Diponge, Sam Heinr.	1925, Nov.	Vollmacht f. Mansfeld v. dt. Gesell.f.Eingeb.Kunde/Hamburg	7562, S.1
37.	Dipongo, David I.	1929, Mai	Bescheinig. ehem.SchGAng. Einreise: 1912, Artist/Berlin	4457/7, S.3
38.	Egiome, Anton	1919	Unterschriftenliste	Dok.1, Rüger
39.	Egioume, Manga	1935, Sept.	List. d. RKA v. Afrikanern und Afro-Deutschen, Berlin, 3 Kinder	7562, S.5
40.	Elong, Fumbi	1917, Feb.	Beschein.SchGAng. Einreise: 1911	4457/6, S.2

Lfd. Nr.	Name	Datum i.Akte	Vorgang	Akten-Nr. u. S.in Inhalt-verzeichnis
41.	Ekamby, Richard	1933	Arbeit in Tangermünde	7562, S.3
42.	Epanya, Petrus	1926	Zeitungsartikel: Munumé, Makembe	4457/6, S.4
43.	Essaf, Joseph	1935, Sept.	List. d. RKA v. Afrikanern und Afro-Deutschen, Berlin, Ringer im Zirkus Busch	7562, S.5
44.	Ewane-Ngange, Adolf (= Adolf Mensa)	1925, Nov. 1917, Jan.	Vollmacht f. Mansfeld v. dt. Gesell.f.Eingeb.Kunde/München Einreise: 1911, Okt. als Stewart, Antrag auf Ausweis	7562, S.1 4457/6, Bl.128u.255
45.	Ewame, August	1900	Angestellter bei Knackstedt & Nähter Photogeschäft in Hamburg, in M. Dieks Akte.	Staatarchiv Hamburg, Akte DI i 7
46.	Foli, Bonifazius (= Bonifacius Folli)	1925, Nov. 1921	Vollmacht f. Mansfeld v. dt. Gesell. f. Eingeborenenkunde, Koch bei Herzog v.Mecklenburg	7562, S.1 5150, S.2
47.	Frobel, Lise	1935, Sept.	List. d. RKA v. Afrikanern und Afro-Deutschen, Berlin	7562, S.5
48.	Gambe, Benedikt	1933	Arbeit in Travermünde (James Diekson)	7562, S.3
49.	Garwa, Joseph	1925, Nov.	Vollmacht f .Mansfeld v. dt. Gesell. f. Eingeb.Kunde/Berlin	7562, S.1
50.	George, Thomas	1908	Artikel in Berliner Illust. Zeitung/Arbeit in Bar	5417, S.3
51.	Graber, Walter H.	1905 1935, Sept.	Einreise: 1897 (24 J.) Leipzig/Plauen/FfM/Chemnitz/ Magdeburg/ab 1900 Dresden Reisender f. Zigarettenfabrik List. d. RKA v. Afrikanern und Afro-Deutschen, Berlin, Militärschneider, verh., 3 K.	5150, S.1 7562, S.5
52.	Hassani	1910, März	Einreise Dt.m. Pflanzer Weber als "Boy"; Streit m. e. Kol.-beamten da keine Einreiserlaub.	1105, Bl.22-24
53.	Hussein, Mohamed (gleiche Person wie Nr. 54)	1935, Sept.	List. d. RKA v. Afrikanern und Afro-Deutschen, Berlin, verh., 2 Kinder, Musiker im Haus Vaterland, Askari	7562, S.5
54.	Hussein, Bajume bin Mohamed (gleiche Person wie Nr. 53)	1930, Febr. 1937, Jan.	Beansprucht Sold seines seines verst. Vater; Hamburg, Berlin; Schreiber, Soldat, Steward b. Woermann, Kellner im Kempinski seit 1930, 1935 Kündigung; verh.	1105, S.1 1105, S.3

Lfd. Nr.	Name	Datum i.Akte	Vorgang	Akten-Nr. u. S.in Inhalt-verzeichnis
55.	Ipuabato, Daniel	1925, Nov.	Vollmacht f. Mansfeld v. dt. Gesell.f.Eingeb.Kunde/Hamburg	7562, S.1
56.	Jansen	1930	Reist nach Afrika	4457/7, S.4
57.	Janson, Heibold	1919	Unterschriftenliste/Zossen	Dok.1, Rüger
58.	Japende, Wilhelm	1935, Sept.	List. d. RKA v. Afrikanern und Afro-Deutschen, Wattenscheid, Invalide, früher Pferdepfleger b. Herzog A.-F.zu Mecklenburg	7562, S.5
59.	Jeck, Wilhelm	1911/12	SchGAng.; Portier; St.Gallen/Schwei	5150, S.2
60.	Juma, Mano bin	1932, Juni	Hamburg, Dachau; herumzieh.	1105, S.2
61.	Juma, Mohamed bin	1926, Juni 1928 1927, Okt.	Suahelilehrer Unterstützung Unterstützung	4457/6, S.4 4457/7, S.2 1105, Bl.69-71
62.	Kachala, Ibrahim (= O.M. Nengami)	1913	beansprucht Entschädig. für sein Territor.i.Afrika Lehrer am Oriental. Seminar	4457/6, S.1
63.	Kesse, Herman Muna	1925, Nov.	Vollmacht f.Mansfeld v.dt. Gesell.f.Eingeb.Kunde/München	7562, S.1
64.	Kessern, Hermann	1935, Sept.	List. d. RKA v. Afrikanern und Afro-Deutschen, Kreilsheim (Württemberg), Artist	7562, S.5
65.	Kinger, Gottfried	1935, Sept.	List. d. RKA v. Afrikanern und Afro-Deutschen,	7562, S.5
66.	Kinger, Otto	1935, Sept.	List. d. RKA v. Afrikanern und Afro-Deutschen, Berlin, Arbeit im Zoo	7562, S.5
67.	Kohl, Johannes	1928	Einreise: 1914, Bremen	4457/7, S.2
68.	Kohler, Alfred	1931, Jan. 1935, Sept.	Unterstützung f. Ehefrau List. d. RKA v. Afrikanern und Afro-Deutschen, Arbeit im Zoo u. Kellner; verh., 5 Kinder	7562, S.3 7562, S.5
69.	Kottokot, Gregor	1935, Sept.	List. d. RKA v. Afrikanern und Afro-Deutschen, Berlin	7562, S.5
70.	Krama, Stalti di	1919	Unterschriftenliste	Dok.1, Rüger
71.	Larsen, Alfred	1922 1932, März	RStAng wegen Heirat; Hamburg; Einreise: 1901 Abschiebung mit Familie nach England; verh., 5 Kinder geb.: 1888, Lome/Togo	5150, S.3 Staataarchiv Hamburg

Lfd. Nr.	Name	Datum i.Akte	Vorgang	Akten-Nr. u. S.in Inhalt-verzeichnis
72.	Lutunda bin Barogu	1908, Dez.	Angew. v. Kaufm. Marcussen, Borkum; Lutunda verlangt Rückf. w. schlechter Behandl.	1105
73.	Makembe, Mukuri	1926, Mai	Streit m. Mansfeld, Kol.-Amt Rechtsanwalt f. 3 Afrikaner Makembe wird nicht ausgewies.;	4457/6, S.3
		1927, Jan.	Haftstrafe	4457/7, S.1
74.	Makube, Otto	1928, Mai	Unterstützung (u.a.), Musiker u. Schlosser in Allerstein/Bayern	4457/7, S.2
75.	Malaga, Joseph	1919	Unterschriftenliste	Dok.1, Rüger
76.	Mambo, Josef	1935, Sept.	List. d. RKA v. Afrikanern und Afro-Deutschen, Berlin,	7562, S.5
		1935, Mai	Soldat, in Dt. 9 Jahre, Invalide, Rente	1105, S.3
77.	Mamdengo, Josef	1935, Sept.	List. d. RKA v. Afrikanern und Afro-Deutschen, Düsseldorf	7562, S.5
78.	Mandenge-Ekoto, Jakob	1925, Nov.	Vollmacht f. Mansfeld v. dt. Gesell. f. Eingeborenenunde/ Würzburg; verh., 1 Kind	7562, S.1
79.	Manga, Domenikus	1928, Mai	Unterstützung (u.a.)	4457/7, S.2
80.	Manga, P.T.	1929, Dez.	Austrittserkl.aus afr. Verein	4457/7, S.4
81.	Mangundo-Köhler, Alfred		siehe Köhler, Alfred	7562
82.	Manu, Charlie	1927, Jul.	Anfrage der Polizei/Berlin wegen Identität	1105
83.	Masso, Josef	1926	wohnt bei Folli und Köhler	4457/6, S.4
84.	Mbida, Johannes (= Ubeta, Joh.)	1909, Aug.	Rückführung; wurde von Weißem nach Berlin mitgenom. weigert sich zurückzufahren u. arbeitet b. EisenbahnGesell. in Berlin u. bei Elektrizitäts-werken.(stirbt n. kurzer Zeit)	4457/6, Bl.18-32
85.	Mbili, Pesa	1920, März	b. Staatssekr. Solf a. Soldat; Heirat/Reisekosten/abgelehnt; Einreise: 1912 a. Bakoba/DOA	1105, Bl.43 u.46
86.	Mbongo, Dikonge La	1925, März	Kanzleiangestellter/Karlsruhe, vor dem IWK Krieg in Stuttgart	4457/6, S.3
87.	Menza,Georg	1927	Haft in Berlin	4457/7, S.2
88.	Mfauma, Edi	1916, Aug.	b. G. Wolff, Leipzig Anfrage wegen schlechten Betragens von Mfauma	1105

Lfd. Nr.	Name	Datum i.Akte	Vorgang	Akten-Nr. u. S.in Inhalt-verzeichnis
89.	Mhallo, Mkondo bin	1923, Feb.	Einreise: 1914, Leipzig, Wilhelmshaven; Angestellter bei Reclam/Leipzig u. b. Prinzessin Schönburg-Waldenburg, Soldat 1914-19; Abreise: Geld	1105, S.1
90.	Michael, Theodor Wonja (Theophil)	1927, März	Einreise: 1903, Haft 1924 Ausreise/ 4 Kinder	4457/6, Bl.159-161 4457/7, S.1
91.	Mierzwick, Paul	1938, Feb.	wegen Ausweis f. afrik. Pers.	7562, S.6
92.	Minga, Joseph	1919	Unterschriftenliste	Dok.1, Rüger
93.	Minger, Kola	1919	Unterschriftenliste	Dok.1, Rüger
94.	Missip (_alla)	1935, Sept.	List. d. RKA v. Afrikanern und Afro-Deutschen, Frankf.a.M.	7562, S.5
95.	Muange, Joe S., Sohn des Duala-Häuptling H. Muange	1927, Jan.	will den Reichspräsidenten sprechen	4457/7, S.1
96.	Muange,Soppo Josef (= Muange, Joe S.?)	1925, Nov.	Vollmacht f. Mansfeld v. dt. Gesell.f.Eingeb.Kunde/Hamburg	7562, S.1
97.	Mukumbulan, Lobe	1916, Juni	Duala aus Kamerun, Liste mit 4 Personen	4457/6, Bl.121u.123
98.	Munumé, Wilhelm	1927, Jan.	Haftstrafe, negativer Polizeibericht, besaß deut. Staatsangehörigkeit	4457/7, S.1 4457/6, S.3
99.	Mussole, Albert	1913, Jan.	?	4457/6, Bl.82
100.	Naue, Bello	1927, Mai	Bescheinig. SchGAng.; verh.	4457/7, S.1
101.	Ndanke (__ja)	1935, Sept.	List. d. RKA v. Afrikanern und Afro-Deutschen, Frankf.a.M.	7562, S.5
102.	Ndoki, Jonas	1938, Feb.	wegen Ausweis f. afrik. Pers.	7562, S.6
103.	Ndonge, Hans	1938, Feb.	wegen Ausweis f. afrik. Pers.	7562, S.6
104.	Ndonge, Matthias	1935, Sept.	List. d. RKA v. Afrikanern und Afro-Deutschen, Hamburg; Arbeiter; verh., 1 Kind	7562, S.5
105.	Ngange, Adolf	1926, Dez. 1935, Sept.	Unterstützung; Artist List. d. RKA v. Afrikanern und Afro-Deutschen, Arbeit b. Zirkus	4457/6, S.4 7562, S.5
106.	Ngange, Hermann	1935, Sept.	List. d. RKA v. Afrikanern und Afro-Deutschen, Berlin; oft sehr krank	7562, S.5
107.	Ngando, Nachtigall	1919	Unterschriftenliste, Leipzig	Dok.1, Rüger

Dezember 1995

Lfd. Nr.	Name	Datum i.Akte	Vorgang	Akten-Nr. u. S.in Inhalt-verzeichnis
123.	Wilson	1884/1905	er wurde 1884 als Geisel nach Deutschland gebracht	Sebald, Togo S.541
124.	3 Afrikaner (ohne Namen)	1929, Aug.	2 Männer und 1 Frau bei Firma	4457/7, S.3
125.	3 (Liberianer) Afro-Deutsche	1940, Dez.	Entzieh. der Arbeitserlaubnis durch Reichsmusikkammer (ohne Namen)	7540, S.6
126.	2 Kameruner (ohne Namen)	1934, Aug.	Entzieh. der Arbeitserlaubnis für Schaubudenplatz in Berlin	7562, S.4
127.	2 afro-dt. SWAer (ohne Namen)	?	Artikel: Gymnasiumsabschluß in Hamburg	5423, S.2
128.	3 afrik. Kinder (ohne Namen)	?	Randnotiz mit altem Akten-Zeichen: Mitnahme aua DSWA durch Ing.Borchardt-Ott ohne Erlaubnis	1105, Bl.9

6.3 Fotodokumentation (Auswahl)

Im Rahmen der Untersuchung wurden die Fotografien der Familie Doris und Herbert Reiprich zur Archivierung reproduziert und dokumentiert. Die Abbildungen zeigen Dorothea Reiprich und Erika Ngambi (die Töchter des Kameruners Mandenga Diek und Emilie Diek geb. Wiedelinski) und ihre Verwandten und Freunde.

Doris Diek

Doris Diek mit Cousinen und Cousins

Doris Diek mit Cousin

Familie Diek. Familienfoto, das Mutter zu Kriegsende vor den russischen Soldaten rettete

Mandenga Diek mit Töchtern Erika und Doris

Ehepaar Diek und Töchter mit Verwandten in Ostpreußen

Doris Diek, Einschulung in Danzig

Louis Brody Mpessa und Erika Mpessa, geb. Diek

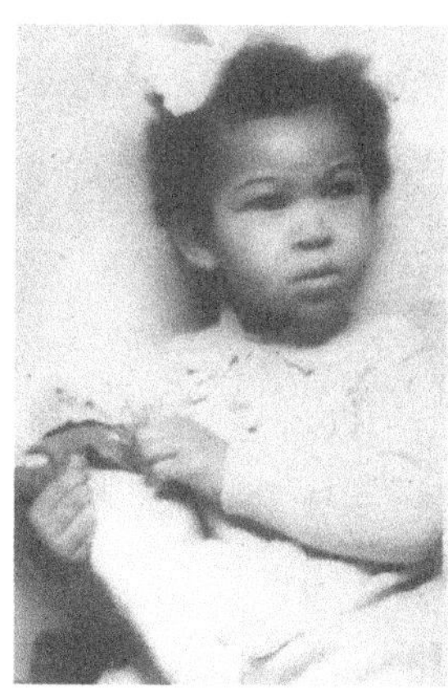

Beryl, Tochter von Louis Brody und Erika Mpessa, geb. Diek

Beryl Mpessa, verh. Adomako, mit ihrer Tante Doris Diek (verh. Reiprich)

Doris Diek (verh. Reiprich) mit Kollegen und Herrn Dierks (rechts). Die Firma Diers beschäftigte Doris Diek während der Kriegszeit.

Doris Diek (verh. Reiprich) mit Kolleginnen

Doris Diek und Mutter mit Freunden beim Ostseeausflug.

Schwestern Erika und Doris Diek

Doris Reiprich, geb. Diek, über die Jahre

Hochzeit von Doris bester Freundin mit dem Schauspieler und Artisten Henry Valerius (2.v. rechts), Henrys Bruder (links) und Doris Reiprich (rechts)

vor dem Standesamt

Die Revue »Südseezauber« bestand aus 50 schwarzen und weißen Künstler*innen und Laien, die nach dem Krieg erfolgreich durch Deutschland und angrenzende Länder tourte. Hier lernte Doris Diek ihren späteren Ehemann Herbert Reiprich kennen.

Josepha und Cornelius van der Want mit Doris Reiprich, geb. Diek. Sie sind der Hauptakt in der von Cornelius van der Want ins Leben gerufenen Revue »Südseezauber«.

Louis Brody Mpessa in der Revue »Südseezauber«

Doris mit Freundin

Josepha und Cornelius van der Want

Josepha mit ihrer Tochter, die während der NS-Zeit geboren wurde

Josepha Boholle heiratet Cornelius van der Want nach dem Krieg

Doris und Herbert Reiprich

Doris und Herbert Reiprich, Hochzeitstag (Sie waren 46 Jahre, bis zu Doris Tod, verheiratet.)

Erika Ngambi-Mpessa, geb. Diek und Tochter
Beryl Adomako, geb. Mpessa

Die Schwestern Diek in den 1960ern. Erika Ngambi (li) und
Doris Reiprich (re)

Doris und Herbert Reiprich mit Enkelkindern

Familie Reiprich mit Pflegesohn in der Mitte. Von links Roger Detlef, Herbert, Doris und Marion

Spaß in der Küche. Von links Beryl Adomako, Doris Reiprich, Erika Ngambi

Abenaa Adomako im Schrebergarten ihrer Tante

Konfirmation. Von links: Beryl Adomako, ihre Kinder Roy Adomako und Abenaa Adomako und ihre Mutter Erika

6.4 Literaturliste

Amoateng, John, Schwarze Deutsche. Eine ethnische Minderheit in der Bundesrepublik Deutschland – ihre Geschichte sowie die Entwicklung und Bedeutung ihrer Eigenorganisation, Berlin 1991. (Diplomarbeit)

Amtlicher Bericht 1897: Arbeitsausschuß der Deutschen Kolonial-Austellung (Hrsg.) Deutschland und seine Kolonien im Jahre 1896.

Debrunner, Hans Werner, Presence and Prestige: Africans in Europe. A History of Africans in Europe before 1918, Basel 1979.

Deutsches Wirtschaftsinstitut [DWI], A 26/44, S.10, J. Rohrbach, Das neue deutsche Kolonialreich in Afrika: Umfang, Aufgaben, und Leistungsmöglichkeiten, Berlin, 1940.

Drewniak, Boguslaw, Der deutsche Film 1938–1945. Ein Gesamtüberblick, Düsseldorf 1987.

Essner, Cornelia, "Wo Rauch ist, da ist auch Feuer". Zu den Ansätzen eines Rassenrechts für die deutschen Kolonien, in: Rassendiskriminierung, Kolonialpolitik und ethnisch-nationale Identität. Referate des 2. Internationalen Kolonialgeschichtlichen Symposiums 1991 in Berlin, Hg. Wagner, W., Bremen 1992

Groß, W., Der deutsche Rassegedanke und die Welt, in: RAK, Heft 7–8, 1936.

Gründer, Horst, Geschichte der deutschen Kolonien, München/Wien/Zürich 1991.

Harding, Leonhard, Die Berliner Westafrikakonferenz von 1884/85 und der Hamburger Schnapshandel, in: Nestvogel, R./Tetzlaff, R. (Hg.), Afrika und der deutsche Kolonialismus, Zivilisierung zwischen Schnapshandel und Bibelstunde, Hamburg 1987, S. 19–41.

Hecht, G., Die Bedeutung des Rassegedankens in der Kolonialpolitik, Berlin 1937.

Hildebrand, Klaus, Deutsche Außenpolitik 1933–45. Kalkül oder Dogma?, Stuttgart 1990.

Hoffmann, H. Edler v., Deutsches Kolonialrecht, Leipzig 1907.

Hollstein, Dorothea, Antisemitische Filmpropaganda. Darstellung des Juden im nationalsozialistischen Spielfilmen, München-Pullach/Berlin 1971.

Kleiber, Lore/Gümösay,E.-M., Fremdgängerinnen. Zur Geschichte bi-nationaler Ehen in Berlin von der Weimarer Republik bis in die Anfänge der Bundesrepublik, Bremen 1990.

Martin, Peter, Schwarze Teufel, edle Mohren. Afrikaner im Bewußtsein und Geschichte der Deutschen, Hamburg 1993.

Ndumbe, Kum'a, Was wollte Hitler in Afrika? NS-Planungen für eine faschistische Neugestaltung Afrikas, Frankfurt a.M. 1993.

Nestvogel, Renate, Die Erziehung des 'Negers' zum deutschen Untertan: Zur Kontinuität des herrschaftlichelitären Umgangs mit anderen Völkern, in: Nestvogel, R./Tetzlaff, R.(Hg.)/Afrika und der deutsche Kolonialismus. Zivilisierung zwischen Schnapshandel und Bibelstunde, Berlin 1987, S. 78 u. 64.

Obst, E., Ostbewegung und Afrikanische Kolonialisation als Teilaufgaben einer abendländischen Großraumpolitik, in: Zeitschrift für Erdkunde, 1941, Heft 9–12.

Oguntoye, K./Opitz, M./Schultz D.(Hg.), Farbe bekennen. Afro-Deutsche Frauen auf den Spuren ihrer Geschichte, Berlin 1986.

Opitz, May, Afro-Deutsche. Ihre Kultur- und Sozialgeschichte auf dem Hintergrund gesellschaftlicher Veränderungen, Regensburg 1986. (Diplomarbeit)

Patalas, Enno, "Lubitsch aus Berlin". Eine Fernsehdokumentation des WDR 1992.

Pätzold, Kurt(Hg.), Verfolgung, Vertreibung, Vernichtung, Dokumente des faschistischen Antisemitismus 1933 bis 1942, Frankfurt a.M., 1984.

Plato, Alexander von, Oral History als Erfahrungswissenschaft. Zum Stand der "mündlichen Geschichte" in Deutschland, in: Bios Zeitschrift f. Biographieforschung und Oral History, Heft 1/199, S. 97–119.

Pommerin, Reiner, "Sterilisierung der Rheinlandbastarde". Das Schicksal einer farbigen deutschen Minderheit 1918–1937, Düsseldorf 1979.

Primer, Christel, "Deutsche sind weiß, Neger können keine Deutschen sein". Eine Fernsehdokumentation des Saarländischer Rundfunk 1986.

Rodenwaldt, E., Rassenhygiene und Kolonialpolitik, in DKD, Heft 1939.

Rüger, Adolf, Die Duala und die Kolonialmacht 1884–1914. Eine Studie über die Ursprünge des afrikanischen Antikolonialismus, S. 181–258, in: Stöcker, H., Kamerun unter deutscher Kolonialherrschaft, Bd.2, Berlin (Ost) 1968.

Rüger, Adolf, Imperialismus, Sozialreformismus und antikoloniale demokratische Alternative. Zielvorstellungen von Afrikanern in Deutschland im Jahre 1919, in: Zeitschrift für Geschichtswissenschaft, S. 1293–1308, Jg. 23, Berlin (Ost) 1975.

Schleser, W., Die deutsche Staatsangehörigkeit, Bonn 1975

Schmitt, M., Leistung und Potential der afrikanischen Wirtschaft, in: Deutscher Kolonialdienst 1942, Heft 9–10.

Schöck-Quinteros, Eva u. Lenz, Dieter (Hg.), 150 Jahre Norddeutsche Mission 1836–1986, Bremen 1986.

Schöckel, P., Kolonien bedeuten Frieden in Europa, in: RAK, Heft 2, 1936.

Sebald, Peter, Togo 1884–1914. Eine Geschichte der deutschen "Musterkolonie" auf der Grundlage amtlicher Quellen, Berlin (Ost) 1988.

Stoecker, H. (Hg.), Kamerun unter deutscher Kolonialherrschaft, Berlin 1968.

Thode-Arora, Hilke, Für fünfzig Pfennig um die Welt. Die Hagenbeckschen Völkerschauen, Frankfurt a.M./New York 1989.

Townsend, Mary E., Macht und Ende des deutschen Kolonialreiches, Reprint Münster 1988.

Ustorf, Werner, Mission im Kontext. Beiträge zur Sozialgeschichte der Norddeutschen Missionsgesellschaft im 19. Jahrhundert, Bremen 1986.

Westermann, Dietrich (Hg.), Afrikaner erzählen ihr Leben. Elf Selbstdarstellungen afrikanischer Eingeborener aller Bildungsschichten und Berufe und aus allen Teilen Afrikas, Essen 1938.

Neuerscheinungen nach 1997

Rea Brändle, Nayo Bruce. Geschichte einer afrikanischen Familie in Europa, Berlin/Hamburg 2007.

Recherche International e. V., Rheinisches JournalistInnenbüro (HG) "Unsere Opfer zählen nicht": Die Dritte Welt im Zweiten Weltkrieg, Köln 2005.

Marianne Bechhaus-Gerst, Treu bis in den Tod. Von Deutsch-Ostafrika nach Sachsenhausen. Eine Lebensgeschichte, Berlin 2007.

Serge Bilé, Das schwarze Blut meiner Brüder: Vergessene Opfer des Nationalsozialismus, Hamburg 2006.

Marie Nejar, Mach nicht so traurige Augen, weil du ein Negerlein bist: Meine Jugend im Dritten Reich, Hamburg 2007.

Guido Knopp, Das Weltreich der Deutschen: Von kolonialen Träumen, Kriegen und Abenteuern in Zusammenarbeit mit Anja Greulich, Alexander Hogh, Ricarda Schlosshan und Mario Sporn, Zürich 2010.

Hauptstadtarchiv Stuttgart, Katalog zur Ausstellung, Afrikaner in Württemberg 15.–19. Jahrhundert, Stuttgart 2019.

Der Klassiker der afro-deutschen Bewegung ...

„Sie sprechen aber gut Deutsch", sagt man zu ihnen. „Woher kommen Sie denn?", fragt man sie. Und tröstet sie schließlich mit den Worten: „So schwarz sind Sie ja gar nicht." Alltäglicher Rassismus, dem sie ausgesetzt sind: Die afro-deutschen Frauen, die hier zu Wort kommen, fühlen sich oft fremd in ihrem eigenen Land.
Mit ihrem Buch versuchten die Autorinnen, sich auf die Suche nach ihrer Geschichte zu begeben, gesellschaftliche Zusammenhänge von Rassismus offenzulegen und auf ihre besondere Situation aufmerksam zu machen.

"Farbe bekennen war ein Anfang und ist nach wie vor ein aktuelles Handbuch zum Verständnis afro-deutscher Lebensrealitäten sowie ein nützliches Werkzeug zur Vernetzung und Aufklärung."
Katharina Oguntoye

ISBN 978-3-944666-20-4
308 Seiten, Klappenbroschur
€ 18,50
Auch als eBook erhältlich

Die Originalausgabe erschien unter dem Titel: Oguntoye, Katharina: Eine afro-deutsche Geschichte: zur Lebenssituation von Afrikanern und Afro-Deutschen in Deutschland von 1884 bis 1950 im Hoho Verlag Christine Hoffmann, Berlin 1997

Bibliografische Information der Deutschen Nationalbibliothek
Die Deutsche Nationalbibliothek verzeichnet diese Publikation in der Deutschen Nationalbibliografie; detaillierte bibliografische Daten sind im Internet über http://dnb.d-nb.de abrufbar.

1. Auflage, 2020

Fotos Innenteil und Cover: Archiv K. Oguntoye
mit freundlicher Unterstützung der Familien Reiprich und Adomako
Umschlag: Reinhard Binder, Berlin
Satz: brama Studio, Wien
Druck: CPI-Print, Leck
Printed in Germany
ISBN 978-3-944666-62-4